LES ÉMOTIONS

DANS LA MÊME COLLECTION

LES ÉMOTIONS

sous la direction de

Sylvain ROUX

PARIS

LIBRAIRIE PHILOSOPHIQUE J. VRIN

6 place de la Sorbonne, Paris V e

2009

© *Librairie Philosophique J. VRIN,* 2009
Imprimé en France

ISSN 1772-631X
ISBN 978-2-7116-1879-8

www.vrin.fr

AVANT-PROPOS

Si la passion a souvent fait l'objet d'études spécialisées, ce n'est pas le cas de la notion d'émotion qui lui est pourtant liée dans la mesure où elle renvoie elle aussi aux phénomènes qualifiés d'affectifs. Or, cette proximité a plutôt conduit à faire dépendre son traitement de la notion même de passion. Ce volume veut donc combler une lacune en renversant l'ordre des priorités c'est-à-dire en portant cette fois l'attention sur la notion d'émotion et non sur celle de passion. On parlera cependant *des* émotions et pas seulement de l'émotion car les auteurs qui l'ont étudiée ont souvent insisté sur son caractère pluriel, sur la diversité de ses manifestations. Par là même, ce n'est pas seulement à une analyse conceptuelle que les émotions conduisent ou reconduisent la pensée mais à une description attentive des relations de l'homme à son monde, en lesquelles l'émotion prend des formes différentes. Mais ce déplacement de l'analyse de la vie psychique dans ses rapports à la vie organique, à la vie du corps, vers les phénomènes émotionnels et pas seulement passionnels permet aussi d'insérer cette vie dans un contexte qui échappe au partage classique entre le rationnel et l'irrationnel. Les émotions ne peuvent pas être renvoyées du côté d'un simple projet de maîtrise ou même d'éradication. Car ce n'est pas seulement un problème moral mais aussi esthétique et même métaphysique qui se pose à travers elles, et c'est ainsi la possibilité de penser la vie humaine comme une, comme réunifiée, qui nous est offerte puisque les dimensions affectives trouvent pleinement leur place dans une rationalité élargie. L'émotion nous conduit alors à repenser la raison à mesure qu'elle est elle-même revalorisée.

C'est ainsi que les deux premières contributions, de L. Mouze et C. Bégorre-Bret, montrent comment les émotions trouvent leur place dans les analyses esthétiques de Platon et d'Aristote. Les *Lois* viennent perturber à la fois le partage entre la raison et la partie irrationnelle de l'âme, et la condamnation des affects auxquels souscrivait la *République*, ce qui contribue à donner un statut aux phénomènes esthétiques et permet un usage politique des émotions, dans l'éducation notamment. De même Aristote donne-t-il une valeur éthique, poétique et politique aux émotions. Le projet éthique requiert notamment que l'homme vertueux n'éradique pas ses émotions mais les éprouve à bon escient et comme il se doit, et la tragédie comme la musique témoignent de la possibilité d'agir sur les émotions et même de les produire dans un cadre où elles peuvent s'avérer utiles. Sylvain Roux montre aussi comment, dans la tradition platonicienne incarnée par Plotin, l'émotion peut jouer un rôle et trouver une place dans la relation aux réalités supérieures au sensible. Loin de se réduire aux rapports que l'âme entretient avec les corps, les émotions apparaissent dans la description de l'ascension vers ces réalités autant que dans la relation à celles-ci.

D. Kambouchner remet en cause le jugement du neurobiologiste A. Damasio qui voit dans le dualisme cartésien l'explication de l'exclusion des émotions des processus de la raison et montre au contraire que celles-ci non seulement ne sont pas extérieures à la « conduite de la vie » mais en constituent « l'élément essentiel ». Chez Spinoza, l'importance de l'émotion se signale, selon L. Bove, à ce que, si elle ne constitue pas l'essence de l'homme, celle-ci n'intervient pas moins dans sa réalisation, à travers la coopération des hommes entre eux dans laquelle *l'humanité* apparaît comme une « émotion spécifique ». Cette importance de l'aspect « pratique » dans l'analyse des émotions est aussi soulignée par L. Jaffro dans son étude sur les Lumières anglaises. Celui-ci s'interroge sur la présence des émotions dans la théorie du jugement moral et montre qu'elles interviennent dans le processus de motivation d'un tel jugement, sans nécessaire-ment comporter un élément proprement cognitif (comme c'est encore le cas chez Shaftesbury).

Avec Kant, l'analyse des émotions s'inscrit dans une anthropologie, dont Y.-J. Harder souligne les traits les plus marquants. L'originalité de la démarche kantienne est de se placer d'un point de vue *pragmatique* en ce sens que l'étude vise à fournir de simples conseils en vue du bonheur. Or la condition de celui-ci réside dans un *sentiment*, le sentiment de la vie (vivacité, vitalité) à travers lequel il convient pourtant de ne pas s'abandonner à *l'affect*. La valeur de l'émotion dépend toute entière de ce paradoxe assumé. De même, comme le montre B. Stiegler, Nietzsche n'hésite pas à accorder aux émotions une valeur motrice mais à condition qu'elles se plient à une organisation dans les « chairs » et à condition que ces émotions ne soient pas tournées contre la vie mais qu'elles nous fassent aimer le flux même du devenir. Alors il est possible de leur reconnaître une place dans les processus de décision pratique. Enfin, A. Bouaniche montre que chez Bergson, l'émotion acquiert une valeur métaphysique en n'étant plus un effet de différents processus mais en devenant leur cause même, la plus profonde, équivalente à une force créatrice qui se retrouve dans les différentes formes de pensées et d'activités dont l'homme se montre capable.

LES ÉMOTIONS DANS LA THÉORIE ESTHÉTIQUE ET POLITIQUE PLATONICIENNE[1]

> Quand vous aurez ainsi formé la chaîne des idées dans la tête de vos citoyens, vous pourrez alors vous vanter de les conduire et d'être leurs maîtres. Un despote imbécile peut contraindre des esclaves avec des chaînes de fer ; mais un vrai politique les lie bien plus fortement par la chaîne de leurs propres idées.

Cette observation de J.-M. Servan dans son *Discours sur l'administration de la justice criminelle* en 1767 pourrait résumer le projet politique des *Lois* de Platon, à ceci près qu'il y faudrait remplacer « idées » par « émotions » ou « affects ».

Tenter de dégager, dans la pensée platonicienne, une théorie des émotions, peut sembler tout d'abord problématique. Aucun terme employé par Platon ne correspond, de prime abord, à ce concept, si du moins l'on veut être rigoureux dans son emploi – rigueur qui exige alors de distinguer entre sensation, sentiment, affect, émotion, etc. En effet, l'émotion, qui est de l'ordre de l'éprouvé, comme le sentiment, se distingue cependant classiquement de celui-ci par son caractère purement réactif qui la rend superficielle et éphémère[2]. Mais il me semble que ces distinctions ne sont pas nécessaires ici, car elles sont étrangères à la pensée platonicienne. J'identifierai donc comme relevant du domaine des émotions ce que Platon désigne comme la partie irrationnelle de l'âme.

---

1. Je tiens ici à remercier Sylvain pour sa relecture patiente, curieuse, encourageante – indispensable.

2. On notera cependant qu'une telle caractérisation de l'émotion est récusée par Bergson, pour qui elle est au contraire plus profonde que le sentiment.

Il est vrai toutefois que ce choix ne lève pas toutes les difficultés. De fait, la théorie platonicienne de l'âme se présente différemment dans la *République* et le *Phèdre* d'un côté, et les *Lois* de l'autre. Dans la *République*, Platon procède comme on sait à une tripartition de l'âme : il distingue une partie appétitive, orientée vers les désirs corporels, une partie colérique, siège, semble-t-il, des émotions proprement dites, et enfin la raison[1]. Cette tripartition, reprise dans le *Phèdre* sous une forme métaphorique[2], est en revanche absente de l'analyse des *Lois* : Platon se contente alors d'une bipartition, et distingue de la raison l'ensemble des affects, désignés par le terme générique d'*aisthèsis* (sensation, perception). Ces affects sont le plaisir, la peine, le désir et la crainte. On peut supposer que la liste n'en est pas exhaustive, mais il reste que c'est ceux-là que nomme Platon. Ainsi, l'analyse de la partie irrationnelle de l'âme n'est pas univoque, de sorte que parler des émotions ou des affects chez Platon pose le problème de déterminer de quelle partie irrationnelle de l'âme ils relèvent : est-ce de celle décrite dans la *République*, autrement dit, s'agit-il du *thumos*, ou bien de celle des *Lois* ? Cette question peut être au moins en partie résolue si l'on prend garde que dans le livre X de la *République*, au moment où il évoque l'action de la poésie imitative et plus particulièrement tragique, Platon n'utilise pas la tripartition qu'il a mise en place au livre IV, mais se contente d'opposer, comme dans les *Lois*, partie rationnelle et partie irrationnelle de l'âme. On se contentera donc ici d'une approche globale, et l'on dira que les émotions relèvent de la partie irrationnelle de l'âme chez Platon.

On retient généralement de la théorie platonicienne des affects la méfiance dont Platon fait preuve à leur encontre. En particulier, sa condamnation bien connue des poètes, et plus précisément des poètes tragiques, dans la *République*, provient de ce que l'art favorise un développement excessif de cette partie irrationnelle, donc émotive, de l'âme, développement nuisible au plan éthique et politique dans la mesure où il conduit à une domination de la raison par les affects. Rappelons en effet brièvement l'analyse des poètes en *République* X.

---

1. Cf. *République* IV, 436a *sq.*
2. Cf. *Phèdre*, 246a *sq.*

Platon définit la cité juste comme celle dans laquelle chaque groupe social accomplit la tâche qui lui est propre et qui par nature lui incombe sans empiéter sur le territoire des autres. Dès lors, la cité juste est celle dans laquelle la classe dirigeante ne peut être que la classe des philosophes, lesquels sont régis par la raison : la raison est en effet la faculté à laquelle il revient de commander. Or les individus doués d'un naturel philosophe et destinés par là-même à régner sur cette cité devront, une fois sélectionnés (dès la plus tendre enfance), recevoir une éducation qui développe en eux la raison. Le bannissement de la poésie imitative, au livre X, s'ensuit de cette définition de la cité juste.

L'analyse de la notion d'imitation (*mimèsis*), fondée sur la distinction fameuse des trois lits, révèle qu'elle a affaire à la partie irrationnelle de l'âme. Platon distingue en effet l'*eidos*, la Forme du lit, c'est-à-dire son essence, fabriquée par le démiurge divin, le lit fabriqué par l'artisan qui œuvre les yeux fixés sur ce premier lit idéal et en produit une copie, et enfin le lit dessiné par le peintre, qui pour ce faire fixe les yeux sur le lit de l'artisan et en reproduit les contours extérieurs[1]. Ce lit du peintre est le produit de l'imitation : il est copie d'une copie, et pour cette raison éloigné de deux degrés de l'orignal qu'est l'essence, la Forme. Du point de vue ontologique, il a donc un statut inférieur. Il s'ensuit une définition générale de l'imitation, dont la peinture n'est qu'un exemple (utilisé par Platon à des fins pédagogiques, pour faire comprendre ce qu'est cette autre forme d'imitation, la poésie tragique) : imiter, c'est reproduire l'image de l'objet fabriqué, lequel est déjà lui-même une copie. Cette définition implique que point n'est besoin, pour pratiquer l'imitation, de connaître cet original qu'est la Forme : l'imitation ne nécessite pas de connaissance[2].

De cette définition, Platon déduit que la poésie imitative, qui procède de la partie irrationnelle de l'âme, s'adresse à cette même partie irrationnelle. En effet, elle imite nos manières de vivre,

---

1. *République* X, 596e.
2. *Ibid.*, 598d-599a, 602a *sq.* On pourrait objecter cependant que, s'il est peut-être vrai que l'imitateur n'ait pas besoin de connaissance pour imiter, il reste qu'il pourrait quand même connaître la Forme, comme par surcroît. Mais Platon répond par avance à cette objection en 599b, lorsqu'il fait observer que si l'imitateur possédait cette connaissance, il ne manquerait pas d'en faire meilleur usage, et ne se contenterait pas de n'être qu'un imitateur, justement.

lesquelles sont commandées par deux principes opposés, à savoir la partie rationnelle de l'âme et sa partie irrationnelle[1]. Or le poète tragique, observe Platon, imite plutôt la façon de vivre régie par la partie irrationnelle, pour deux raisons : la première est que c'est plus facile[2], la seconde, que cela plaît davantage à la foule, car, asservie à ses affects, elle se reconnaît dans l'imitation d'une manière de vivre qui privilégie ceux-ci[3]. D'où la conclusion, qui est qu'il faut chasser l'imitation de la cité :

> C'est ainsi que nous aurions déjà un motif juste de ne pas l'accueillir dans une cité qui doit être gouvernée par de bonnes lois : [le poète imitateur] éveille cette partie excitable de l'âme, il la nourrit et, en la fortifiant, il détruit le principe rationnel, exactement comme cela se produit dans une cité lorsqu'on donne le pouvoir aux méchants : on leur abandonne la cité, et on fait périr les plus sages[4].

On voit donc ici que le caractère affectif de la poésie imitative est cause de corruption éthique et politique : il met en danger tant l'âme de l'individu que la cité tout entière, et compromet le règne de la raison sur l'une comme sur l'autre.

Ce que Platon appelle « l'accusation la plus grave »[5], confirme cette analyse : la poésie imitative corrompt même les âmes les meilleures, c'est-à-dire celles qui mettent la raison au pouvoir. C'est le thème de la pitié dangereuse, celle qu'éprouve l'amateur de théâtre au spectacle des souffrances subies par les héros tragiques, et à laquelle il se laisse aller, sous prétexte que ces larmes qu'il verse sont « altruistes », et qu'elles ne manifestent donc pas l'abandon en lui du règne de la raison[6]. Pour Platon, ceci est pourtant illusoire :

> Après voir nourri et fortifié notre sentiment de pitié dans les affections des autres, il n'est guère facile de le contenir dans les sentiments que nous éprouvons personnellement[7].

---

1. *République* X, 603c.
2. *Ibid.*, 604d-e.
3. *Ibid.*, 605a.
4. *Ibid.*, 605b (trad. fr. P. Pachet, Paris, Folio Essais, 1993).
5. *Ibid.* 605c.
6. *Ibid.*, 606a *sq.*
7. *Ibid.*, 606b (trad. P. Pachet).

D'où la conclusion générale, selon laquelle il faut chasser Homère :

> Si au contraire tu accueilles [dans la cité] la Muse séduisante, que ce soit
> dans la poésie lyrique ou épique, le plaisir et la peine régneront alors
> dans ta cité à la place de la loi et de ce que la communauté reconnaît
> toujours comme ce qu'il y a de mieux : la raison [1].

De ces analyses de la *République*, on peut donc déduire que Platon
semble construire une opposition stricte entre la raison d'un côté et les
affects de l'autre, ce qui a pour conséquence le bannissement de cette
activité propre à la partie irrationnelle de l'âme d'une cité que doit
régir la seule raison.

Or c'est précisément cette alternative stricte entre raison et
émotions qui est remise en cause dans les *Lois* : Platon n'y analyse pas
la sensibilité humaine comme étant sa partie animale et strictement
irrationnelle, opposée à cette partie divine qu'est la raison, mais tout
au contraire montre l'existence d'une sensibilité proprement humaine,
laquelle articule raison et affects d'une manière spécifique. Cette
analyse de la sensibilité humaine a des conséquences importantes en
matière de théorie esthétique et politique : elle rend possible la constitution d'une théorie esthétique, et fait de l'art un instrument politique
essentiel.

LOIS II : UNE THÉORIE ESTHÉTIQUE

Platon développe dans les *Lois* une théorie esthétique aux deux
sens du terme : une théorie de la sensibilité et une théorie de l'art. Les
deux du reste vont de pair : c'est en effet dans le cadre d'une réflexion
esthétique que l'opposition des affects et de la raison est récusée dans
les *Lois*.

Parler d'une réflexion esthétique chez Platon pourra paraître
problématique : dans la mesure où il subordonne l'art à l'éthique et à la
politique, on considère ordinairement qu'il méconnaît la spécificité
de l'art et ne saurait donc développer une véritable théorie esthétique.
Pourtant, on s'aperçoit que certains textes de *Lois* II présentent une

---

1. *République* X, 606e-607a (trad. P. Pachet).

théorie de la sensibilité humaine et plus particulièrement de la sensibilité esthétique, très proche par certains aspects de ce que fait Baumgarten dans son *Aesthetica*. Baumgarten, dont on considère généralement qu'il a fondé l'esthétique au XVIIIe siècle. Baumgarten opère en effet une liaison systématique de trois domaines considérés jusque là comme autonomes : l'art, le beau, la sensibilité. Il s'ensuit de là la création d'un nouveau champ, qu'il appelle « la science du mode de connaître et d'exposition sensibles » (*Métaphysique*, § 533), et qui est fondé sur la reprise de la distinction opérée par Wolff entre deux modes de connaissance, la raison et la sensibilité. Baumgarten crée une faculté intermédiaire, la faculté esthétique, troisième mode de connaissance qui ouvre la voie à une science nouvelle, l'esthétique. Cette faculté intermédiaire, par sa nature même d'intermédiaire, est propre à cet être mixte qu'est l'homme.

Or cette conception est déjà présente chez Platon : *Lois* II propose cette même articulation particulière entre la sensibilité et la raison, également propre à l'homme par différence d'avec les animaux, ainsi qu'une articulation entre l'art, le beau et la sensibilité.

Tout d'abord, les émotions sont au fondement de l'art, comme le montre le texte suivant :

> Tous les êtres jeunes, ou à peu près, sont incapables de tenir en repos leur corps et leur voix ; ils cherchent sans cesse à remuer et à parler, les uns en sautant et en bondissant, comme s'ils dansaient de plaisir et jouaient entre eux, les autres en émettant tous les sons de voix possibles. Or les autres animaux n'ont pas le sens de l'ordre et du désordre dans leurs mouvements, de ce qu'on appelle rythme et harmonie ; mais à nous, les dieux dont nous avons dit qu'ils nous avaient été donnés pour partager nos fêtes, ces mêmes dieux nous ont donné un sens du rythme et de l'harmonie accompagné de plaisir, par lequel ils nous mettent en branle en se faisant nos chorèges, en nous entrelaçant les uns aux autres pour des chants et des danses ; et ils ont appelé cela des chœurs, du nom de la joie qu'on y ressent [1].

Ce texte porte sur l'origine du chant et de la danse. Cette origine réside dans la nature humaine : le texte repose en effet sur une opposition entre l'ensemble des animaux et les hommes. Plus précisément,

---

1. *Lois* II, 653d-654a (trad. fr. Des Places, Paris, Les Belles Lettres, 1951).

l'observation des êtres jeunes (parmi les hommes) permet de déceler en eux l'existence de ce que l'on peut nommer un sens esthétique, et qui les distingue des autres êtres vivants. Platon commence par exhiber ce qu'il y a de commun à tout être jeune, la propension à des mouvements et des cris désordonnés, propension qui est en même temps un besoin et un goût pris à de telles manifestations. C'est sur cette base commune que s'opère la distinction : si l'ensemble des animaux sont caractérisés par le plaisir qu'ils prennent tous à bouger et crier, les êtres humains seuls sont de surcroît caractérisés par un plaisir qui se surajoute au précédent et le modifie de façon essentielle : le plaisir pris au rythme et à l'harmonie. Spécifiquement humain, ce plaisir est le fruit d'une capacité que l'Athénien présente ici comme un don des dieux aux hommes, à savoir « le sens de l'ordre et du désordre dans [les] mouvements, de ce qu'on appelle rythme et harmonie ». L'expression est particulièrement intéressante : le terme grec traduit ici par « sens » est précisément le terme d'*aisthèsis*, sensation, perception, qui désigne dans les *Lois* la partie irrationnelle de l'âme. En revanche, l'ordre et le désordre, le rythme et l'harmonie, sont des notions émanant de la raison et définies par elle. Parler d'un sens du rythme et de l'harmonie, c'est donc parler d'une sensibilité à ce qui est proprement rationnel [1]. On remarquera aussi que ce qui est proprement humain est le fruit d'un don divin – ce qui est une manière de dire que rien n'est proprement humain (l'homme est tendu entre l'animal et la divinité). Il y a ainsi deux leçons à tirer de ces lignes : la première, que la perception sensible et la raison ne sont pas nécessairement en conflit, et qu'il existe au contraire quelque chose comme une sensibilité rationnelle ; la seconde, que l'art a pour origine cette capacité de l'homme à prendre plaisir à quelque chose qui est de l'ordre de la raison, laquelle doit donc être une faculté d'ordre esthétique au sens moderne du terme. Il existe donc une autre modalité de la sensibilité, un autre mode d'existence des émotions, ou encore il n'y a pas seule-

---

1. De la même façon, dans les *Politiques*, Aristote justifie sa définition de l'homme comme animal politique par la présence en lui d'une faculté, le *logos* (langage) qui permet aux individus de former une communauté en se communiquant leur *sensation* (*aisthèsis*) du juste et de l'injuste. Ce qui fonde donc la communauté, c'est cette sensation commune, ce sens commun de quelque chose qui est d'ordre rationnel. Et c'est précisément ce sens commun qui distingue l'homme des autres animaux.

ment une sensibilité irrationnelle, et la sensibilité n'est pas par essence irrationnelle, puisque précisément, si elle est humaine, elle est au contraire rationnelle, ou tout au moins rationalisable, susceptible d'obéir à la raison. Cette sensibilité proprement humaine rend possible l'art. Comme chez Baumgarten, l'art procède d'une faculté intermédiaire, proprement humaine, c'est-à-dire d'une sensibilité informée par la raison.

La sensibilité humaine étant ainsi potentiellement rationnelle, et pour cette raison origine de l'art, elle est aussi par là-même éducable, et l'éducation de la sensibilité se manifeste par le développement de cette capacité innée en elle de prendre plaisir au beau. Autrement dit, elle se manifeste par le développement de quelque chose que l'on peut identifier à un jugement de goût. Dans ce jugement, les affects occupent une place centrale. Voici en effet comment Platon le présente :

> L'Athénien : « Il chante bien », disons-nous, « il danse bien ». Devons-nous ajouter : « s'il chante de beaux chants, s'il danse de belles danses », ou non ?
> Clinias : Ajoutons cela.
> L'Athénien : Et si, estimant beau ce qui est beau, laid ce qui est laid, il en use selon ce jugement ? Un tel homme, d'après nous, sera-t-il mieux formé à la chorée et à la musique ? Préférerons-nous celui dont le corps et la voix savent suffisamment exprimer en toute occasion l'idéal qu'il a conçu, mais qui n'a ni joie de la beauté, ni haine de la laideur ? Ou le premier, celui dont la voix et le corps ne sont pas tout à fait à même de réaliser ou de concevoir le beau, mais qui fait preuve d'un juste sentiment du plaisir et de la douleur en accueillant certaines choses, celles qui sont belles ; en repoussant les autres, celles qui ne sont pas belles ? [1].

Ce passage, qui a pour objet de définir ce que c'est qu'« être bien éduqué », identifie l'éducation, non pas au savoir-faire pratique, mais au bon goût. Elle est capacité à reconnaître et à discerner le beau. Toutefois, cette reconnaissance n'est pas le fruit d'une faculté intellectuelle : il s'agit d'une capacité à *ressentir* le beau, puisqu'il s'agit d'y prendre plaisir. Or le beau immédiatement ensuite est défini comme identique au bien [2], donc à quelque chose que la raison

---

1. *Lois* II, 654c-d (trad. Des Places).
2. *Ibid.*, 654e *sq.* On pourrait considérer que l'identification du beau au bien va à l'encontre de la thèse selon laquelle on pourrait parler d'une théorie esthétique platoni-

détermine. Prendre plaisir au beau, c'est donc prendre plaisir à la rationalité, en ce sens. Etre bien éduqué consiste par conséquent dans l'accord entre la sensibilité et la raison. Cet accord est nécessairement spécifique à l'homme, dans la mesure où les animaux sont dépourvus de raison et hors d'état d'y accéder.

La conséquence est que le plaisir est le critère du jugement de goût, à condition toutefois qu'il s'agisse du plaisir de l'homme qui obéit à la raison. Autrement dit, le plaisir est critère du jugement esthétique en tant qu'il est une émotion, non pas animale, mais bien humaine :

> Je vais jusqu'à moi-même faire cette concession à la multitude que la musique doit se juger d'après le plaisir, mais non pas toutefois d'après celui des premiers venus : cet art, dirons-nous, sera le plus beau qui charme les meilleurs, après une formation suffisante, et surtout celui qui plaît à un homme distingué entre tous par la vertu et l'éducation [1].

Ce texte, surprenant pour un lecteur de la *République*, manifeste la place essentielle des émotions humaines dans l'art : le plaisir du public, qui était suspect dans la *République*, où Platon montrait que le plaisir de la foule retenu comme critère de la valeur des poètes risquait de corrompre ceux-ci, est ici au contraire défini comme critère.

Toutefois, il y a une apparente contradiction entre ce passage et un passage ultérieur où le plaisir n'est plus apparemment critère en matière esthétique. Comment concilier les deux passages ?

Pour répondre à cette question, commençons par examiner le passage en question. Le contexte est le suivant. L'Athénien a institué trois chœurs dont le rôle est d'opérer une incantation sur la cité, afin d'éduquer les citoyens. Il faut dès lors définir le contenu des chants de ces trois chœurs. Ce contenu est d'abord défini de façon globale comme l'affirmation qu'au dire des dieux la vie vertueuse est la plus

cienne. Pourtant il n'en est rien, car ce serait présupposer que la naissance de l'esthétique implique une séparation totale du beau et du bien. Or pour le dire rapidement, Kant, dont on considère qu'il développe une théorie esthétique, fait du beau le symbole du Bien, et dans les *Lettres sur l'éducation esthétique*, Schiller fait du beau un instrument d'éducation morale et politique. L'identification qu'opère Platon entre le beau et le bien ne me paraît donc pas une raison suffisante pour lui dénier une véritable réflexion esthétique. En revanche, il décrit bien dans ces textes des *Lois* la connaissance du beau comme un mode propre du connaître : il s'agit d'une connaissance sensible du bien.

1. *Lois* II, 658e-659a (trad. Des Places).

agréable. Ce thème est ensuite spécifiquement assigné au chœur des enfants. Le chœur des jeunes gens doit invoquer Péan en le prenant à témoin de la véracité de ces paroles, et adresser une prière aux dieux pour que les jeunes en soient bien convaincus. Mais le troisième chœur, celui des gens d'âge, se voit attribuer sans autre précision, « les chants les plus beaux » (667c). Il faut donc déterminer ce que sont les chants les plus beaux. Or il est impossible que cela signifie que ces chants sont les meilleurs, ceux dont le contenu est le plus «moralement correct». Car cela signifierait qu'il peut y avoir des degrés dans le bien, et que les autres chœurs chanteraient des chants dont le contenu serait moralement moins parfait, ce qui n'a pas de sens, d'autant que le contenu général des chants est la thèse la plus morale qui soit (la vie vertueuse est la plus agréable). Dès lors que ce n'est pas seulement le contenu qui fait que les chants du troisième chœur sont les chants les plus beaux, ce ne peut être que la forme.

Cette thèse me semble pouvoir être confirmée par la définition de trois critères permettant de juger de la beauté de ces chants, et donc de définir les chants les plus beaux :

> Par rapport à toute image imitative, aussi bien en peinture qu'en musique et en quelque art que ce soit, quiconque veut être capable de juger en ces matières avec intelligence doit réunir ces trois conditions : premièrement connaître ce qu'est la réalité imitée ; ensuite, connaître de quelle manière cette imitation est correcte ; enfin, troisième condition, connaître ce qui lui vaut d'être bonne et utile [1].

Ces trois critères du jugement esthétique sont fondés sur le fait que l'on a affaire à une imitation, et ils sont d'ordre intellectuel. Il s'agit en effet de connaître, et la deuxième et la troisième condition du jugement de goût concernent l'exécution de la reproduction : il y a une manière d'imiter qui est convenable, tant du simple point de vue technique que du point de vue moral. Il ne suffit donc pas que le modèle imité soit moralement correct, il faut encore que l'exécution lui permette d'exercer son influence morale, ce qui relève cette fois de la technique. C'est en cela que l'on peut dire que pour Platon il y a aussi des critères formels du beau, ce qui va dans le sens de l'existence d'une esthétique platonicienne.

1. *Lois* II, 669a-b (trad. fr. L. Robin, Paris, Gallimard, 1950).

C'est dans ce contexte que l'on trouve un passage problématique, qui semble s'opposer directement au texte cité ci-dessus et qui fait du plaisir le critère légitime du jugement de goût :

> L'Athénien : Le plaisir, par conséquent, serait-il un critérium légitime de nos jugements dans l'unique cas où il est procuré sans qu'il en résulte utilité, ni vérité, ni semblant de vérité, ni certes non plus, inversement, aucun dommage ? Et où au contraire cela aurait eu lieu uniquement en vue de ce qui ailleurs est un accompagnement, je veux dire en vue de ce charme que l'on nommerait donc excellemment plaisir quand il ne comporte aucun des susdits concomitants ? – Clinias : C'est d'un plaisir exempt de dommage dont tu parles. – L'Athénien : Oui, et j'ajoute que ce même plaisir est, selon moi, divertissement dans le cas où il n'est en rien dommageable, ni avantageux non plus, d'une manière qui mérite qu'on en tienne compte sérieusement. – Clinias : Rien de plus vrai que tes paroles ! – L'Athénien : Mais, en conséquence de ce que nous disons à présent, n'affirmerions-nous pas que le jugement concernant toute imitation n'est pas le moins du monde du ressort du plaisir, ni d'une opinion sans vérité ? C'est naturellement aussi le cas dans la réalisation d'une égalité ; car d'une façon générale, ce n'est pas l'opinion de tel ou tel, ou la satisfaction que tel ou tel y trouve, qui ferait que l'égal est l'égal ou que le proportionné est proportionné, mais c'est au plus haut point la vérité de leur rapport, et pas le moins du monde quoi que ce soit d'autre.[1]

La contradiction ici semble directe. Mais, comme souvent lorsque l'on a à résoudre une contradiction apparente chez Platon, il faut prendre en compte le contexte et l'enjeu précis des passages concernés. Plus haut, le plaisir était défini comme critère du beau identifié au bien, c'est-à-dire d'un beau défini par son contenu. Dans ce cas, c'est effectivement l'émotion, l'affect, qui décide, dans la mesure où cette émotion est éduquée. Mais ici, il s'agit du beau du point de vue de sa forme, c'est-à-dire du point de vue intellectuel. Dès lors, c'est un critère intellectuel qui seul peut en décider. Juger du beau requiert une connaissance. Le plaisir ne saurait être désigné comme juge. De surcroît, cette connaissance est précisément la condition qui permet de ressentir un plaisir juste, correct. Si on la possède, alors en ce cas le

---

1. *Lois* II, 667d-668a (trad. Robin).

plaisir peut en effet être juge du beau puisque ce sera un plaisir fruit de la satisfaction intellectuelle éprouvée.

Dès lors, quelque chose comme une esthétique se dessine : d'une part, Platon rend à l'émotion sa place dans l'art ; d'autre part, il construit une théorie du jugement de goût ; enfin troisièmement, il articule les beaux-arts et la sensibilité. Cette esthétique est fondée sur une réflexion sur le rôle et la place des émotions dans l'art qui est défini comme le fruit d'une articulation entre raison et sensibilité. Comme dans la *République*, l'art est lié de manière essentielle aux émotions, mais sans que cela signifie qu'il s'oppose à la raison ni qu'il la mette en danger. C'est pourquoi il peut faire l'objet d'une utilisation politique, en tant précisément que la politique est définie comme une entreprise de rationalisation des affects.

LA FONCTION POLITIQUE DES ÉMOTIONS DANS LES *LOIS*

De fait, on trouve dans les *Lois* une articulation entre esthétique et politique tout à fait originale. Dans ce dialogue, les émotions viennent au centre de l'examen. En effet, l'ensemble des *Lois* est fondé sur une anthropologie, comme l'indique l'Athénien au début du livre IX, en affirmant que c'est pour des hommes que lui et ses trois compagnons légifèrent [1]. Or les hommes sont des êtres d'affects :

> Mais nous n'avons pas parlé maintenant de l'humain ; il le faut pourtant : c'est à des hommes que nous nous adressons, et non pas à des dieux. Or la nature humaine consiste principalement en plaisirs, en douleurs et en désirs, auxquels fatalement tout être est à la lettre comme suspendu et accroché par ses préoccupations les plus profondes [2].

Cette définition de la nature humaine qui l'oppose à la nature divine met au centre les affects. Cela implique que le législateur œuvre

---

1. « Puisque nous ne sommes pas dans le cas de ces antiques législateurs, légiférant, à ce qu'on nous raconte aujourd'hui, pour les fils des dieux qu'étaient les héros et faisant, eux-mêmes issus des dieux, des lois pour des gens de leur race ; puisque nous ne sommes, au contraire, que des hommes, légiférant aujourd'hui pour des fils d'hommes, … » (*Lois* IX, 853c, trad. Des Places).

2. *Lois* V, 732e (trad. Des Places).

en tenant compte de ceux-ci, et même que tout son travail les ait en définitive pour objet :

> Peu s'en faut que pour des hommes qui se livrent à un examen approfondi du problème des lois, l'objet de cet examen, tant à l'intérieur de l'État que dans les mœurs privées, ne se rapporte aux plaisirs et au peines [1].

En effet, tout le problème du législateur est d'imposer la loi à la sensibilité et aux émotions : c'est en effet la condition pour que les hommes soient humains, et non pas bestiaux [2]. Or imposer la loi (*nomos*) aux affects, c'est leur imposer ce qui est issu de *noos*, la raison [3]. Tout le problème du législateur est donc de rationaliser la sensibilité, et de ce point de vue, de la rendre spécifiquement humaine. Dès lors, il cherche à effectuer ce que l'éducation effectue, comme l'indique la définition du début du livre II :

> Ce que j'appelle éducation, c'est l'éclosion initiale d'un mérite moral chez l'enfant ; que donc le plaisir et l'amour, la douleur et la haine, viennent à exister au-dedans de son âme avec leur juste objet, alors qu'il est encore incapable de s'en faire une conception réfléchie ; que, d'autre part, une fois celui-ci parvenu à cette conception, les affections dont il s'agit soient en concordance avec elle, je dis que c'est en cela que consiste une juste formation des habitudes individuelles sous l'action des habitudes qui conviennent, et que c'est cet accord, dans son ensemble, qui constitue la vertu. Quant à la partie de cet accord qui est une discipline des plaisirs et des peines, réglée de façon que, du commencement à la fin de l'existence, on haïsse ce qu'il faut haïr et qu'on chérisse ce qu'il faut chérir, voilà ce que, après l'avoir isolé pour les besoins de mon argumentation, j'appelle justement « éducation » [4].

L'éducation ne consiste donc nullement ici à faire accéder les enfants à la raison, contrairement à ce qui se passe dans la *République*, où la *paideia* est définie comme une conversion du regard, qui apprend

---

1. *Lois* I, 636d (trad. Robin).
2. « Les hommes doivent nécessairement établir des lois et vivre selon des lois, sous peine de ne différer en aucun point des bêtes les plus totalement sauvages » (*Lois* IX, 874e-875a, trad. Des Places).
3. Cf. *Lois* IV, 714a.
4. *Lois* II, 653b-c (trad. Robin).

à se détourner du sensible pour se tourner vers l'intelligible[1]. Elle se situe tout entière du côté des affects. Éduquer, c'est faire en sorte que ceux-ci soient raisonnables.

Ainsi, l'art, l'éducation et la législation ont tous trois la même fonction : ils rationalisent, c'est-à-dire humanisent, les émotions. De fait, légiférer c'est éduquer : dans le livre I, l'Athénien montre que les bonnes lois visent la totalité de la vertu, à savoir la sagesse (*phronèsis*), la justice, la tempérance et le courage[2]. Mais si légiférer c'est éduquer, l'acte législatif ne peut se limiter à la mise en place d'un code : car l'existence des lois ne garantit nullement qu'elles soient efficaces, et donc éducatives. Tout le problème du législateur consiste donc à faire en sorte que les lois soient obéies, afin qu'elles modèlent réellement le citoyen[3]. La question qui se pose ainsi à lui est de déterminer par quels moyens il pourra garantir l'obéissance à la loi. Il y a certes les châtiments prévus par le code pénal déployé aux livres IX et X. Mais ce code pénal n'est qu'un pis-aller, encore qu'il soit une nécessité[4], et il manifeste avant tout l'échec du législateur à éduquer. Il ne concerne que les citoyens particulièrement rétifs, ceux que la

1. *République* VII, 518d : « L'éducation dès lors, dis-je, serait l'art de retourner cet organe lui-même, l'art qui sait de quelle façon le faire changer d'orientation le plus aisément et le plus efficacement possible, non pas l'art de produire en lui la puissance de voir, puisqu'il la possède déjà, sans être correctement orienté ni regarder là où il faudrait, mais l'art de trouver le moyen de le réorienter » (trad. Pachet).

2. I, 631c-d.

3. Le terme modeler doit être pris au sens propre (*plattein* en grec). Il n'est pas rare en effet que l'action du législateur soit décrite en termes de façonnement, et au moyen de comparaisons artisanales qui sont significatives : le législateur sculpte le matériau humain qu'est l'âme des citoyens, et plus précisément les affects, et ce, afin de lui imposer une forme, celle de la loi. Rendre les citoyens vertueux, ce qui est le but législatif, consiste dans cette opération de modelage qu'est la rationalisation des affects.

4. *Cf.* le début du livre IX, c'est-à-dire le début de la mise en place du code pénal, lorsque l'Athénien observe que « puisque nous ne sommes pas dans le cas de ces antiques législateurs, légiférant, à ce qu'on nous raconte aujourd'hui, pour les fils des dieux qu'étaient les héros et faisant, eux-mêmes issus des dieux, des lois pour des gens de leur race ; puisque nous ne sommes, au contraire, que des hommes, légiférant aujourd'hui pour des fils d'hommes, on ne nous blâmera pas de craindre qu'il ne se trouve, parmi nos citoyens, un cœur de corne si dure qu'aucune cuisson ne la puisse fondre ; autant que, au feu, ces graines cornées, autant, aux lois les plus énergiques, de telles natures demeurent infusibles » (853c-d, trad. Des Places).

loi ne sera pas parvenue à *informer*. Comment donc éviter le plus longtemps possible d'en arriver à ces extrémités, telle est la question essentielle du législateur dans les *Lois*.

C'est ici que la réflexion sur les affects d'une part, et sur l'esthétique d'autre part prend tout son sens. En effet, s'il ne s'agit pas d'obtenir l'obéissance en se contentant de la menace contenue dans la loi, il faut s'appuyer sur la psychologie humaine, sur la nature humaine, c'est-à-dire sur les affects. Que les hommes soient des êtres d'affects signifie qu'aucun raisonnement ne peut les convaincre, puisque par définition le raisonnement s'adresse à la raison. Dès lors, l'obéissance ne peut être obtenue que par une action persuasive. C'est pourquoi une partie de la réflexion législative cherche à déterminer les moyens persuasifs à mettre en œuvre pour persuader les citoyens, et la moitié de l'action législative consiste dans la mise en œuvre de ces moyens.

Ceux-ci sont divers : le législateur dispose de toute une palette de moyens persuasifs. Mais le principal et le plus intéressant[1] consiste dans la mise en place de ce que l'Athénien appelle des préludes à la loi. Au cours du livre IV, l'Athénien imagine un discours fondateur aux colons destinés à former la population de la nouvelle cité que les trois interlocuteurs établissent ensemble[2]. Ce discours énonce une succession de devoirs des citoyens, en commençant par les devoirs envers la divinité, puis en poursuivant avec les devoirs envers les démons, envers les héros, envers les parents[3], ces différents devoirs étant eux-mêmes présentés comme partie intégrante des devoirs envers la divinité[4]. Puis le discours est interrompu par une réflexion en retour sur son statut : l'Athénien se demande sous quelle forme le sujet en cours devra être traité[5], étant donné que ce discours, nécessaire, ne saurait

---

1. Il est présenté aussi comme la grande innovation de cette législation : *cf.* 722b et 722e.

2. Cette cité n'est fondée que *logô*, dans le discours, c'est-à-dire théoriquement. Sa fondation effective est renvoyée, à la fin des *Lois*, à un au-delà du dialogue.

3. IV, 715e *sq.*

4. *Cf.* 718a : « En agissant de la sorte, en vivant selon ces principes, chacun de nous, à chaque occasion, pourra obtenir son salaire de la part des dieux et des êtres qui nous sont supérieurs, et passer dans de douces espérances le meilleur de sa vie » (trad. Des Places).

5. IV, 718c.

être présenté sous la forme d'une loi [1]. Sa nécessité provient de l'effet qu'il a, à savoir sa capacité à rendre les citoyens aptes à écouter les lois avec plus de douceur et de bienveillance [2], étant donné que les rendre « les plus souples qu'il se peut par rapport à la vertu » [3] est précisément le but que le législateur cherche à atteindre. Or si ce discours fondateur n'est pas encore une loi, il n'en reste pas moins qu'il fait bien partie du discours législatif : il constitue un prélude général à l'ensemble du code législatif. C'est au prélude, discours destiné à précéder la loi dans sa formulation brute (ordre et menace) [4] qu'est dévolue l'indispensable fonction persuasive. Justifiant l'injonction de la loi, il doit rendre le citoyen disposé à obéir à cette injonction.

Toute la question est de déterminer néanmoins si le prélude à la loi est bien de nature persuasive au sens strict du terme, c'est-à-dire s'il s'adresse bien aux affects des citoyens. On a pu soutenir en effet que la persuasion qu'il met en œuvre est au contraire de nature rationnelle, rationnel étant par ailleurs identifié à philosophique [5]. Il me semble au contraire qu'il s'agit bien, dans les préludes, d'une persuasion strictement affective. Tout d'abord, on voit mal comment des êtres dont Platon dit explicitement qu'ils sont des êtres d'affects, n'ayant que rarement accès à la raison à l'âge de la vieillesse pourraient être sensibles à une argumentation strictement rationnelle qui, comme telle, ne pourrait que s'adresser à une raison qu'ils ne possèdent pas. En outre, l'action assignée au prélude, qui est d'assouplir, adoucir le citoyen afin de le rendre plus malléable par la loi, plus apte à se laisser modeler par elle – une telle action paraît relever davantage de la persuasion affective que d'un discours rationnel : ce sont bien en effet les affects qu'il s'agit d'adoucir, de préparer. Enfin, le contenu même des préludes exclut de les interpréter comme un mode de discours

---

1. IV, 718b : « Quant à ce que doit *nécessairement* dire un législateur animé des mêmes intentions que moi, *sans que la chose s'accorde à être présentée sous forme de loi…* » (trad. Des Places, je souligne).

2. *Ibid.*

3. IV, 718c.

4. IV, 722b-c.

5. C'est l'interprétation de C. Bobonich, « Persuasion, compulsion and freedom in Plato's *Laws* », *The classical Quarterly*, n° 2, 1991, p. 365-388, et l'ouvrage *Plato's Utopia Recast. His Later Ethics and Politics*, Oxford, Clarendon Press, 2002.

rationnel, tout au moins au sens moderne et actuel du terme[1] : ils ne sont pas démonstratifs, et les raisons qu'ils fournissent, par anticipation (puisqu'ils précèdent la loi) d'obéir à la loi sont d'ordre mythique, ou appuyées sur une parole d'autorité (vieille légende, discours poétique, etc.). C'est le cas par exemple de ce fameux discours fondateur, désigné rétrospectivement par l'Athénien comme prélude :

> Amis, le dieu qui a dans ses mains, *suivant l'antique parole*, le commencement, la fin et le milieu de tous les êtres, va droit à son but parmi les révolutions de la nature ; et il ne cesse d'avoir à sa suite la Justice, qui venge les infractions à la loi divine[2].

On n'a pas affaire ici à un raisonnement, mais à ce que l'Athénien désigne comme un *palaios logos*, un discours ancien, dont l'ancienneté garantit la validité. Et c'est ce *palaios logos* qui fonde toute la législation.

De même, la loi sur le mariage, que l'Athénien prend comme exemple pour montrer ce qu'est un prélude, atteste que celui-ci ne saurait être identifié à un discours s'adressant à la raison :

> On se mariera de trente à trente-cinq ans, dans la pensée que le genre humain tient d'un don naturel une certaine part d'immortalité, dont le désir aussi est inné chez tout homme sous tous les rapports. Car l'ambition de s'illustrer et de ne pas rester sans nom après la mort revient à ce désir-là. Or la race humaine a une affinité naturelle avec l'ensemble du temps qu'elle accompagne et accompagnera à travers la durée ; c'est par là qu'elle est immortelle, en laissant des enfants de ses enfants, et ainsi grâce à la permanence de son unité toujours identique, en participant par la génération à l'immortalité. De ce privilège, la piété ne permet jamais qu'on se frustre de propos délibéré[3].

---

1. Je laisserai de côté ici la question, importante, de savoir si ce sens actuel recouvre bien le sens platonicien. Il me semble que tel n'est pas le cas, mais cela demanderait, pour être étayé, de plus amples développements pour lesquels ce n'est pas le lieu ici. Je me contenterai cependant d'indiquer que, même si la rationalité telle que la définit Platon n'est pas logico-déductive, mais intègre le discours mythique, par exemple, il n'en reste pas moins que la persuasion des préludes ne s'adresse pas pour autant à la raison en tant que faculté ayant accès à l'intelligible, mais bien aux affects.

2. IV, 715e-716a (trad. Des Places, je souligne).

3. IV, 721b-c.

L'argument en faveur du mariage est donc à la fois celui de la nature humaine – c'est pour l'homme obéir à un désir profond que de se marier et de perpétuer ainsi l'espèce – et celui de la piété, les deux étant du reste liés : accomplir sa destinée et sa nature propres, c'est pour l'homme obéir à la divinité. Cette raison de se marier s'adresse là encore, non pas à l'être de raison, mais à l'être d'affects, celui qui respecte à la fois les discours antiques et les prescriptions divines. C'est une parole d'autorité, l'autorité divine, qui fonde la loi sur le mariage.

On ne passera pas ici en revue tous les préludes que comportent les *Lois*. À chaque fois cependant, l'argument repose sur le même mécanisme : il ne s'agit pas de démontrer, à l'aide d'un discours argumentatif, mais bien de persuader, c'est-à-dire d'inculquer une croyance – croyance vraie, au demeurant, pour Platon : il ne s'agit nullement de tromper le citoyen, mais seulement de lui parler dans un langage qu'il est susceptible d'entendre. Le discours persuasif du législateur garantissant – dans une certaine mesure – l'efficacité de la loi s'adresse donc aux affects. Le contenu général de ce discours est exposé au livre II :

> Ainsi, le raisonnement qui ne sépare pas d'un côté l'agréable, de l'autre le juste, le bien, le beau, possède, pour ne rien dire de plus, la vertu persuasive de gagner des adeptes à la vie sainte et juste, en sorte que, pour le législateur, le plus honteux des raisonnements et le pire ennemi est celui qui prétend le contraire ; car nul ne consentira de son plein gré à adopter docilement le parti qui ne comporte pas plus de joie que de peine[1].

Très explicitement, ce discours qui établit un lien essentiel entre le juste et l'agréable s'adresse aux affects. Il est remarquable que cette liaison ne soit pas démontrée : elle est seulement affirmée, ou plus exactement, devant les réticences de ses interlocuteurs à admettre cette thèse effectivement problématique (la vie de l'homme juste serait agréable, celle de l'homme injuste désagréable), il se contente d'affirmer que pour lui il s'agit là d'une évidence supérieure à l'évidence sensible, et qu'en tout cas, un législateur ne saurait dire le contraire sans être en contradiction avec lui-même : car s'il ne soutient pas que la vie de l'homme juste est agréable, il risque de dissuader les citoyens

1. *Lois* II, 663a-b (trad. Des Places).

d'obéir à la loi, alors même que son but est de faire en sorte qu'ils lui obéissent et deviennent ainsi vertueux [1]. Autrement dit, il ne s'agit pas de prouver à la raison des citoyens que la thèse est juste, il s'agit seulement de les en persuader.

On remarquera en outre que cette thèse est proche du paradoxe socratique selon lequel la vie juste est celle qui rend heureux, mais qu'elle ne s'y identifie cependant pas : l'écart entre les deux formulations de ce paradoxe socratique est particulièrement révélateur de la place des émotions dans le projet politique des *Lois*. De fait, dire que la justice garantit le *bonheur* ne revient pas au même que dire qu'elle garantit le *plaisir*. Et même, lorsque, dans le *Gorgias*, Socrate entreprend de montrer que la vie juste est la plus heureuse, il ne parvient à le faire qu'en distinguant plaisir et bonheur, et en montrant que la vie juste peut être désagréable – mais qu'il n'en faut justement pas déduire pour autant qu'elle est malheureuse. Le lien entre justice et bonheur est donc établi dans ce dialogue sur la base de la déliaison de bonheur et plaisir – et donc de justice et plaisir [2]. Mais précisément, dans les *Lois*, ce dont il faut persuader le citoyen pour l'inciter à obéir aux lois ne peut être l'identité entre bonheur et justice aux dépens du plaisir : c'est en effet seulement s'il croit qu'être juste lui procurera du *plaisir* qu'il y consentira, et ce, justement parce qu'il est un être d'affects qui identifie bonheur et plaisir. C'est pourquoi il faut le persuader de l'identité entre « être juste » et « mener une vie agréable » : le contenu du discours est donc affectif.

Or la forme l'est aussi : c'est en effet le poète que le législateur charge de persuader ainsi les citoyens de cette identité. Il ne s'agit pas d'une démonstration, mais d'un discours qui s'adresse aux émotions et dont la persuasion doit provenir de son caractère agréable, du plaisir qu'il procure aux auditeurs. Dès lors le poète est l'instrument privilégié du législateur, dont le premier souci est l'efficacité des lois. En effet, non seulement le discours poétique, puisqu'il est par nature agréable, est de ce fait le plus apte à persuader de l'identité entre la vie la plus juste et la vie la plus agréable (à condition bien sûr qu'il en fasse son thème principal) – mais encore le discours poétique est précisé-

---

1. *Lois* II, 662c-e.
2. *Cf.* la réfutation de Polos par Socrate dans le *Gorgias*, 474c-478e.

ment ce qui rend vraie cette identité de la justice et du plaisir, dans la mesure où il est chargé de faire l'éloge de l'homme vertueux, lui procurant ainsi le plaisir de s'entendre loué :

> Si d'autre part on faisait voir, inversement, que c'est la vie la plus juste qui est la plus heureuse, il n'est sans doute personne qui, en entendant cela, ne s'enquerrait, j'imagine, de ce que, dans la vie la plus juste, la loi peut bien vanter comme étant, inhérent à cette vie, le bien ou le beau qui vaut plus que le plaisir : isolément du plaisir, quel bien, pense-t-on, peut-il donc y avoir en effet pour un juste ? Voyons ! la bonne réputation, la louange de la part des hommes comme celle des Dieux, est-ce donc quelque chose de bien et de beau, mais qui ne nous fasse point de plaisir ? Tandis que c'est le contraire pour la mauvaise réputation ? « Pas le moins du monde, cher législateur ! », dirons-nous [1].

Ainsi, la thèse selon laquelle la vie la plus juste est aussi la plus agréable n'est pas seulement le contenu du discours du poète, mais c'est encore ce que son discours rend effectif.

Il ressort de tout ceci que le discours poétique est la pièce maîtresse du dispositif législatif, et que le poète est l'instrument incontournable aux mains du législateur : la raison en est que l'activité politique du législateur est tout entière orientée vers les émotions, centrée sur elles, et que le discours poétique par nature a partie liée aux émotions de manière essentielle. Mais si le discours poétique peut et doit jouer ce rôle au sein de la législation, c'est en tant qu'il est le fruit d'une sensibilité informée par la raison : ce n'est que parce que l'émotion qu'il met en jeu est accordée à la raison qu'il peut effectivement avoir un rôle politique et législatif. Le but du législateur est en effet d'accorder les affects à la loi, à la raison, c'est-à-dire de créer une sensibilité qui ne soit pas coupée de la raison et qui soit pour cela humaine. De même que les dieux ont donné aux hommes le plaisir du rythme et de l'harmonie, c'est-à-dire de l'ordre et de la raison, de même le législateur doit inculquer au citoyen le plaisir de la vertu, *via* l'utilisation du discours poétique. C'est pourquoi la nouvelle conception platonicienne des émotions et de l'art a pour conséquence la fonction politique attribuée à chacun des deux.

---

1. *Lois* II, 662e-663a (trad. Des Places).

On comprend du coup que la forme législative dans laquelle se déploie le discours persuasif du législateur, à savoir le prélude, soit une forme musicale : le prélude est en effet, comme le fait observer lui-même l'Athénien, ce qui précède tout air chanté[1]. Parler de prélude, c'est indiquer le caractère émotionnel du discours ainsi désigné. C'est aussi suggérer le rôle fondateur de l'art en général dans le dispositif législatif : en définitive, toute l'œuvre politique des *Lois* est une œuvre musicale, qui cherche à établir l'harmonie dans l'âme des citoyens, c'est-à-dire l'accord de leurs affects avec la loi, et ce, au moyen de discours de types incantatoires, poétiques, persuasifs, eux-mêmes musicaux. C'est pourquoi les émotions sont essentielles dans ce dispositif : elles sont la base et le centre du système.

Si, dans les *Lois*, et contrairement à ce qui se passe dans la *République*, Platon n'oppose plus la raison et les émotions, c'est parce qu'il se situe à un point de vue humain. La cité de la *République* correspond en effet à la définition de la cité, à l'essence de la cité. Or par essence, une cité est juste, c'est-à-dire qu'elle repose sur le principe de spécialisation décrit au livre II. C'est en effet le besoin qui fonde la naissance des cités[2]. Si chaque homme a beaucoup de besoins, en revanche, chaque homme est par nature apte à mener à bien une tâche et une seule[3]. Le bon fonctionnement de la cité exige ainsi que chacun se conforme à sa nature propre, et que la cité naisse du rassemblement des compétences[4]. Or ceci n'est rien d'autre que la justice, qui veut que chacun accomplisse la tâche à laquelle sa nature le destine[5]. Il s'ensuit que dans une telle cité la raison, incarnée dans le

1. *Cf.* IV, 722d.

2. Cf. *République* II, 369b : « Une cité, je crois, vient à être pour autant que chacun de nous se trouve non pas autosuffisant, mais porteur de beaucoup de besoins » (trad. Pachet).

3. Cf. *ibid.*, 370a-b.

4. Cf. *ibid.*, 370b *sq.*

5. Cf. *République* IV, 432d *sq.*, en particulier 533a : « Ce que dès le début, lorsque nous avons fondé la cité, nous avons posé qu'il fallait faire en toute circonstance, c'est cela, à ce qu'il me semble, ou alors quelque espèce de cela, qu'est la justice. Nous avons posé, n'est-ce pas, [...] que tout un chacun devait s'appliquer à une seule des fonctions de la cité, celle à laquelle sa nature propre serait, de naissance, la mieux adaptée. [...] Et aussi s'occuper de ses propres affaires, et ne pas se mêler de toutes, c'est la justice... ». Voir également 443c-d, pour l'application de la définition politique de l'individu au niveau psychologique, c'est-à-dire au niveau de l'âme de l'individu.

philosophe-roi, doit régner[1]. C'est ce règne de la raison qui rend nécessaire le bannissement de la poésie tragique, laquelle risque de corrompre les âmes des citoyens en général, et des philosophes en particulier. C'est donc le projet propre à la *République* qui rend nécessaire cette méfiance vis-à-vis des affects et de la poésie imitative qui en procède. Dans cette cité qui met la raison au pouvoir, il est nécessaire de chasser les poètes tragiques et Homère. En revanche, les *Lois* s'adressent aux hommes, et veulent construire une cité humainement possible, ce qui implique un certain nombre de renoncements : renoncement au principe du philosophe-roi par exemple, dont Platon montre qu'il est humainement quasi impossible[2], renoncement à la communauté des biens d'autre part, également impossible humainement[3]. C'est ce projet-là, projet humain, qui rend non seulement possible, mais encore nécessaire, les hommes étant des êtres d'affects, l'utilisation politique des émotions et de ce qui en procède tout particulièrement, l'art. C'est pourquoi les *Lois* ouvrent un champ d'investigation, celui des émotions humaines.

Létitia MOUZE
Université Toulouse-le-Mirail

---

1. Cf. *République* V, 473c *sq.*

2. Cf. *Lois* IX, 874e-875d, où Platon montre qu'aucune nature humaine n'est apte à la fois à posséder la connaissance politique (savoir que c'est l'intérêt général et non l'intérêt particulier qu'il faut poursuivre) et à posséder les qualités morales nécessaires à un bon gouvernement (l'idée étant que la nature humaine, fondamentalement égoïste, est nécessairement corrompue par la possession du pouvoir absolu).

3. Cf. *Lois* V, 739a *sq.*, où Platon remarque que la cité où régnerait la communauté des biens n'est possible que pour des dieux, non pour des hommes.

ARISTOTE ET LES ÉMOTIONS

D'UNE PHYSIQUE DES AFFECTS
À UNE POLITIQUE DES CARACTÈRES

INTRODUCTION : LES SERVITUDES DE LA POSTÉRITÉ

La gloire a, elle aussi, ses servitudes. L'influence d'Aristote sur les débats consacrés aux émotions crée à ses lecteurs plusieurs obligations. Elle requiert d'abord de faire la part entre les héritages réels et les filiations imaginaires. Nombreux sont ceux qui, philosophes, sociologues ou psychologues, invoquent la conception aristotélicienne des émotions. Mais chacun attribue à Aristote des thèses très différentes et parfois difficilement compatibles entre elles. Pour les uns, Aristote formule la première définition objective des émotions [1]. Pour les autres, il inaugure une approche « phénoménologique » des émotions : elles restent incompréhensibles si elles ne sont pas décrites du point de vue de l'être singulier qui les ressent [2]. Pour certains, le Stagirite souligne le caractère cognitif des émotions [3]. Pour certains autres, il privilégie leur dimension corporelle [4]. L'hétérogénéité des références à la réflexion d'Aristote sur les émotions découle peut-être de sa richesse et atteste à coup sûr de son importance pour la philo-

---

1. D. Kambouchner, « Passions », dans M. Canto (dir.), *Dictionnaire d'éthique et de philosophie morale*, Paris, PUF, 1996, p. 1087.

2. P. Aubenque, « Sur la définition aristotélicienne de la colère », *Revue philosophique de la France et de l'étranger*, n° 147, 1957, p. 317.

3. P. Livet, *Émotions et rationalité morale*, Paris, PUF, 2002, p. 13.

4. W. Fortenbaugh, *Aristotle on Emotion. A Contribution to Philosophical Psychology, rhetoric, poetics and ethics*, London, Duckworth, 1975, p. 21.

sophie des émotions. Mais elle exige qu'on détermine avec soin quels sont les apports réels du Stagirite.

Pour cerner les contours et les lignes de force de cette contribution, il faut mettre en question deux idées, au moins par provision.

La première est qu'il y a bel et bien *une* conception aristotélicienne des émotions. Certains exégètes ont cru pouvoir reconstituer un ouvrage d'Aristote dédié exclusivement aux émotions[1]. Mais la réalité textuelle est toute différente : loin de rédiger un *Traité des passions de l'âme* unifié et systématique, Aristote étudie la colère, la pitié ou encore la peur dans des textes éparpillés et hétérogènes. Par exemple, la *Rhétorique* présente des études fournies sur plusieurs émotions, alors que la *Métaphysique* évoque leur statut ontologique comme en passant. Cet éclatement textuel a une portée philosophique. Il reflète les problèmes ontologiques et gnoséologiques auxquels Aristote est confronté : l'absence de système des émotions n'indique-t-elle pas qu'elles sont irréductibles les unes aux autres ? Et la multiplicité des points de vue adoptés sur elles n'incite-t-elle pas à penser qu'elles échappent à la connaissance scientifique ?

La seconde idée à mettre en cause est qu'il existe bel et bien, aux yeux d'Aristote, quelque chose comme des émotions. Par-delà le double décalage introduit par la traduction du grec au français et par l'abandon progressif du terme de « passion » au profit de celui d'« émotion »[2], il convient de remarquer la particularité conceptuelle du propos d'Aristote : il porte sur les *pathè* (au singulier *pathos*). Certes, ce terme désigne ce que nous appellerions des émotions, comme la colère ou la joie. Mais il a également une extension plus vaste, car tout accident attribué à une substance peut être nommé *pathos*. De surcroît, dans certains textes éthiques et psychologiques, Aristote qualifie de *pathè* des caractéristiques psychiques que nous ne considérerions pas comme des émotions, comme des sensations ou des vertus. Ce qui est en question ici, c'est l'existence même d'un ensemble de phénomènes émotionnels distincts. Les émotions sont-elles, pour Aristote, réductibles à des altérations corporelles, à des sensations

1. A. von Fragstein, *Studien zur Ethik des Aristoteles*, Amsterdam, Grüner, 1974, p. 77-127.

2. D. Kambouchner, art. cit., p. 1082.

ou à des pensées? Ou bien constituent-elles un type d'«événement physico-psychique» à part?

Une fois ces deux écueils signalés, il reste à remplir la troisième obligation que la célébrité des textes d'Aristote sur les émotions impose à ceux qui entreprennent leur lecture : mesurer la portée éthique et politique de sa conception des émotions. Assurément, Aristote soutient sur les émotions des thèses proches de celles de Platon et des Stoïciens. Il est un des fondateurs d'une perspective sur les émotions que certains nomment «classique»[1] : les émotions altèrent le jugement et incitent à des actions irrationnelles, elles doivent donc être soumises par et à la raison. Il faut expliquer les raisons de cette rivalité et les modalités de cette soumission. Pourtant, Aristote est aussi l'auteur d'une réévaluation profonde des émotions. Les émotions ont à ses yeux une valeur éthique, politique et poétique qui n'est pas nécessairement négative, au contraire. C'est que les émotions ne sont ni des puissances aliénantes parce qu'incontrôlables, ni des pulsions nécessairement irrationnelles parce que corporelles ou bestiales. Les émotions peuvent être modifiées, tempérées et même délibérément suscitées par les hommes eux-mêmes dans des buts louables. Même si l'action humaine ne peut pas faire disparaître les émotions, elle peut les modeler profondément, et les conformer à la considération du bien pour l'homme. En un mot, une éducation des émotions[2] est possible.

Pour faire ressortir l'originalité des positions aristotéliciennes, on adoptera d'abord une perspective ontologique et physique : il s'agira d'expliquer ce qu'est une émotion pour Aristote (1). On endossera ensuite un point de vue épistémologique : il s'agira de comprendre à quelles conditions un savoir sur les émotions peut être élaboré (2). On fera enfin droit à des préoccupations normatives et prescriptives. Sans se limiter à l'importante dimension éthique du propos d'Aristote, on montrera quelle valeur morale, mais aussi politique, rhétorique et poétique peuvent posséder les émotions. On expliquera ainsi quelles sont les conditions et quelles sont les limites de leur maîtrise (3).

1. D. Kambouchner, art. cit., p. 1087.

2. B. Williams, «La morale et les émotions», dans B. Williams (dir.), *La fortune morale : moralité et autres essais*, Paris, PUF, 1994, p. 149.

ÉMOTION ET ESSENCE
ANALYSE ONTOLOGIQUE ET EXPLICATIONS PHYSIQUES

Une définition prometteuse

À celui qui cherche ce qu'est une émotion pour Aristote, la *Rhétorique* réserve à la fois une bonne et une mauvaise surprise.

La bonne surprise est qu'Aristote formule une définition des émotions : elles sont « les causes qui font varier les hommes dans leurs jugements et ont pour consécution la peine et le plaisir comme la colère, la pitié, la crainte, et toutes les autres émotions de ce genre ainsi que leurs contraires »[1]. En dépit de leur diversité, les émotions ne sont ni inconnaissables ni irréductibles les unes aux autres, puisqu'il est possible de leur trouver des caractéristiques communes.

La mauvaise surprise est que la précision et la fécondité de cette définition sont grevées par plusieurs éléments. Tout d'abord, cette définition n'est apparemment pas énoncée dans le cadre d'une étude scientifique des émotions. Pour Aristote lui-même, un traité d'art rhétorique n'est pas un ouvrage scientifique : pour produire un discours convaincant, une connaissance précise de l'âme humaine[2] n'est pas nécessaire. Deuxième facteur qui obère cette définition : elle est floue, selon les critères définitionnels aristotéliciens. En effet, elle n'indique pas quel type d'être est l'émotion : elle n'énonce pas son genre. Celui qui s'en tiendrait à elle, ignorerait si les émotions sont des substances, des qualités ou des actions. Comme on ne connaît pas leur statut onto-logique, on ne peut pas savoir ce qui les différencie des autres êtres, et notamment des mouvements, des sensations et des pensées. La désillusion à l'égard de cette définition, est redoublée par le fait qu'elle est la seule formule générale d'Aristote concernant la nature des émotions[3]. Dans l'*Éthique à Nicomaque*[4] comme dans l'*Éthique à Eudème*[5], Aristote entreprend apparemment de donner une définition

1. *Rhétorique* (dorénavant cité *Rhet.*), II, 2, 1378a19-22.
2. *Rhet.*, I, 4, 1359b12.
3. J. Cooper, « An Aristotelian Theory of Emotions », dans A. Oksenberg Rorty (ed.), *Essays on Aristotle's* Rhetoric, Berkeley, University of California Press, 1996, p. 238.
4. *Éthique à Nicomaque* (dorénavant cité *EN*), II, 4, 1105b21-23.
5. *Éthique à Eudème* (dorénavant cité *EE*), II, 2, 1220b12-14.

des émotions. Il se contente en fait d'énumérer quelques émotions en rappelant leur lien avec le plaisir et la peine. On est donc placé devant ce paradoxe : l'unique formule d'apparence définitionnelle portant sur les émotions est produite par Aristote dans un texte qu'il considère lui-même comme non scientifique.

L'imprécision de cette définition n'est pas nécessairement le signe qu'un savoir sur l'être des émotions est impossible. Elle est plutôt une invitation à reprendre à nouveaux frais la recherche de la nature des émotions.

Les émotions, entre accidents, passions et qualités

Les émotions sont des objets d'étude non seulement pour l'orateur mais aussi pour le métaphysicien et pour le physicien. L'intérêt qu'Aristote porte au statut ontologique des émotions se manifeste dans les *Catégories*, la *Métaphysique* et le *De l'âme*. L'émotion est un certain genre d'être : même si tout *pathos* n'est pas une émotion, toute émotion est un *pathos*. Cette indication fournit à la fois les premiers éléments positifs et les premiers obstacles à surmonter pour définir une émotion. Une fois expliquées et justifiées toutes les implications de l'idée que toute émotion est un *pathos*, on pourra examiner si et pourquoi les émotions constituent un type de *pathos* particulier.

Les indications d'Aristote concernant le genre de l'émotion sont assez déroutantes, car elles oscillent entre plusieurs caractérisations du *pathos*. Ce concept peut avoir une extension très large et désigner toute caractéristique non essentielle ou non substantielle d'un être, c'est-à-dire toutes les propriétés qui ne relèvent pas du genre de la substance [1]. Ce terme désigne alors non seulement les caractéristiques contingentes d'un être (comme la couleur des cheveux ou la taille d'un homme) mais aussi des propriétés qui, tout en étant permanentes et nécessaires, ne sont pas des parties de l'essence de cet être, par exemple le fait, pour un homme, d'être bipède.

Mais le concept de *pathos* peut également recevoir une extension plus réduite : le *pathos* est le résultat du fait de subir. Il est alors opposé

---

1. Par exemple *De la génération et de la corruption* (dorénavant cité *GC*), I, 4, 319b8-14 et *De l'âme* (dorénavant cité *DA*), III, 8, 432a6.

aux actions ou aux opérations [1]. Le *pathos* est le fait d'être agi, de subir une action comme, par exemple le fait d'être déplacé dans l'espace. Dans ce cas, la notion de *pathos* désigne un des grands genres de l'être : ce que la tradition appelle la catégorie du pâtir.

Mais Aristote donne aussi une troisième caractérisation générique du *pathos*, encore plus précise : le *pathos* est un certain type de qualité. Et c'est précisément lorsqu'il assimile le *pathos* à une qualité qu'Aristote mentionne ce que nous appelons « émotions » et les présente comme des *pathè*. Les *pathè* ou « affections » constituent le troisième type de qualité [2], les états (comme, par exemple, les vices) constituant le premier type de qualité et les facultés naturelles (comme la capacité à courir rapidement) formant le deuxième type de qualité. Mais, à l'intérieur même de ce troisième groupe de qualités, il distingue entre les « qualités affectives » qui sont des caractéristiques matérielles perçues par la sensation (comme la couleur blanche) et les modifications subies par l'âme elle-même [3] (la perception du blanc). Il peut donc sembler que les émotions sont des altérations, des changements qualitatifs de l'âme. Mais Aristote, après avoir rapproché les *pathè* émotifs d'une qualité, semble opérer un mouvement contraire. Les déterminations (physiques ou psychiques) dont la cause se dissipe rapidement sont de simples affections et ne peuvent pas être considérées comme des qualités, car elles n'altèrent pas durablement le sujet auquel elles sont attribuées. Les émotions (comme la honte) et les altérations physiques temporaires (comme la rougeur) sont donc des *pathè*, c'est-à-dire des déterminations de type qualitatif mais ne sont pas des qualités à proprement parler [4]. Dans d'autre textes, il est vrai, Aristote paraît moins réticent à considérer le *pathos* comme une qualité à part entière [5]. En dépit de cette hésitation, Aristote reste fidèle à l'idée que les modifications qualitatives ne sont ni des mouvements

1. *DA* I, 5, 409b15; *EN* V, 7, 1132a6-14; *Poétique* (dorénavant cité *Poet.*), 1, 1447a27-28.

2. *Catégories* (dorénavant cité *Cat.*), 8, 9a28-31.

3. *Cat.* 8, 9b33.

4. *Cat.* 8, 9b27-33.

5. *GC* I, 4, 319b8-14; *Physique* (dorénavant cité *Phys.*), V, 2, 226a24-28; *Métaphysique* (dorénavant cité *Meta.*), V, 21, 1022b15-22.

spatiaux ni des changements quantitatifs : être ému n'est ni être mû ni être augmenté ou diminué [1].

Les émotions sont placées à l'échelon ontologique le plus bas de l'altération qualitative, au côté des affections physiques. Elles sont des caractéristiques qui n'atteignent pas à l'essence même d'un être. Les émotions ne peuvent pas être des déterminations fondamentales d'un être comme une capacité ou comme un état. Par exemple, on ne peut donc pas cesser d'être un homme sous le coup des émotions.

Les conséquences éthiques de l'analyse ontologique

Le statut de *pathos* a plusieurs conséquences importantes pour les émotions : elles sont susceptibles de plus et de moins et elles ont des contraires [2]. Cela signifie qu'une colère modérée a la même essence qu'une colère extrême. Les émotions ne sont donc pas irréductiblement singulières et peuvent être rapportées à plusieurs grands types. Cela signifie également qu'il est possible de faire varier l'intensité d'une émotion et de l'approprier aux circonstances : c'est une des conditions nécessaires d'une éducation des émotions. De surcroît, la contrariété entre les émotions permet de regrouper les émotions par couples. Et cette contrariété est la condition pour poser l'existence d'une émotion intermédiaire, ce qui est une autre condition de l'éducation des émotions. L'ontologie du *pathos* est ainsi au fondement de l'éthique des émotions.

De plus, la caractérisation des émotions comme altérations qualitatives temporaires distinctes des états et des capacités écarte l'idée que les émotions sont de pures passions, c'est-à-dire des affections subies dont les causes sont toutes externes à la substance altérée. En effet, Aristote articule entre elles *pathè* et facultés : une faculté est la qualité qui rend capable un être de subir une modification [3]. Il est impossible de subir une modification, si on ne possède pas cette qualité en puissance [4]. En particulier, tout être n'est pas capable d'avoir des émotions, car cela suppose en lui une puissance qui s'actualise quand

1. *DA* I, 4, 408b4.
2. *Cat.* 9, 11b1.
3. *EN* II, 4, 1105b23-25 ; *EE* II, 2, 1220b16-18.
4. *Phys.* III, 3, 202a22-25.

l'émotion est ressentie. La connotation de passivité que véhiculent, en grec, le terme « *pathos* » et, en français, la notion de « passion », ne doivent pas induire en erreur : il existe un mode d'altération qui réalise la nature d'un être en actualisant ses facultés[1]. Les émotions sont de ce type : elles ont aussi pour cause une capacité du sujet. Elles ne constituent donc pas des intruses dans l'âme, mais font partie intégrante de l'économie naturelle de l'âme.

Les émotions, des affections particulières

Présenter les émotions comme des changements de type qualitatif ne permet pas, à soi seul, de comprendre ce qu'elles sont, car on peut toujours les confondre avec toutes les autres altérations passagères, qualités affectives, sensations et pensées.

La première caractéristique distinctive des émotions est la nature du sujet qui les éprouve : ne peuvent avoir ce genre d'affection que des êtres animés, c'est-à-dire les êtres composés d'une âme et d'un corps, car les affections sont les altérations qui surviennent dans l'âme *et* dans le corps[2]. Les émotions ne sont pas des événements purement corporels car, pour éprouver une émotion, il faut posséder la faculté psychique correspondante. Les êtres inertes peuvent subir des modifications qualitatives (une pierre peut être chauffée ou blanchie) mais ils ne peuvent pas ressentir d'émotions. Les émotions ne sont pas non plus des affections uniquement psychiques[3] comme les pensées : ces dernières sont des *pathè* de l'âme[4] mais elles n'impliquent pas de modification corporelle, à la différence des émotions. Par exemple, la honte est une crainte du mépris qui s'accompagne de rougissement[5]. Le lien entre altération psychique et altération corporelle est souvent laissé dans l'indétermination par Aristote. Il se contente en effet souvent d'affirmer qu'elles ont lieu « en même temps »[6]. Mais il lui arrive de semer quelques précisions : par exemple, il soutient qu'il ne

1. *DA* I, 5, 409b15 ; *EN* V, 7, 1132a6-14 ; *Poet.* 1, 1447a27-28.
2. *EN* II, 4, 1105b18-28.
3. *DA* I, 1, 403a2-8.
4. *DA* I, 1, 403a8 ; *DA* I, 4, 408b2.
5. *EN* IV, 15, 1128 b 10-15.
6. *DA* I, 1, 403a16-20.

faut pas dire que c'est l'âme qui a pitié : c'est l'homme qui éprouve de la piété *par* son âme mais *dans* son corps[1]. De la sorte, Aristote indique qu'émotivité et corporéité sont solidaires, mais il laisse également entendre que l'âme est le principe de l'émotion puisque c'est par elle que le sujet entier est dit s'émouvoir. Il faut en conséquence revenir sur la définition de l'émotion. L'émotion est un changement qualitatif mais elle peut causer un changement spatial dans le corps. Les émotions sont des phénomènes complexes au sens où elles consistent en une double affection, une affection psychique et une affection corporelle[2]. Seulement, il n'y a pas symétrie ou parallélisme, car l'affection psychique a une priorité causale sur l'affection physique.

Si la différence entre émotion, altération sensible et pensée est clarifiée par Aristote, la distinction entre sensation et émotion est très poreuse : Aristote range en effet parfois les sensations parmi les émotions[3] au motif qu'elles sont des *pathè* de l'âme qui impliquent le corps[4]. Si cette différence semble évanescente, elle est pourtant cruciale, notamment pour saisir les rapports entre émotion et cognition.

La place des objets extérieurs n'est pas la même dans l'émotion et dans la sensation. Dans la sensation, l'objet senti est la cause efficiente de l'actualisation d'une faculté sensitive. La cause efficiente de l'émotion est non pas un objet sensible mais un jugement. Un sujet est ému non pas directement par un objet extérieur mais par l'opinion qu'il a d'un objet ou d'une situation. Par exemple, la colère est la douleur causée par l'idée qu'on est outragé[5]; la crainte résulte de l'opinion qu'un mal va advenir[6] et la confiance, de la croyance qu'on est hors de portée du malheur[7]. La différence entre sensation et émotion est manifeste dans les situations où les émotions n'ont que des rapports très lointains avec les objets extérieurs[8] : il est possible

---

1. *DA* I, 1, 408b11-15.
2. *Cat.* 8, 9b9
3. *DA* I, 1, 403a7 ; *DA* I, 4, 408b2.
4. *DA* II, 5, 416b33-35 ; *DA* II, 11, 424a1.
5. *Topiques* (dorénavant cité *Top.*), IV, 6, 127b26-32 ; VI, 13, 151a15-19 ; VIII, 1, 156a32-33.
6. *EN* III, 9, 1115a6-9 ; *Rhet.* II, 5, 1382b29-34
7. *Rhet.* II, 5, 1383a25-27.
8. *DA* I, 1, 403a19-24.

d'avoir une émotion disproportionnée par rapport à la situation extérieure. Il est même possible d'éprouver une émotion en l'absence de tout objet extérieur.

Et c'est précisément parce qu'elles sont différentes des sensations mais qu'elles impliquent une modification corporelle que les émotions sont sources d'erreur, comme le souligne la « définition » générale de la *Rhétorique*[1]. Les émotions conduisent fréquemment à des jugements faux parce qu'elles impliquent toujours une modification corporelle qui altère (et souvent adultère) les sensations. Ainsi, selon qu'on éprouve de la peur ou de l'amour, on a des perceptions différentes car le corps a des affections différentes[2]. On forme donc des jugements diamétralement opposés. Les émotions obscurcissent la pensée de façon médiate : elles modifient les sensations sur lesquelles l'esprit porte des jugement. C'est pour cette raison qu'elles sont comparées, par Aristote, au sommeil, à la maladie ou à la folie[3].

La raison et l'essence des émotions

Les éléments définitionnels rassemblés ici permettent de réaliser les distinctions que la « définition » de la *Rhétorique* n'opère pas. Mais ils éclairent aussi, du moins partiellement, la formule relativement énigmatique par laquelle Aristote caractérise les émotions : les émotions sont, selon lui, des *logoi enhuloi*, c'est-à-dire des « raisons incluses ou enchâssées dans la matière »[4]. En dépit de la multiplicité des interprétations que cette expression a reçues, on peut se contenter de souligner qu'elle cristallise en elle les trois aspects les plus importants de la conception aristotélicienne des émotions. D'une part, cette formule met en avant l'importance du volet cognitif des émotions : elles sont fondées sur un *logos*, sur une opinion et c'est ce qui les distingue des affections sensibles et des sensations. Mais d'autre part, elle rappelle l'aspect matériel et corporel des émotions qui les distingue des pensées. Enfin, cet oxymoron caractérise les émotions par ce qui, dans la tradition classique, constitue son antonyme, le *logos*. Par

1. *Rhet.* II, 1, 1377b30-1378a5 ; *Rhet.* II, 2, 1378a18-22.
2. *PN* 2, 460a31-b 17 ; *Rhet.* II, 1, 1377b30-1378a5.
3. *DA* III, 3, 429a7-8.
4. *DA* I, 1, 403a24-25.

cette formule, Aristote indique que raison et émotion ne sont pas exclusives l'une de l'autre. Cette cohabitation peut prendre la forme de la connaissance de l'une par l'autre mais également celle de la maîtrise de l'une par l'autre.

ÉMOTION ET CONNAISSANCE
DE LA DÉFINITION À LA TYPOLOGIE

Les émotions sont-elles inconnaissables ?

Du point de vue d'Aristote, l'élaboration d'un savoir sur les émotions se heurte au moins à deux obstacles. D'une part, les émotions sont des altérations passagères et contingentes, autrement dit des accidents. Or, ce qui n'est pas nécessaire ne peut pas faire l'objet d'un savoir scientifique [1]. Les émotions ont de surcroît un double versant, corporel et psychique, de sorte que deux types de discours radicalement différents semblent possibles à leur sujet [2]. D'une part, on peut, en physicien, décrire les différentes altérations corporelles. D'autre part, on peut, en dialecticien, décrire leur contenu psychologique en exposant ce que ressent le sujet ému.

Dans tous ces cas, c'est la possibilité même d'une connaissance des émotions qui est mise en cause : aucune des solutions envisagées ne débouche sur un savoir exhaustif et étiologique concernant les émotions. Pour sortir de cette aporie, Aristote envisage trois possibilités.

Pour une physique des émotions

La première solution est la plus ambitieuse. Mais c'est aussi celle que le Stagirite ne met pas en œuvre. Il s'agit de procéder à une étude exhaustive de la vertu en élargissant la sphère de l'explication physique. Aristote part d'une alternative : d'une part, le physicien définit chacune des affections en exposant leurs aspects corporels respectifs. Il décrira, par exemple, la colère comme le bouillonnement

1. *Meta.* VI, 2, 1027a26-27.
2. *DA* I, 1, 403a29-b5.

du sang. D'autre part, le « dialecticien » définit chaque émotion par son contenu intentionnel : la colère est, pour lui, un désir de vengeance. Chacune de ces approches est, aux yeux d'Aristote, féconde mais incomplète. L'étude physique des émotions n'expose que leur cause matérielle. L'étude dialectique des émotions donne uniquement leur forme.

Il faut dépasser cette alternative en additionnant et en articulant ces deux points de vue. Le véritable physicien est celui qui expose la forme qui détermine la matière. En l'occurrence, le physicien authentique définira la colère comme un désir de vengeance qui provoque un bouillonnement du sang[1]. Cette solution paraît idéale : en coordonnant les savoirs, elle permet d'élaborer une connaissance étiologique et complète sur chaque émotion, en un mot, une science[2] des émotions.

Seulement, cette étude reste à l'état de projet : la seule étude précise et relativement exhaustive des émotions, le début du livre II de la *Rhétorique*, passe sous silence l'aspect corporel des émotions. Est-ce le signe qu'aucun savoir scientifique sur les émotions n'est possible et que seule une « phénoménologie du ressenti » est légitime, aux yeux d'Aristote, comme le soutient Pierre Aubenque[3] ?

Un typologie non systématique

Si le programme d'une physique des émotions n'est jamais réalisé, Aristote ne se contente pourtant pas d'une caractérisation générale des émotions. Aristote constitue en effet une typologie des émotions particulières. Et c'est la deuxième solution qu'il envisage pour dépasser l'aporie de l'inconnaissabilité des émotions. De la sorte, Aristote adopte une solution différente à la fois d'un « système des émotions » et d'une « phénoménologie des émotions ». Aristote n'affirme pas que toutes les émotions dérivent de quelques émotions simples et fondamentales, comme Hume. Mais il ne considère pas non plus que chaque émotion est irréductiblement singulière et doit être décrite du point de

---

1. *DA* I, 1, 403b7-9.
2. *Seconds analytiques* (dorénavant cité *SA*), I, 2, 71b9-12.
3. P. Aubenque, « *LOGOS* et *PATHOS*. Pour une définition dialectique des passions (*De anima*, I, 1 et *Rhétorique*, II) », dans G. Romeyer Dherbey (dir.) et C. Viano (éd.), *Corps et âme. Sur le* De anima *d'Aristote*, Paris, Vrin, 1996, p. 38.

vue de celui qui la ressent. Il est, selon lui, possible de distinguer plusieurs grands types d'émotion.

Qu'il évoque l'émotion en passant ou qu'il lui consacre une analyse détaillée, Aristote s'engage presque toujours dans une énumération des différentes émotions [1]. Cette propension au catalogue n'est pas anecdotique. D'une part, elle signifie que les émotions sont des phénomènes pluriels difficilement réductibles à l'unité. D'autre part, elle atteste que, aux yeux d'Aristote, l'étude des émotions particulières est plus importante que leur définition générale. Force est en effet de souligner le contraste entre l'imprécision des considérations globales sur l'émotion en général et la méticulosité des aperçus de la *Rhétorique*, de la *Poétique*, des *Éthiques* et de la *Politique* sur les émotions particulières.

Le caractère inchoatif de ces énumérations, ajouté aux dissemblances qu'on peut relever entre elles, indique que l'ambition d'Aristote n'est pas systématique. On remarque en effet qu'Aristote se contente de mentionner quelques émotions et qu'il ne place pas parmi elles toujours les mêmes. L'amitié [2] et la joie que l'on prend au malheur des autres [3] sont tantôt comprises dans, tantôt exclues de ces listes. Toutefois, Aristote ne se contente pas de dresser des catalogues inachevés, il réalise un travail typologique parce qu'il opère disjonctions et regroupements. Tout d'abord, il décrit toujours les rapports de chaque émotion avec le plaisir et la peine. Ensuite, il dresse des oppositions entre passions : le calme est opposé à la colère [4]; la crainte, à l'audace [5]; et l'indignation, à la pitié [6]. Enfin, il met à jour des filiations et des recoupements entre les émotions : la colère est un des facteurs de la haine [7]; la crainte et la pitié sont en partie semblables, car la première est ce qu'on éprouve devant un danger pour soi, alors que la pitié est ce qu'on éprouve devant une menace pour autrui.

---

1. *DA* I, 1, 403a6; *DA* I, 1, 403a16-18; *DA* I, 5, 409b16-18; *EN* II, 4, 1105b18-28; *EE* II, 2, 1220b12-16; *Rhet.* II, 2, 1378a18-22; *Rhet.* II, 12, 1338b31-1389a2.
2. *EN* VIII, 2, 1155b31-32.
3. *EN* II, 6, 1107a10.
4. *Rhet.* II, 3, 1380a8-9.
5. *Rhet.* II, 5, 1383a13-19.
6. *Rhet.* II, 9, 1386b8-15.
7. *Rhet.* II, 4, 1382a2.

La typologie aristotélicienne des émotions n'est ni une succession de tableaux affectifs ni une doctrine architectonique. C'est une suite organisée d'études conceptuelles.

Des définitions scientifiques dans la Rhétorique ?

Il serait long mais non sans intérêt d'analyser chacune des études consacrées par Aristote aux émotions particulière. Cela permettrait de souligner que les émotions ne sont pas seulement *suivies* de peine ou de plaisir mais qu'elles sont elles-mêmes des plaisirs ou des peines. On peut néanmoins se contenter d'attirer l'attention sur le fait que, dans la *Rhétorique*, Aristote se pose, sur chaque émotion, toujours les mêmes questions. Certaines de ces questions sont posées par le «physicien authentique» du traité *De l'âme*[1] : pour chaque émotion, il faut expliquer sa cause motrice, sa cause finale et sa cause matérielle. Mais les questions de la *Rhétorique* sont plus précises, même si celle de la cause matérielle n'est pas posée. Aristote a en effet le projet d'exposer toutes les (autres) causes des émotions. De façon inattendue, Aristote charge la *Rhétorique* de réaliser une étude scientifique des émotions.

À cette interprétation, on peut objecter, à la suite de J. Cooper[2] et de P. Aubenque, que le Stagirite dénie expressément toute scientificité aux thèses de la *Rhétorique* : la rhétorique est distincte du discours scientifique[3]. Elle est proche de la dialectique[4] car elle prend pour prémisses des lieux communs et non pas des connaissances[5]. Mais il est possible de balayer cette objection. La scientificité inattendue du propos de la *Rhétorique* sur les émotions est indiquée par le texte lui-même. Tout d'abord, les *prémisses* utilisées par l'orateur sont distinctes des *principes* que dégage le théoricien de l'art oratoire. Les premières doivent être des opinions admises. Mais les seconds, qui n'apparaissent pas dans les raisonnements des orateurs, doivent être vrais. À défaut, la rhétorique ne serait plus une technique à proprement

1. *DA* I, 1, 403a25-27.
2. J. Cooper, art. cit., p. 240.
3. *Rhet.* I, 1 1355b26-29 ; *Rhet.* I, 4, 1359b12.
4. *Rhet.* I, 2, 1356a20-27.
5. *Rhet.* II, 3, 1380b30-33.

parler. Pourtant, Aristote a l'ambition expresse de faire de la rhétorique une technique. Et la production des émotions fait partie des
« moyens de persuasion techniques » [1]. Cela indique que les émotions
sont produites par le moyen du discours mais aussi qu'elles font
l'objet d'un savoir vrai. De plus, la rhétorique a pour but de rendre
capables les orateurs de susciter certaines émotions. Le théoricien de
la rhétorique doit donc étudier la nature, les caractéristiques et les
causes de chacune des émotions que l'orateur peut vouloir soulever [2].
La rhétorique repose donc expressément et nécessairement sur une
étude définitionnelle et étiologique des émotions.

Le caractère étiologique de ces études se manifeste dans la déclaration méthodologique qui les précède, dans l'ordre qu'elles adoptent
et dans la récapitulation qui les suit. Pour susciter une émotion, il faut,
selon Aristote, nécessairement connaître ce qu'elle est, quelles sont
les dispositions qui rendent enclin à les éprouver, quelles sont les
personnes envers lesquelles on éprouve ces émotions et à propos de
quels objets et de quelles situations on les éprouve. Et, une fois n'est
pas coutume, Aristote respecte scrupuleusement le programme qu'il
se trace. Chaque émotion particulière est analysée et expliquée selon
ces quatre axes : ainsi se trouvent manifestées la cause motrice, la
cause formelle et la cause finale des émotions. C'est ce que vient
rappeler la conclusion de cette série d'analyses : Aristote considère
qu'il a montré les causes par lesquelles les émotions sont suscitées [3].

Les émotions ne sont donc pas de simples accidents, irréguliers,
contingents et, partant, inconnaissables. Pour Aristote, les émotions
sont les effets nécessaires de causes stables et identifiables. Une
étiologie rigoureuse des émotions est en conséquence parfaitement
possible. C'est même la condition de leur production raisonnée par les
orateurs. C'est aussi la condition de leur maîtrise par les éducateurs et
par les législateurs.

1. *Rhet.* I, 2, 1356a1-4.
2. *Rhet.* I, 2, 1356a20-27.
3. *Rhet.* II, 11, 1388b29-30.

ÉMOTIONS ET VALEURS
ÉPROUVER ET FAIRE ÉPROUVER

Aristote ne se contente pas de décrire, d'analyser et d'expliquer les émotions. Il porte également sur elles un regard normatif et prescriptif : il les évalue et il indique comment les façonner. C'est le dernier aspect de ses réflexions sur les émotions : il les réhabilite sous certaines conditions.

Une nouvelle psychologie pour une nouvelle éthique

La réhabilitation éthique et politique des émotions ne va pas de soi. Aristote adopte à leur égard une méfiance comparable à celles de Platon et des Stoïciens. Les émotions sont toujours distinguées du (et fréquemment opposées au) *logos*. Vivre conformément aux émotions, comme le font la plupart des hommes, c'est vivre en infraction avec ce que réclame le *logos*. C'est donc vivre une vie inférieure car non conforme à ce qu'il y a de meilleur en l'homme [1]. L'opposition et la hiérarchie entre émotions et *logos* sont éclatantes dans le cas de l'intempérant : son *logos* lui donne la connaissance de ce qui est bien, mais il n'agit pas en conséquence parce que ses émotions lui dictent un comportement contraire [2]. Les émotions sont aussi un mal politique : elle peuvent obscurcir le jugement des gouvernants et conduire une cité à sa perte. C'est pour cette raison qu'il faut confier le gouvernement de la cité non à des hommes mais aux lois, car ces dernières sont exemptes d'émotions [3]. Aristote semble ici bien proche de penser que l'homme est partagé par une « guerre intestine » et indéfinie entre émotions et *logos*, entre cause d'erreur et puissance de vérité et de moralité.

Pourtant, le bien de l'homme n'exige pas, selon lui, la suppression des émotions. L'apathie, littéralement l'« absence d'émotions », est *à tort* confondue avec la vertu [4]. En particulier, le courage et la douceur

1. *EN* I, 1, 1094b27-1095a12 ; V, 15, 1128b15-18 ; VIII, 3, 1156a31-33 ; *EN* IX, 8, 1168b15-21 ; X, 10, 1179b7-16 ; X, 10, 1179b26-31.
2. *EN* VII, 2, 1145b11-14 ; VII 5 1147a10-18.
3. *Pol.* III, 10, 1281a34-36.
4. *EN* II, 2, 1104b21-26 ; *EE* II, 4, 1222a3-6.

ont été indûment identifiés avec l'absence de trouble (ataraxie)[1]. L'absence d'émotion n'est pas nécessairement positive. Dans certaines circonstances, face à l'injustice par exemple, il est louable d'éprouver de l'indignation, de la colère ou de la honte[2]. L'apathie est alors condamnable. Par exemple, l'insensibilité aux plaisirs légitimes et bons est inhumaine[3] et l'absence totale de peur, une folie[4].

Le contraste entre la défiance proclamée à l'égard des émotions et l'apologie de certaines émotions ne constitue pas une contradiction entre Aristote et lui-même. Il découle d'une réévaluation éthique et politique des émotions : en elles-mêmes, les émotions ne sont ni bonnes ni mauvaises. Elles ne sont en tout cas ni nécessairement mauvaises ni inéluctablement terribles, contrairement à ce que soutient Platon[5].

À proprement parler, le fait d'éprouver une émotion ne peut pas légitimement faire l'objet d'un éloge ou d'un blâme. Être ému n'est en effet ni volontaire ni *a fortiori* choisi[6]. Est-ce à dire que les émotions sont reléguées hors du domaine de l'évaluation morale et politique ? Tout au contraire : les émotions sont placées par Aristote au centre de son éthique et de sa politique. Mais elles ne sont évaluées qu'indirectement. Ce qui est volontaire et peut donc être jugé, c'est l'attitude qu'un être adopte à l'égard de ses propres émotions, c'est la disposition qu'il acquiert à être enclin à certaines émotions. Il y a une nécessité naturelle des émotions, mais il n'y a pas de fatalité morale et politique aux émotions, car on peut bien ou mal réagir face aux émotions qu'on éprouve.

Pour Aristote, l'homme et le citoyen ne sont pas placés devant l'alternative entre supprimer les émotions et vivre sous leur joug. Les émotions sont susceptibles de se conformer à la raison sans disparaître. Cette idée est l'aboutissement d'une «révolution»[7] en matière de psychologie. Elle suppose l'abandon de la tripartition platoni-

1. *EN* III, 12, 1117a30; *EN* IV, 11, 1225b31-1225a2.
2. *Rhet.* II, 6, 1383b12.
3. *EN* III, 14, 1119a5-11.
4. *EN* III, 10, 1115b23-3.
5. *Timée*, 69d.
6. *EN* II, 4, 1105b28-1106a7.
7. W. Fortenbaugh, *op. cit.*, p. 23.

cienne de l'âme qui s'exprime dans la *République* et repose sur une bipartition de l'âme entre partie rationnelle et partie irrationnelle. Aristote part des phénomènes du conseil et de la persuasion, c'est-à-dire des situations où les émotions sont infléchies par le raisonnement et la parole. Et il en conclut à une division de l'âme en deux parties, l'une rationnelle et l'autre irrationnelle. Cette dernière n'est pas monolithique. Certaines opérations de l'âme (entendue comme principe de vie) s'effectuent sans que le raisonnement ou la parole puissent en quelque façon interférer : la digestion, la croissance, le sommeil échappent à tout contrôle rationnel. Mais certaines opérations, principalement le désir, peuvent soit obéir au *logos* soit contrevenir à ses injonctions [1]. C'est là que réside la responsabilité morale et politique. Subordonner les émotions à la raison est possible car si les émotions ressortissent à la partie irrationnelle de l'âme, elles ne sont pas nécessairement rétive à la partie rationnelle.

Les émotions et les vertus

En matière d'émotions, la raison n'a pas seulement un pouvoir de censure. Ce serait le cas si toute émotion était mauvaise. Mais Aristote réserve la possibilité que des émotions soient bonnes. Et c'est pour cette raison qu'il rénove la définition de la vertu. La vertu n'est pas seulement l'excellence de la partie rationnelle de l'âme. La partie irrationnelle de l'âme qui est susceptible de suivre la raison peut développer une excellence propre [2]. Pour Aristote, être courageux et être savant sont deux excellences, deux vertus, mais ce sont des vertus d'ordres différents. Le courage et ce genre d'excellence sont constitutifs du caractère (*ethos*) c'est-à-dire des dispositions à agir, à désirer et à ressentir des émotions. Ce sont les vertus éthiques ou du caractère. La science est, elle, une vertu intellectuelle dans la mesure où elle est une disposition à connaître. En conséquence, la vertu du caractère (ou vertu éthique) n'est l'état ni de celui qui a supprimé les émotions ni de celui qui les a mâtées. La vertu est une disposition non seulement à accomplir les bonnes actions mais aussi à éprouver les bonnes

---

1. *EN* I, 13, 1102b28-1103a3 ; *EE* II, 4, 1221b27-1222a5.
2. *EN* II, 1, 1103a14-b3.

émotions. Au contraire, le vice n'est la disposition ni à éprouver des émotions ni à leur laisser libre cours. Le vice découle de la disposition à éprouver des émotions néfastes. La véritable révolution conceptuelle introduite par Aristote est peut-être moins sa bipartition de l'âme que la redéfinition subséquente du caractère et de ses dispositions, vices et vertus, comme attitudes à l'égard des actions *et* des émotions[1]. Être vertueux, c'est être enclin à bien agir *et* à avoir les bonnes émotions.

En matière d'actions comme en matière d'émotions, l'excès et le défaut sont mauvais, alors que le juste milieu (ou médiété) est bon. C'est pour cette raison que la vertu est la disposition à choisir le juste milieu en matière d'actions et à éprouver les émotions médianes. Par exemple, celui qui a peur de tout devient lâche et celui qui n'a peur de rien, téméraire. La vertu de courage découle, elle, d'un rapport juste avec la peur : le courageux a peur de ce qui est véritablement dangereux. Pour Aristote, certaines émotions sont toujours excessives et certaines autres, toujours médianes et bonnes : l'émulation, c'est-à-dire la peine occasionnée par l'idée que nous ne possédons pas des biens que nos égaux possèdent, est toujours honnête[2] ; et la crainte du mépris est, elle aussi toujours convenable[3]. Mais, la plupart des émotions ne sont bonnes ou mauvaises, excessives ou modérées, que relativement aux circonstances dans lesquelles elles sont éprouvées. Dans certains cas, par exemple, devant un outrage injustifié, on doit éprouver de la colère[4]. Et être vertueux, c'est précisément avoir acquis la disposition à éprouver les émotions appropriées aux circonstances.

La solidarité entre valeur morale et émotion, et plus précisément entre juste mesure, vertu et émotions est si forte qu'Aristote va même jusqu'à considérer certaines émotions comme des médiétés. Ainsi, la modestie ou la pudeur, c'est-à-dire la crainte de donner mauvaise opinion de soi, est bien une médiété mais c'est une émotion, et non pas une vertu[5]. Ici s'estompe la différence entre la disposition, qui fait

---

1. *EN* II, 2, 1104b13-16 ; *EN* II, 9, 1109a20-24 ; *EN* III, 1, 1109b30-35 ; *EE* II, 1120a29-36 ; *EE* III 7, 1233b16-18 ; *Rhet.* II, 12, 1338b31-1389a2.

2. *Rhet.* II, 11, 1388a32-b2.

3. *EN* III, 9, 1115a6-9.

4. *EN* II, 4, 1105b25-28 ; *EN* III, 3, 1111a30-32.

5. *EN* IV, 15, 1128b10-15.

l'objet de l'évaluation morale et l'émotion, qui, en principe, est involontaire donc non susceptible d'évaluation. Les émotions sont dotées d'une valeur éthique indépendante du développement d'une disposition correspondante.

La conséquence de cette réévaluation des émotions est que la plupart des vertus éthiques sont définies par rapport à une émotion. Le courage est une médiété par rapport à la crainte et à la témérité[1]; la douceur, une médiété en matière de colère[2]; le magnanime se définit par le fait qu'il éprouve, à juste titre, du mépris pour la plupart des hommes[3] et qu'il n'éprouve que peu d'étonnement[4]. On voit alors toute l'importance de la typologie des émotions: la typologie des vertus éthiques découle d'elle[5]. Néanmoins, certaines vertus n'ont pas partie liée avec les émotions. L'affabilité est par exemple une médiété entre la complaisance et la hargne. Mais elle se distingue de l'amitié précisément par le fait qu'elle ne comprend aucune émotion à l'égard de ceux envers lesquels elle s'exerce[6].

Si les émotions doivent être réglées par les vertus, il peut y avoir des vertus sans émotions.

L'ambiguïté des émotions rhétoriques et poétiques

Cette « révolution » psychologique conduit à une révolution technique: comme les émotions sont distinctes des pulsions irrationnelles[7], elles peuvent être modifiées et même créées par les hommes par le truchement de discours et d'œuvres théâtrales[8].

Certes, l'enchaînement entre les causes de l'émotion et l'émotion elle-même est nécessaire. Mais les causes sont au pouvoir des hommes. Qui change les causes, change l'effet: il est possible de persuader un homme en proie à une émotion d'une opinion différente pour le faire

---

1. *EN* III, 9, 1115a6-9.
2. *EN* IV, 11, 1225a26-31.
3. *EN* IV, 8, 1124b5-7.
4. *EN* IV, 8 1125a2.
5. *EN* II, 7, 1107a28-1008a8; *EN* IV, 15, 1128b10-15.
6. *EN* IV, 12, 1126b18-28.
7. *Rhet.* I, 11, 1379a18-27.
8. *Rhet.* I, 1, 1354a25.

changer d'émotion. Par exemple, expliquer à celui qu'on punit pourquoi sa punition est juste permet de dissiper ou plus exactement de diminuer son indignation[1]. Réciproquement et de façon paradoxale, il est possible de changer les causes en changeant l'effet : un orateur peut changer le jugement de son auditoire en modifiant ses émotions. Il convainc son auditoire non seulement en lui exposant des raisonnements, mais également en le plongeant dans certaines émotions[2]. C'est pour cette raison que l'étude des émotions et de leurs causes est un instrument indispensable à l'orateur.

Si c'est par le langage, et donc par un des aspects du *logos*, qu'on suscite certaines émotions, celles-ci ne sont pourtant pas nécessairement conformes à la raison. Il y a ici un écart entre le *logos* entendu comme puissance de conviction par le discours et le *logos* conçu comme instance de direction morale. En effet, l'exercice de l'art rhétorique n'est pas nécessairement subordonné au bien véritable. Les émotions que cherche à susciter l'orateur ne sont pas nécessairement bonnes.

Les émotions ont également un place centrale dans l'art dramatique : une tragédie réussie inspire deux émotions, la crainte et la pitié[3]. Mais elle les soulève d'une façon particulière : en les représentant[4]. Et toutes les caractéristiques de la tragédie sont subordonnées à la production de cet effet : la tragédie doit représenter actions, caractères et émotions qui suscitent peur et pitié[5], qui font frissonner et pleurer[6]. Mais quel est l'effet ultime visé par le dramaturge ? L'orateur a manifestement pour but d'emporter la conviction et, ainsi, de ranger ses juges ou ses concitoyens à son opinion. Les émotions qu'il inspire sont donc tantôt conformes tantôt insoumises au *logos*. Dans le cas du dramaturge, l'objectif est de susciter une « purification », une *katharsis* et, ultimement, un plaisir[7]. Seulement, en raison du caractère elliptique du propos d'Aristote, le passage des émotions tragiques à la

1. *Reth.* II, 3, 1380b18.
2. *Rhet.* I, 2, 1356a14-19.
3. *Poet.* 1, 1447a27-28.
4. *Poet.* 6, 1449b24-28.
5. *Poet.* 13, 1452b32-33.
6. *Poet.* 14, 1453b4-7.
7. *Poet.* 14, 1453b12.

purification et au plaisir est obscur. Sur ce point deux interprétations majeures s'affrontent qui emportent avec elles deux positions différentes concernant le statut éthique et politique des émotions artistiques. Certains considèrent que ce qui est purifié n'est pas le spectateur mais les émotions[1]. Le plaisir tragique vient du fait que le spectateur fait une expérience affective épurée parce qu'il contemple des formes épurées du pitoyable et de l'effrayant. Son plaisir est alors cognitif : il comprend des formes d'émotions. Les émotions suscitées par l'art sont, dans ce cas, bien différentes de celles que suscite la vie et la représentation théâtrale n'a pas de fonction éthique ou politique. Mais une autre interprétation est possible, qui attribue à la tragédie une fonction éducative morale et politique. L'ambiguïté éthique des émotions artistiques n'est pas inéluctable.

L'éducation par les émotions

La conception aristotélicienne des émotions ne se distingue pas seulement par le rôle central qu'elle leur attribue dans la définition des vertus et des vices, dans l'élaboration des outils de l'orateur et dans les effets de la tragédie. Elle se singularise également par l'idée qu'une éducation des émotions est souhaitable. Aristote ne se contente ni d'affirmer que la valeur des hommes dépend de leurs dispositions émotionnelles ni d'expliquer comment les hommes peuvent transformer et créer leurs émotions. De ces deux prémisses, il conclut qu'un amendement des émotions et une amélioration de l'homme grâce aux émotions est nécessaire.

Rendre vertueux les hommes est la mission du moraliste et de l'homme politique. Pour Aristote, la politique a en effet pour vocation de rendre vertueux les citoyens, en un mot de les éduquer[2]. Mais rendre les hommes vertueux n'est pas seulement affaire de discours et de persuasion, c'est aussi affaire d'habitude. La partie irrationnelle de l'âme n'en est pas immédiatement capable d'écouter la raison car cette

---

1. C'est la thèse soutenue par R. Dupont-Roc et J. Lallot dans leur étude « La *katharsis* : essai d'interprétation », dans Aristote, *La Poétique*, texte grec, trad. fr. et notes R. Dupont-Roc et J. Lallot, préface T. Todorov, Paris, Seuil, 1980, p. 188-193.
2. *EE* VII, 2, 1237a4-5.

dernière se développe tardivement. De sorte que c'est la répétition d'émotions et d'actions qui constitue la première éducation et non pas l'apprentissage de raisonnements et de discours. L'émotion, seconde d'un point de vue ontologique et axiologique, est première, sur le plan de la chronologie. Par exemple, pour devenir courageux, il est nécessaire de prendre l'habitude d'éprouver la peur pour savoir lui résister[1]. Plus généralement, comme les vertus et les vices proviennent des actions et des émotions qu'elles rendent ensuite enclin à réaliser et à éprouver, les bonnes émotions, avec les bonnes actions contribuent à forger les vertus éthiques : l'indignation contribue à la justice, la modestie, à la pudeur et la honte, à la modération[2]. La mission de l'éducateur est donc de susciter ces émotions chez ceux dont il a la charge. C'est aussi la mission de l'homme politique. Il doit par exemple établir la concorde entre les citoyens[3], mais veiller également à ce que les jeunes soient emprunts de réserve à l'égard de leurs aînés[4]. Une véritable politique des émotions doit être mise en place : une trop grande familiarité entre citoyens de générations différentes ou une trop grande indifférence entre citoyens mèneraient en effet à des récriminations funestes pour la cité.

Toute la question est donc de trouver le moyen de susciter ces émotions propices à la vertu. Si l'art rhétorique ne suscite pas nécessairement les bonnes émotions et si la tragédie ne produit que des émotions sans utilité politique directe, reste que la musique est, elle, capable de réaliser cette éducation des citoyens. La musique a en effet, selon Aristote la puissance de modeler les caractères en suscitant des émotions[5]. Chaque musique imite en effet des émotions et les fait ressentir à celui qui l'écoute[6]. La musique habitue les âmes à certaines émotions par le biais d'une double imitation : les mélodies imitent des émotions et suscitent des émotions identiques chez les auditeurs. Il n'y a donc pas, en l'espèce, de différence de nature entre les émotions

---

1. *EN* II, 1, 1103b13-25.
2. *EE* III 7 1234a29-33.
3. *EN* IX, 6, 1167a21-28.
4. *Pol.* VII, 16, 1334b38-1335a5.
5. *Pol.* VIII, 5, 1340a2-12.
6. *Pol.* VIII, 5, 1340a39- b 5

artistiques et les autres émotions. La musique est un levier d'autant plus puissant de formation des caractères qu'elle est attrayante et plaisante : quelles que soient les émotions imitées, bonnes ou mauvaises elle suscite le plaisir que toute imitation suscite chez l'homme[1] en raison de la distraction qu'elle procure[2]. La musique n'est pas exempte des ambiguïtés éthiques de la rhétorique car toutes les musiques ne sont pas favorables au développement des vertus éthiques. Il faut sélectionner les musiques de sorte qu'elles associent le plaisir de l'imitation à la bonté des émotions ressenties[3]. Il faut, comme le propose Platon, réglementer les musiques et encourager les musiques qui imitent les émotions de calme[4]. Mais le spectre des émotions louables est plus large chez Aristote. Il faut selon lui utiliser toutes les musiques éthiques, c'est-à-dire toutes celles qui développent le caractère dans un sens vertueux[5].

L'autre façon d'utiliser la musique à des fins de perfectionnement éthique et politique est d'utiliser ses pouvoirs cathartiques. Certaines mélodies ont en effet le pouvoir de plonger leurs auditeurs dans une sorte de transe et de les purifier de certaines émotions néfastes[6]. Le plaisir donné par ces musiques est celui du soulagement : elles suscitent des émotions pénibles dont la cessation donne du plaisir. La purification dont il s'agit ici est apparemment différente de celle de la *Poétique*, car l'effet cathartique aurait une fonction éthique et civique. Et c'est à la lumière de ce texte qu'on peut relire la *Poétique*.

Si les modalités selon lesquelles musique et théâtre concourent à l'éducation morale et politique des citoyens sont débattues, la thèse principale d'Aristote est très claire : les émotions sont à la source et à l'aboutissement de l'éducation du caractère. En amont, l'acquisition de vices ou de vertus dépend de la valeur des émotions qu'on s'habitue à ressentir. En aval, la vertu et le vice se manifestent dans les émotions que l'on est enclin à ressentir.

---

1. *Poet.* 4, 1448b6-9.
2. *Pol.* VIII, 5, 1339b40-42.
3. *Pol.* VIII, 5, 1340a14-18.
4. *Pol.* VIII, 7, 1342b12-17.
5. *Pol.* VIII, 7, 1341b39.
6. *Pol.* VIII, 7, 1342a1-16.

CONCLUSION
CONNAÎTRE, HABITUER ET PRODUIRE : LES CHEMINS DE LA MAÎTRISE

Aristote participe à la fondation d'une certaine conception « classique » des émotions : elles sont des accidents de l'âme qu'il convient de maîtriser en les rangeant sous la direction de la raison. Seulement, la défiance d'Aristote à l'égard des émotions est très largement tempérée par plusieurs thèses originales.

La première d'entre elles est qu'une science des émotions est possible. Les émotions ont un statut ontologique, physique et psychologique qui permet leur étude étiologique et exhaustive. Les émotions ne sont pas des phénomènes imprévisibles et incompréhensibles. La première maîtrise à laquelle les émotions se prêtent est une rationalisation gnoséologique : l'esprit humain est capable de comprendre leurs natures, leurs causes et leurs propriétés respectives.

La deuxième de ces thèses est éthique et politique. Les émotions ne peuvent pas et ne doivent pas être annihilées. Elles ont leur place dans la sphère de la moralité et de la politique. Être un homme de bien et être un bon citoyen ne signifie pas avoir anéanti ses émotions. L'excellence morale et politique requiert au contraire d'éprouver certaines émotions. Sans capacité à ressentir les émotions et sans dispositions à ressentir les bonnes émotions, il n'est pas d'homme maître de lui.

La troisième thèse défendue par Aristote est d'ordre pratique et poétique. Les émotions ne s'imposent pas à l'homme comme un destin. L'homme peut, par le biais du langage, du raisonnement, du théâtre ou de la musique, tempérer, orienter et même produire les émotions. Les émotions sont donc un instrument irremplaçable d'éducation pour l'homme de bien.

De son ontologie à son éthique et de sa physique à sa politique, Aristote propose des aperçus sur les émotions qui montrent pour quelles raisons et à quelles conditions elles peuvent concourir à la formation d'un caractère vertueux et donc à l'apparition du bonheur humain.

Cyrille BÉGORRE-BRET

AFFECTIVITÉ ET ÉMOTION CHEZ PLOTIN

Le statut de la notion d'émotion est difficile à saisir, non pas seulement chez Plotin mais dans l'Antiquité de manière générale. En effet, on ne trouve pas de terme spécifique correspondant à celle-ci dans les textes grecs et le terme parfois traduit par émotion, celui de *pathos*, peut aussi bien être rendu, selon les cas, par affection ou par passion. Cette hésitation dans les traductions est révélatrice des difficultés à retrouver dans les textes anciens des distinctions qui nous paraissent habituelles. On trouve par exemple chez Descartes une distinction entre perception, sentiment et émotion mais ces termes ne sont que trois noms différents des passions selon qu'on les envisage comme des pensées qui sont passives et confuses, comme des sentiments, comparables aux sensations en tant qu'elles sont reçues par l'âme, comme des émotions enfin, par leur intensité (car il n'y a pas d'autres pensées qui « agitent [l'âme] et l'ébranlent si fort que font ces passions »). Les passions sont donc des pensées confuses, provoquées en l'âme par une perception, qui se rapportent non au corps mais à l'âme [1]. Il convient cependant de remarquer que l'analyse cartésienne ne paraît pas se contenter de juxtaposer ces caractéristiques mais semble au contraire progresser de la plus grande généralité (perception) à ce qui fait la spécificité de la passion, puisque Descartes indique, après avoir expliqué les termes perception et sentiment, qu'« on peut *encore mieux* les nommer des émotions de l'âme » [2]. S'il y a distinction, celle-ci s'inscrit donc *à l'intérieur de la théorie des passions* car l'émotion ne s'oppose pas à la passion mais la spécifie. Tel n'est pas le cas chez Kant. Pour ce dernier, l'émotion se signale par sa précipi-

1. Descartes, *Les Passions de l'âme*, articles 27 à 29.
2. Article 28, nous soulignons.

tation, son absence de réflexion, son intensité, son caractère passager mais aussi par ses conséquences (perte de la maîtrise de soi, aveuglement). Au contraire, la passion est compatible avec la réflexion et s'installe dans la durée. La première est alors à la seconde ce que l'ivresse est au délire : l'une se dissipe d'elle-même après avoir déréglé la conduite, l'autre s'implante toujours davantage en agissant sur les représentations [1]. C'est pourquoi la colère, par exemple, est une émotion et la haine une passion. Dans l'analyse kantienne, passion et émotion se définissent donc en s'opposant l'une l'autre et non par une spécification de l'une par l'autre, comme chez Descartes. Il n'en reste pas moins que les deux termes sont *par là même* clairement distingués.

Il semble difficile, au contraire, de retrouver l'équivalent de telles analyses dans l'Antiquité, où l'on considère plutôt les états affectifs (*pathè*) dans leur ensemble. C'est pourquoi le terme *pathos* n'indique jamais simplement une passion au sens strict mais peut renvoyer à des états affectifs que des auteurs ultérieurs ont finalement distingués [2]. Ainsi, Aristote se sert-il, en signalant ses différents sens, du même terme pour qualifier les divers aspects des phénomènes affectifs. En effet, *pathos* désigne aussi bien la *qualité* en laquelle une chose est altérée que le mouvement par lequel cette qualité se produit dans cette chose, à savoir l'*altération* [3]. Le même terme désigne l'acheminement vers un état aussi bien que l'état lui-même et l'affection doit donc s'entendre du processus d'affection comme de ce en quoi une chose est altérée. En ce sens, il n'est peut-être pas faux de traduire parfois *pathos* par émotion puisque l'émotion est bien l'état affectif qui résulte d'une affection, d'un ébranlement, c'est-à-dire d'une mise en mouvement. Mais il convient d'ajouter immédiatement que l'émotion n'est pas alors une «catégorie» d'états affectifs, une espèce d'un genre constitué par ces états, mais seulement un des noms possibles, *pour nous*, de ces états eux-mêmes. Par ailleurs, au lieu d'établir des

1. Kant, *Anthropologie du point de vue pragmatique*, § 74.
2. Peut-être parce que, comme le rappelle P.-F. Moreau, les passions ne sont pas analysées pour elles-mêmes par les Anciens, mais toujours dans un contexte d'opposition, de lutte, de maîtrise ou d'usage puisqu'il s'agit de savoir « comment agir sur les passions » pour les circonscrire ou pour provoquer les effets recherchés. Cf. *Les passions antiques et médiévales*, B. Besnier, P.-F. Moreau et L. Renault (éd.), Paris, PUF, 2003, p. 1-12.
3. Aristote, *Métaphysique*, Δ, 21, 1022 b15-19.

distinctions entre ces états, les Anciens dressent au contraire des classements, en genres et en espèces. On sait par exemple, grâce à Cicéron [1] et à Diogène Laërce [2] notamment, que les Stoïciens classaient les passions (*pathè*) en quatre genres : peine (*lupè*), plaisir (*hédonè*), crainte (*phobos*), désir (*epithumia*), et qu'ils ne comptaient pas moins de soixante-seize espèces de passions réparties à l'intérieur de ces quatre genres (selon le témoignage du Pseudo-Andronicos de Rhodes dans son *Peri Pathôn* [3]). Mais s'il y a classement *des* états affectifs, il n'y a pas pour autant ici distinction *entre* les états affectifs ou, si l'on préfère, il y a distinction de modalité (la passion se décline selon le mode de la peine, de la crainte, etc.) et non distinction de nature.

Dans ces conditions, l'étude du problème des émotions pourrait d'abord s'appuyer sur la notion même d'émotion telle qu'elle a été progressivement élaborée dans l'histoire de la philosophie ainsi que sur les caractéristiques qui lui ont été reconnues, afin de chercher à en retrouver l'équivalent dans les états affectifs dont parlaient les Anciens et en particulier, Plotin. Ce qui reviendrait à considérer qu'ils ont parlé des émotions sans utiliser le mot et sans les distinguer d'autres états affectifs. Au contraire, puisqu'il n'y a pas de discours en propre sur les émotions, on préférera chercher quel statut *pourrait* avoir l'émotion à l'intérieur d'une analyse de l'affectivité, des *pathè* (ou états affectifs), telle qu'elle est conduite par Plotin à l'occasion d'une réflexion sur les rapports de l'âme et du corps. Mais on attirera aussi l'attention sur l'originalité de cette analyse et sur la difficulté qu'elle soulève, puisqu'elle accorde un rôle positif à la notion de *pathos* d'un point de vue métaphysique alors même qu'elle semble lui refuser toute valeur et poursuivre son éviction dans le cadre d'une théorie de l'affectivité. Comment dès lors concilier ces deux aspects de la réflexion sur les émotions ?

1. *Tusculanes*, IV, 7.

2. *Vies et doctrines des philosophes illustres*, VII, 110-116.

3. Pseudo-Andronicos de Rhodes, *Peri Pathôn*, Leyde, Brill, 1977. Ces passions particulières sont présentées et étudiées par M. Daraki, *Une religiosité sans Dieu. Essai sur les stoïciens d'Athènes et Saint Augustin*, Paris, La Découverte, 1989, p. 79-92. Notons enfin qu'à travers de tels classements, les Stoïciens sont peut-être les premiers à avoir proposé « une véritable entreprise de systématisation du phénomène passionnel » (A. Glibert-Thirry, « La théorie stoïcienne de la passion chez Chrysippe et son évolution chez Posidonius », *Revue philosophique de Louvain*, 75, 1977, p. 400).

AFFECTIVITÉ ET ÉMOTION

Dans les différents textes où il traite de cette question de l'affectivité[1], Plotin rappelle toujours, sous des formes parfois différentes, la thèse selon laquelle l'âme ne peut pas pâtir. Ainsi, en *26* (III 6)[2], celui-ci indique que les affections se produisent dans une autre chose que l'âme, à savoir le corps organisé, et, s'en prenant aux Stoïciens, il se demande pourquoi vouloir rendre l'âme impassible puisqu'elle ne pâtit pas[3]. En *28* (IV 4)[4], Plotin montre que l'âme seule (c'est-à-dire prise absolument, *holôs*) n'a pas d'affections et que seul le composé est susceptible d'être affecté. Enfin, le traité *53* (I 1)[5], rappelle que l'âme ne peut pas pâtir puisqu'elle est immortelle et incorruptible. Mais cette caractéristique, rappelée avec insistance, suscite d'emblée des difficultés concernant la question des émotions, plus précisément à propos de leur possibilité même, car comment peut-il y avoir des émotions dans l'âme si celle-ci ne peut être affectée? Si les émotions ne peuvent avoir leur *site* que dans l'âme, à la fois comme trouble et comme réaction de celle-ci à des évènements extérieurs, l'impossibilité pour elle d'être affectée ne lui interdit-elle pas justement d'éprouver des émotions?

Or, il convient de remarquer que Plotin a été sensible à cette difficulté, notamment en *26* (III 6), puisqu'il s'y demande comment l'on peut dire que l'âme ne change pas, qu'elle n'est pas modifiée par des affections alors que se produisent en elle des vices, du plaisir, de la douleur, de la colère, du désir, etc.[6]. Le chapitre 3 du même traité débute par une question similaire[7] : comment de tels états de l'âme ne seraient-ils pas des *pathè*, des ébranlements (*ta kinoumena*) *de* et *dans* l'âme? D'un côté, *l'âme ne pourrait être affectée* mais de l'autre, *il y*

---

1. Il s'agit principalement de trois traités, qui se suivent dans l'ordre chronologique indiqué par Porphyre : traités *26* (III 6), *27* (IV 3) et *28* (IV 4). Mais on trouve aussi des remarques sur ce point dans le traité *53* (I 1).

2. Traité *26* (III 6), 1, 2-3.

3. *Ibid.*, 5.

4. Traité *28* (IV 4), 18, 19 *sq.*

5. Traité *53* (I 1), 2, 9-11.

6. Traité *26* (III 6), 1, 18-25.

7. *Ibid.*, 1-3.

aurait en elle des états affectifs. Pour comprendre ce paradoxe et suivre sa « résolution » par Plotin, il faut en fait répondre à trois questions :

– pourquoi l'âme n'est-elle pas affectée ?

– qu'est-ce qui est affecté ?

– l'absence d'affection *de* l'âme empêche-t-elle toute émotion *dans* l'âme ?

La réponse à la première question est présentée, notamment, dès le traité *4* (IV 2). Dans un texte du *Timée* (35 a 1-6), Platon distingue trois essences : l'essence indivisible (*tês ameristou ousias*), l'essence divisible (*tês meristês*) dans les corps, l'essence comme mélange des deux précédentes. Commentant ce passage, Plotin rapporte la première à l'intelligible, la seconde aux qualités et aux couleurs des corps[1] et la troisième à l'âme[2]. Ce caractère mixte, intermédiaire, de l'âme s'explique, d'une part, par son origine, puisqu'elle participe de l'essence indivisible dont elle provient, par son rapport au corps d'autre part, puisque ce dernier ne peut la recevoir qu'à travers les parties qui le constituent. Le corps est un continu, dont les parties forment donc un tout si bien que l'âme se divise à travers ses parties. Ou, du moins, le corps divise l'âme en ne prenant d'elle que ce qu'il peut en prendre selon ses parties. Mais l'âme reste pourtant indivisible en elle-même car elle ne se divise pas *réellement* dans le corps puisqu'elle s'y trouve partout tout entière en même temps[3]. L'âme n'est donc pas elle-même un continu dont les parties formeraient un tout, mais elle est *essentiellement une*. Seul le corps la divise en la faisant être dans ses parties et en en prenant ce qu'il peut.

Or, en *26* (III 6)[4], Plotin rappelle que si elle n'est pas divisée, si elle est inétendue comme seule une forme peut l'être, alors elle ne peut pâtir, c'est-à-dire subir ce qui vient du corps car cela signifierait qu'elle est de même nature que lui et qu'elle ne serait donc pas une forme inétendue. Au contraire, pour qu'il y ait transmission du corps à l'âme d'une affection, il faudrait supposer qu'il y a communauté de nature entre ceux-ci. Mais, par ailleurs, cela aurait pour conséquence de rendre l'âme corruptible car altérable.

1. Traité *4* (IV 2), 1, 31-41.
2. *Ibid.*, 1, 41 *sq.*
3. *Ibid.*, 53-66.
4. Traité *26* (III 6), 1, 28-30.

Il convient alors de se demander ce qui est affecté, si ce n'est point l'âme seule. On pourrait penser que, par opposition à cette dernière, il s'agit du corps. Mais Plotin rejette cette réponse, car, seul, isolé de l'âme, le corps n'est pas vivant et ce qui le touche et le modifie ne le troublerait pas puisqu'il ne le ressentirait pas, ainsi que l'indique le traité *28* (IV 4)[1]. De plus, sans l'âme, le corps ne pourrait subsister alors que l'âme le rend capable d'exercer les fonctions qui correspondent à ses organes et lui permet donc d'être affecté. Paradoxalement, l'âme, qui n'est pas affectée et ne peut l'être, rend possible l'affection du corps vivant, *rendu vivant par elle*[2]. Pourtant, cette solution semble seulement déplacer la difficulté car dire que le corps vivant pâtit, n'est-ce pas reconnaître qu'il est affecté parce qu'il est uni à l'âme et cette dernière ne risque-t-elle pas, dès lors, d'être affectée à son tour parce qu'elle appartient à ce tout que représente le corps vivant ? Plotin doit donc introduire une distinction afin d'éviter cette conséquence. Ce n'est pas l'âme qui se donne au corps, qui se compose avec lui en un tout vivant mais « comme une ombre de l'âme »[3] (*oion skian psuchês*), laquelle est produite dans le corps et lui donne vie. Celle-ci est alors comme la chaleur par rapport à l'air échauffé qu'elle modifie en s'y joignant contrairement à la lumière qui traverse l'air sans le modifier[4]. Quel est le statut d'une telle image ? Plotin s'en explique clairement dans les chapitres 7 et 8 du traité *53* (I 1). L'âme, est-il d'abord rappelé, ne se donne pas elle-même au corps mais donne un autre terme qu'elle-même : elle produit, par là, une nature (*phusis*) comme par illumination[5], capable d'animer le corps puisque c'est par cette nature qu'il peut être le sujet de sensations et d'affections[6]. Un peu plus loin, Plotin distingue alors la partie supérieure de l'âme, qui est la partie véritable de l'homme capable de raisonner et de réfléchir, des parties inférieures même si on appelle de manière incorrecte « animal » le mélange (*mikton*) que toutes ces parties constituent alors que la première ne se mélange pas avec le corps, ni avec les parties

---

1. Traité *28* (IV 4), 18, 20-22.
2. *Ibid.*, 18, 9-10.
3. *Ibid.*, 18, 7.
4. *Ibid.*, 18, 5-6.
5. Traité *53* (I 1), 7, 1-5.
6. *Ibid.*, 5-6.

inférieures de l'âme [1]. Par ailleurs, dans le chapitre 8, Plotin ajoute que l'âme (du monde) donne des reflets d'elle-même (*eidôla*) qui sont les puissances végétative, génératrice et sensitive, à partir desquelles se « constituent » ce que le chapitre 7 appelle les parties inférieures de l'âme. Ce sont donc celles-ci qui forment une nature vivante en se mêlant au corps tout en étant des images de l'âme, c'est-à-dire de sa partie supérieure. Mais, par là même, cette conception ne sauve pas la totalité de l'âme du « danger » de l'affection, mais seulement une de ses parties puisque les parties inférieures, mêlées au corps, paraissent pouvoir être ainsi affectées avec lui.

Pourtant, Plotin surmonte cette difficulté car la solution précédente s'explique surtout par la volonté de ne point faire dépendre la partie supérieure de l'âme de ce qui est de nature corporelle, en procédant par opposition et par distinction de parties à l'intérieur de l'âme. Au contraire, quand Plotin s'intéresse directement aux parties inférieures pour elles-mêmes et non dans leur opposition à la partie supérieure, il reproduit la thèse selon laquelle l'âme ne pâtit pas alors même qu'il s'agit ici de celle qui se mêle au corps. *La thèse de l'impassibilité de l'âme est donc soutenue dans son intégralité.* Plotin en donne une illustration dans le chapitre 19 du traité *28* (IV 4) à propos de l'analyse de la douleur. À l'origine, le corps est affecté comme lors d'une coupure qui vient diviser sa masse mais l'âme, quant à elle, n'est pas affectée car elle se contente de connaître cette affection (*pathos*). En effet, si elle était affectée par la coupure, elle ressentirait *tout entière* la douleur. Or, puisqu'elle est partout présente dans le corps [2], le sujet devrait donc, à l'occasion de cette coupure, avoir mal partout. Mais tel n'est pas le cas, car par exemple, lorsque nous nous coupons, nous avons seulement mal *au* doigt, c'est-à-dire à l'endroit où la coupure s'est produite. Ainsi, l'âme localise, en quelque sorte, la douleur, parce qu'elle en prend connaissance c'est-à-dire permet au corps, sans qu'elle-même la ressente, de la ressentir à l'endroit même où se produit l'affection. Mais Plotin ne se contente pas d'attribuer l'impassibilité à l'âme, il l'étend à la sensation elle-même, dont le rôle est de communiquer la souffrance à l'âme, ce qu'elle ne pourrait faire si elle était elle-même affectée. *L'impassibilité est, dans ce cas, condi-*

1. Traité *53* (I 1), 7, 18-20.
2. Traité *28* (IV 4), 19, 15-19.

tion de l'exercice d'une fonction, celle de la sensation[1]. Cette explication vaut, comme on vient de le voir, pour l'affection qui produit une altération corporelle (une privation de l'image de l'âme dans le corps, dit Plotin en 19, 2-3) mais elle s'applique aussi aux cas où l'affection produit un mouvement qui ne détruit pas l'image de l'âme dans le corps. Ainsi de la colère, étudiée au chapitre 28 du même traité. Plotin distingue deux genres de colère en fonction de leur origine. La première est celle qui n'a pas son principe dans l'âme mais est déclenchée par l'affection du corps. Il y a d'abord en nous, rappelle Plotin, des puissances («parties» désirante, irascible, etc. de l'âme) qui rendent certains organes leur correspondant ou le corps tout entier (comme pour la partie sensitive) capables d'être affectés et d'être mus conformément à ces puissances. Ainsi, la partie irascible rend le cœur et le sang capables d'être mis en mouvement[2]. En *26* (III 6), 4, Plotin disait déjà que les partes passives de l'âme rendent possibles les affections du corps sans qu'elles-mêmes ne pâtissent, comme la puissance végétative présente dans la plante, la fait grandir sans elle-même grandir[3] car ces puissances sont des formes (*eidè*), nécessairement immobiles et inaltérables mais qui meuvent la matière à laquelle elles sont présentes (Plotin parle d'une *parousia* de la forme grâce à laquelle elle meut le corps). Ainsi, quand le corps pâtit, la présence de telles puissances permet, dans le corps, l'ébranlement (*kinesis*) de la bile et du sang[4]. Puis, par l'intermédiaire de l'*aisthesis* qui transmet l'affection, l'âme associe à cet état corporel une représentation (*phantasia*) et est ainsi conduite à un raisonnement (*logos*) par lequel elle va réagir à cette affection[5]. À propos du second genre de colère[6], Plotin décrit le mouvement inverse : par un raisonnement (*logismos*), l'âme reconnaît qu'une injustice a été subie et, par l'intermédiaire de l'*aisthesis* à nouveau, déclenche alors une colère dans le corps. Cependant, même si, dans ce dernier cas, la colère a son principe dans l'âme, elle ne s'y trouve pas pour autant à titre d'affection et de mouvement. L'âme

1. Traité *28* (IV 4), 19, 26-29.
2. *Ibid.*, 28, 8-13.
3. Traité *26* (III 6), 4, 31-41.
4. Traité *28* (IV 4), 28, 38-41.
5. *Ibid.*, 41-48.
6. Celui-ci est étudié en 28, 43-47 et 48-49.

n'est ici que la cause d'un mouvement corporel. Mais, si tel est le cas, il semble alors qu'il n'y ait pas de place dans la réflexion de Plotin, pour une émotion qui soit propre à l'âme et qui se situerait dans l'âme même, puisque l'affection concerne le corps seul et qu'il n'y a pas de passivité dans l'âme, laquelle paraît pourtant présupposée par les états émotionnels.

Plotin reconnaît d'ailleurs lui-même, en *26* (III 6), 1, qu'on ne peut parler d'affections (*pathè*) dans l'âme[1]. Dans ce texte, il s'agit pour l'Alexandrin de s'opposer à la thèse stoïcienne qui conçoit l'âme comme *pneuma*, c'est-à-dire comme réalité corporelle. Une telle conception reviendrait en effet à considérer que l'âme est une grandeur (*megethos*) et qu'elle peut donc être affectée par les choses extérieures à elle qui sont aussi des grandeurs[2]. La thèse stoïcienne conduit donc à reconnaître une homogénéité de nature entre l'âme et le corps[3]. Mais, pour Plotin, l'âme est un *logos*[4], elle est donc inétendue (*amegethes*)[5]. Lui attribuer colère, désir, envie ou jalousie, ce serait donc commettre une erreur quant à sa nature, c'est-à-dire attribuer des affections à ce qui n'est capable que d'états impassibles. C'est seulement par analogie (*kath' analogian*) que les expressions désignant des affections du corps pourraient être utilisées à propos de l'âme mais à la condition de se souvenir qu'elles ne lui conviennent pas au sens strict[6] et que leur usage n'est qu'une commodité de langage. Pourtant, cette dernière remarque ne dissipe pas la difficulté, elle ne fait au contraire que souligner le paradoxe de la position plotinienne, laquelle doit bien reconnaître qu'il y a dans l'âme quelque chose comme des états affec-

1. On trouvera des remarques sur ce traité et les textes que nous allons analyser ici dans l'article de J. Dillon, « Plotin, le premier des cartésiens ? », *Rue Descartes*, 1. Des Grecs, 1-2, 1991, p. 165-178. Le propos de l'auteur est portant différent du nôtre puisqu'il se demande plutôt si l'on peut retrouver chez Plotin l'équivalent de ce que l'on trouve chez Descartes, à savoir un intermédiaire qui permettrait de rétablir un lien entre le sensible et l'intelligible, lien menacé par la radicale hétérogénéité qui leur a d'abord été reconnue.

2. Traité *26* (III 6), 1, 25-28.

3. Entre l'âme et les *autres* corps, pourrait-on dire, puisque l'âme elle-même est un corps pour les Stoïciens, *cf.* Diogène Laërce, *Vies et doctrines des philosophes illustres*, VII, 156.

4. Traité *26* (III 6), 1, 31.

5. *Ibid.*, 28-30.

6. *Ibid.*, 34-36.

tifs, quelque chose qui s'y apparente sans être pour autant comparable à la nature des états corporels. L'analogie traduit en même temps *l'impossibilité d'une nature commune* aux états corporels et aux états psychiques (puisqu'elle ne vaut que comme analogie) et *la reconnaissance d'une proximité et d'une continuité* (puisque, si l'âme et le corps forment un tout vivant, comment ne pas considérer qu'à un état corporel particulier vient correspondre un état psychique comparable, et que, si le corps, par exemple, est en colère, l'âme l'est aussi ?).

Une première solution apparaît dans le chapitre 2 du même traité, à propos de l'analyse du vice et de la vertu. Le fait de présenter cette dernière comme une harmonie c'est-à-dire comme un accord entre les parties de l'âme et le premier comme une rupture de cette harmonie, permet de concevoir dans l'âme un état de vice ou de vertu sans que l'âme ne soit pourtant affectée (comme le corps peut l'être) puisque ces états ne correspondent alors qu'à des *rapports internes à l'âme elle-même*[1]. Mais, l'harmonie n'est elle-même possible que si chaque partie accomplit la fonction qui lui est propre, c'est-à-dire agit selon sa vertu de telle sorte que si chacune se conduit comme elle doit le faire, elles contribuent toutes ensemble à la vertu du tout[2]. Mais que signifie « pour chacune d'elles, être dans la vertu » ? Plotin indique que cela consiste à « agir conformément à son essence (*energein kata tèn ousian*) », ce qui n'est possible, pour chaque partie, que lorsqu'elle obéit à la raison[3]. Ainsi, la partie irascible de l'âme sera vertueuse lorsqu'elle sera courageuse (en ce sens, elle agira conformément à son essence), ce qui se produit quand elle suit la raison qui lui indique ce qu'elle doit faire. Or, dans ces conditions, le lâche et le courageux le sont donc « sans altération ni affection »[4] puisque le courage et la lâcheté ne sont respectivement que des actes, conformes ou non, à l'essence de la partie irascible, selon qu'ils obéissent ou n'obéissent pas à la raison[5]. En effet, voir, par exemple, consiste à actualiser sa puissance sans pâtir puisqu'il n'y a pas d'empreinte (*tupos*) qui se forme dans l'âme. Seul l'organe, c'est-à-dire l'œil, est affecté, alors

---

1. Traité *26* (III 6), 2, 8-11.
2. *Ibid.*, 17-20.
3. *Ibid.*, 29-32.
4. *Ibid.*, 59-60.
5. *Ibid.*, 54-60.

que l'âme perçoit, par l'intermédiaire de la sensation qui la transmet, la forme de l'objet imprimée dans cet organe. De la même manière, par la connaissance de la forme qui lui vient de l'Intellect, l'âme actualise la puissance rationnelle qui est en elle, c'est-à-dire fait agir celle-ci conformément à son essence[1]. En ce sens, l'âme «connaît sans pâtir»[2] en s'actualisant, en agissant selon sa nature propre[3]. Il en va de même pour les autres parties de l'âme qui ne font qu'actualiser leur puissance à l'occasion d'une affection corporelle sans que celle-ci ne les affecte ni ne les altère. *Plotin distingue donc altération et actualisation afin de séparer l'affection de l'état psychique (donc de l'émotion comme état de l'âme).* En effet, l'affection est pensée comme altération et comme mouvement et, de ce point de vue, elle ne concerne que le corps alors que l'actualisation concerne les états de l'âme. En ce sens, on pourra dire qu'il y a dans l'âme des vices et des vertus mais aussi, plus largement, des émotions telles que la colère par exemple, laquelle ne sera que l'actualisation, conforme ou non, à l'essence d'une partie de l'âme (partie irascible en l'occurrence). Il s'agit donc pour Plotin d'éviter de penser l'état psychique et notamment l'émotion sur le modèle de l'affection, ce qui explique le recours à la notion d'acte (*energeia*) propre à une puissance, puissance à laquelle l'affection ne fournit que l'*occasion* de s'actualiser.

On peut cependant dégager une seconde voie dans ce même traité *26*, qui aboutit à un usage différent du terme *pathos*, rendant aussi possible son application à l'âme. Il y a alors place pour une «affection» qui concerne bien l'âme et pas seulement le corps et à travers laquelle il serait possible de donner un statut à la notion d'émotion. Plotin aborde ce point à la fin du chapitre 4 et au début du chapitre 5. Les raisons de cette nouvelle approche du problème de l'affection sont d'ailleurs données dans ce dernier. En effet, vouloir rendre l'âme impassible face aux évènements et affections qui la touchent n'aurait non seulement aucun sens mais serait de toutes façons impossible si l'âme était *déjà* impassible. *Affirmer d'emblée l'impassibilité de l'âme comme un fait, c'est annuler en même temps la possibilité de sa réalisation comme fruit d'un projet philosophique, c'est-à-dire l'annuler*

---

1. Traité *26* (III 6), 2, 32-41.
2. *Ibid.*, 37.
3. *Ibid.*, 48-49.

comme devenir[1]. Et que pourrait bien signifier la recherche d'une purification de l'âme si celle-ci n'est en réalité jamais souillée par le corps, qui ne peut pas l'affecter ? Dès lors, Plotin ne doit-il pas poser l'existence d'une affection *de* et *dans* l'âme pour donner un sens à un tel projet ? Mais, dans ce cas, comment ne pas renier les analyses précédentes qui interdisent de parler d'affection à propos de l'âme ? Dans le chapitre 4, Plotin revient sur le problème de la partie passive de l'âme (*to pathetikon*) et rappelle d'emblée que l'on considère généralement que c'est en elle que se forment les affections (*pathè*)[2]. Ces dernières s'y développent de deux manières : soit elles se constituent à partir d'opinions, comme la peur engendrée par l'opinion selon laquelle on va mourir[3], soit elles s'imposent d'elles-mêmes, sans choix réfléchi (*aprohairetôs*) et produisent alors une opinion dans la faculté de l'âme faite pour juger[4]. Plotin revient alors au premier cas pour préciser que la peur produite par l'opinion introduit une compréhension ou perception (*sunesis*)[5] dans la partie de l'âme qui va ressentir la peur et qui ne peut être ici que la partie passive. La suite du texte s'intéresse alors à cette peur dont l'effet est de produire un trouble (*tarachè*) ou un choc (*ekplèsin*)[6]. Où se trouvent ce trouble et ce choc ? Plotin semble exclure qu'ils soient dans l'âme puisqu'il précise plus loin que c'est à partir des opinions que se produisent dans le corps le «trouble perceptif» (*aisthètè tarachè*) ainsi que le frisson, la pâleur, etc., reprenant alors le même terme (*tarachè*) qu'au début[7]. Et Plotin d'ajouter que ces états ne concernent pas une partie de l'âme[8]. Il y a donc une peur dans l'âme mais qui ne s'apparente pas à un trouble, lequel est réservé au corps. Qu'est donc cette peur ? Elle a son origine dans l'attente d'un mal[9] et se produit, avons-nous vu précédemment, à partir d'une opinion. Mais il y a deux sortes d'opinions : l'opinion proprement dite et l'opinion obscure (*amudra*) ou représentation

---

1. Traité *26* (III 6), 5, 1-2.
2. *Ibid.*, 4, 6-7.
3. *Ibid.*, 8-11.
4. *Ibid.*, 12-13.
5. *Ibid.*, 14-17.
6. *Ibid.*, 17-18.
7. *Ibid.*, 23-26.
8. *Ibid.*, 26-27.
9. *Ibid.*, 18.

indistincte (*phantasia anepikritos*)[1], cette dernière étant de celles que l'on trouve dans la « nature », laquelle produit chaque chose sans se les représenter[2]. On remarquera ici les hésitations terminologiques de Plotin : cette seconde forme d'opinion est une *phantasia* mais qui s'apparente à ce qui produit sans se représenter les choses (*aphantastôs*)[3]. De même, cette seconde forme de représentation est une opinion obscure, mais qui pourtant n'est pas une opinion[4]. Quoi qu'il en soit, c'est vraisemblablement à cette seconde forme qu'il faut rapporter la peur qui vient d'une opinion, et qui consiste en une représentation (ou image) *intermédiaire entre l'opinion qui la produit et le trouble qu'elle produit*.

Le début du chapitre 5 semble confirmer cette présentation mais en introduisant d'importantes modifications de vocabulaire. Plotin rappelle d'abord que ce qui se trouve dans la partie passive produit un trouble (*tarachè*) dans le corps, un *pathèma*, mais en utilisant, à propos de cette « cause », un autre terme que celui de *phantasia*, à savoir le terme *phantasma*[5]. Second point : le rappel de l'idée selon laquelle l'« attente d'un mal » explique l'apparition du trouble s'accompagne, là aussi, de modifications. Si le trouble et le choc apparaissent liés, dans les deux chapitres, à l'attente ou anticipation d'un mal, ils sont présentés, dans le chapitre 5, comme joints à l'image (*eikôn*) de l'attente d'un mal et pas seulement à cette attente elle-même[6]. Il faut vraisemblablement supposer, d'une part, que le terme « image » utilisé ici fait référence à l'opinion obscure ou représentation indistincte, qui découle de l'opinion à proprement parler, auxquelles il a été fait allusion dans le chapitre 4, et d'autre part, qu'il est l'autre nom du *phantasma* introduit dans la partie passive de l'âme[7]. Ainsi, le chapitre 5

---

1. Traité *26* (III 6), 4, 18-21.

2. *Ibid.*, 21-23. Cette dernière précision suppose que la partie passive (ou nature) est capable d'une représentation, même amoindrie ; sur ce point, voir les remarques de J. Laurent, n. 67 p. 221, dans Plotin, *Traité 26*, Paris, GF-Flammarion, 2004.

3. *Ibid.*, 23.

4. *Ibid.*, 20.

5. *Ibid.*, 5, 2-4.

6. *Ibid.*, 4-5.

7. Dans ce cas, Plotin ne ferait alors pas de différence, ici, entre *eikôn* et *phantasma*, comme le fait Platon dans le *Sophiste*, 235c8-236c7 ; *cf.* Plotinus, *Ennead III 6. On the Impassivity of the Bodiless*, B. Fleet (ed.), Oxford, Clarendon Press, 1995, p. 134-135.

insiste sur un rapport entre deux termes : l'image dans l'âme (*phan-tasma* ou *eikôn*) et le trouble corporel qui en découle alors que le chapitre 4, comme nous l'avons vu, semblait présenter un rapport entre trois termes (opinion «première», opinion «seconde» ou obscure, trouble corporel). Malgré ces différences de présentation, les deux chapitres développent pourtant la même analyse. Mais la suite immédiate du chapitre 5 manifeste un usage différent du terme *pathos*. Jusqu'ici, celui-ci s'appliquait au trouble physique, corporel. Au contraire, aux lignes 5-6, ce terme s'applique désormais à *l'ensemble formé par le trouble corporel et l'image psychique qui lui est jointe* et sans laquelle le trouble ne se produirait pas [1]. Il semble donc que, pour faire droit à l'idée de purification et au projet philosophique de rendre l'âme impassible, Plotin doive faire de la notion de *pathos* un usage plus large, car c'est cet ensemble composé de l'image et du trouble physique qu'il faut s'attacher à faire disparaître [2]. Que signifierait, en effet, le projet de faire disparaître les affections du corps *seulement*, si l'âme n'était en aucune manière altérée par ces mêmes affections ? Ainsi, la purification devra bien porter sur les images «psychiques» puisqu'en les faisant disparaître, on fera disparaître en même temps le trouble physique correspondant. Le trouble physique ne s'explique ici que par l'image qui le produit et l'affection qu'il faut faire disparaître est celle qui résulte de leur union, donc du rapport de l'âme au corps.

C'est une évolution similaire qui se dégage de l'usage du terme *pathèma*, d'abord utilisé à propos du trouble corporel [3], puis utilisé pour désigner les états de l'âme [4] que la raison doit extirper parce qu'ils produisent les affections corporelles, à l'image du dormeur que l'on tire de ses mauvais rêves en le réveillant [5]. Ainsi, si la purification

---

1. Plotin dit en effet : «puisque l'impression, en quelque sorte, qui est dans l'âme au niveau de la puissance dite passive, produit à sa suite une affection, un trouble et qu'une image d'un mal à venir est jointe à ce trouble, la raison a jugé digne de supprimer totalement ce qui est ainsi dénommé affection (*pathos*)».

2. Sur ce nouvel emploi du terme *pathos*, voir aussi H.J. Blumenthal, *Plotinus' Psychology. His Doctrines of the Embodied Soul*, La Haye, Nijhoff, 1971, p. 55-56.

3. Traité *26* (III 6), 5, 4.

4. *Ibid.*, 12-13.

5. Le sens de cette image est complexe. Plotin instaure un parallélisme entre, d'un côté, le rêveur, ses mauvais rêves et celui qui le réveille et, de l'autre, l'âme, ses fausses opinions et la raison. Or, pour mettre fin aux signes extérieurs (l'agitation du dormeur)

a un sens, ce n'est pas en ce qu'elle porterait sur l'âme elle-même, laquelle n'est pas affectée, mais en ce qu'elle consiste à *délier l'âme du corps puisqu'elle souffre de son lien avec le corps*. C'est pourquoi Plotin peut dire qu'il s'agira d'empêcher que l'âme s'associe à autre chose qu'elle [1], qu'elle regarde autre chose qu'elle [2] ou qu'elle produise des affections à partir d'images (de celles-ci) [3], indiquant par là trois modes de déliaison de l'âme et du corps. L'affection dont l'âme doit se purifier n'est donc pas à proprement parler une affection de l'âme, une affection interne, mais une affection dans son union au corps, *en tant qu'elle est tournée vers le corps*.

Cela ne conduit donc pas Plotin à attribuer le *pathos* à l'âme seule et à s'opposer à ses précédentes analyses. Car la présence d'images, de représentations indistinctes, ne signifie pas pour autant que l'âme est altérée puisque celle-ci est une forme, y compris dans ses parties les plus basses, et une forme est immuable et ne peut pâtir [4]. Mais la faculté passive, en tant que forme, a « sa racine et son principe » dans la matière [5] car elle ne peut s'exercer qu'en elle, actualiser ses puissances qu'à travers elle. Ainsi, elle produit un mouvement mais sans elle-même être mue, comme elle fait pousser la plante, par exemple, mais ne pousse pas elle-même [6]. Elle est donc la cause du *pathos* qui se produit dans la matière [7] sans être elle-même ni affectée ni altérée.

qui indiquent que le dormeur fait un mauvais rêve, cette personne extérieure doit le réveiller. De la même manière, pour purger le corps de ses affections, il faut qu'un élément extérieur (ici, la raison) s'attaque aux opinions qui les produisent et ainsi réveille, en quelque sorte, la partie inférieure. Or, dans ce cadre, les *pathèmata tès psuchès* semblent renvoyer au trouble provoqué quand l'âme est tournée vers le corps, sujette à ces « visions intérieures » en raison même de son rapport au corps et de son souci du corps. Quand l'âme est troublée, c'est qu'*elle n'est plus à elle-même, mais au corps*. L'intervention de la raison a alors pour but de la ramener à elle-même.

1. Traité *26* (III 6), 5, 15-16.

2. *Ibid.*, 16-17.

3. *Ibid.*, 18-19. Nous rapportons *tôn pathôn* à *ta eidôla* (18), donc à la troisième manière de s'orienter vers le corps rejetée ici par Plotin, et non pas à *ho tropos* (17), qui se rattache à la seconde.

4. *Ibid.*, 4, 34-36.

5. *Ibid.*, 33-34.

6. *Ibid.*, 38-41.

7. *Ibid.*, 43-44.

C'est pourquoi elle est un acte et non un mouvement[1] et cet acte est la cause du mouvement qui se produit dans la matière. Comme on le voit, Plotin reprend ici la distinction présentée dans le chapitre 2 entre altération et actualisation, lorsqu'il s'agissait de montrer que l'état qui se produit dans l'âme n'est pas issu d'un mouvement et d'une altération mais n'est que l'acte (*energeia*) conforme à son essence si elle obéit à la raison ou qui n'est pas conforme à celle-ci si elle n'y obéit pas. Cependant, dans le chapitre 2, c'est l'état psychique, vice ou vertu, qui était considéré comme un acte alors que dans ce chapitre 4, c'est la partie passive de l'âme, la faculté (*to pathètikon*), qui est présentée comme une forme et un acte en tant qu'elle produit un mouvement dans le corps sans être elle-même altérée. En ce sens, l'image produite dans la partie passive ne peut donc pas être un *pathos* au sens strict puisqu'elle se forme dans ce qui est acte et non mouvement, mais, en tant qu'elle produit un trouble corporel, l'image résulte d'un acte qui n'est pas conforme à l'essence de l'âme dans la mesure où celle-ci ne s'est pas tournée vers la raison. Ces différents passages montrent en tous cas que, si l'affection ne vient pas s'appliquer à un état interne à l'âme, elle qualifie pourtant l'état qui est celui de l'âme quand elle se compose avec le corps, c'est-à-dire quand elle tourne ses regards hors d'elle-même et suscite ces images ou opinions indistinctes qui, à leur tour, engendrent le trouble corporel. *C'est quand elle se soucie de ce qui n'est pas elle que l'âme est affectée avec ce qui n'est pas elle.* Le *pathos* évoqué dans le chapitre 5 du traité 26 ne désigne donc pas autre chose qu'une orientation de l'âme : l'âme est affectée quand elle se détourne d'elle-même.

LES ÉMOTIONS DANS LA RELATION AUX PRINCIPES

Dans la philosophie de Plotin, le statut de l'émotion ne peut donc être celui d'une affection au sens strict, laquelle suppose une passivité, une altération et un mouvement mais celui d'un *pathos* conçu en un sens élargi, qui désigne l'inclination d'une partie de l'âme vers le corps. Par ailleurs, l'état psychique correspondant à cette inclination

---

1. Traité 26 (III 6), 4, 39-42.

ne peut être pensé comme un simple effet du corps, selon un *schéma transitif* : ce dernier ne *transmet* rien à l'âme et rien d'extérieur ne vient *s'imprimer* en elle. Pour autant, cela ne conduit pas à dissocier cet état psychique (la *phantasia*, ou opinion amoindrie) de l'affection corporelle elle-même car le premier ne peut se produire qu'à l'occasion de la seconde, que par son attente : l'émotion (même si elle n'est qu'un acte de l'âme quand elle se tourne vers le corps) est toujours action ou réaction par rapport au corps même si, pour Plotin, elle se produit sans action (mouvement et altération) du corps sur l'âme. C'est bien d'ailleurs ce que signifie l'usage, dans le chapitre 5, du terme *pathos* à propos de *l'ensemble* formé par l'image et le trouble physique. Dans ces conditions, il ne saurait y avoir place ni pour une émotion de l'âme seule (même si cette émotion n'est pas altération) ni pour une émotion qui ne serait pas négative, c'est-à-dire qui n'aboutirait pas à un trouble conjoint de l'âme et du corps. Plotin l'indique d'ailleurs clairement dans le traité 9 (VI 9) : celui qui contemple l'Un est lui-même un c'est-à-dire ne comporte plus en lui aucune dualité, aucune différence[1]. Or, dans l'émotion demeure une telle dualité puisqu'il faut, pour qu'elle soit possible, d'un côté, un sujet qui éprouve l'émotion et, de l'autre, un objet qui provoque cette émotion. C'est pourquoi Plotin peut dire qu'au moment où il était uni à l'Un, il n'y avait plus en lui ni colère (*thumos*), ni désir (*epithumia*), ni même raison (*logos*) ou pensée (*noèsis*)[2], que « plus rien ne s'émouvait en lui »[3] c'est-à-dire ne s'ébranlait au point d'ailleurs qu'il n'était plus du tout lui-même : dans l'union à l'Un, sujet et objet s'abolissent pour ne faire qu'un, et la vision de l'Un est même finalement dépassée par l'union car elle supposerait peut-être encore une certaine dualité[4]. Ainsi, dans cette expérience de l'union, disparaît tout rapport à quelque chose d'extérieur alors que l'état affectif est au contraire la marque ou la conséquence d'un tel rapport en même temps qu'une *réaction* à cet élément extérieur. Pourtant, Plotin va, d'une certaine

1. Traité 9 (VI 9), 11, 4-6 et 8.

2. *Ibid.*, 10-12.

3. *Ibid.*, 9-10 : *ou gar ti ekineito par' autô*.

4. *Ibid.*, 5-6 : c'est « comme si ce qu'il voyait n'était pas vu par lui, mais uni à lui » (*hôs an mè heôramenon, all' hènômenon*, trad. fr. P. Hadot, *Traité 9*, Paris, Le Cerf, 1994, p. 110).

manière, transgresser sa propre interdiction en accordant aux émotions un rôle positif dans la remontée vers le Principe mais aussi en décrivant l'aboutissement de cette remontée en des termes qui empruntent au vocabulaire de l'émotion.

C'est dans le traité *20* (I 3) consacré à la dialectique que le premier point apparaît directement. Plotin y distingue deux voies pour s'élever jusqu'au Bien : d'une part, celle qui part d'ici pour remonter jusqu'au monde intelligible, d'autre part, celle qui part du monde intelligible pour s'élever jusqu'au Bien lui-même et qui est justement la dialectique[1]. Le musicien (*mousikos*), l'amant (*erôtikos*) et le philosophe, parce qu'ils ont une capacité à s'élever du sensible à l'intelligible, emprunteront d'abord la première. Mais cette première voie appelle la seconde, qui leur sera enseignée pour qu'ils continuent à s'élever[2]. Or, c'est au niveau de cette première voie que l'émotion apparaît dans le raisonnement plotinien. En effet, le musicien, d'abord, est ému et transporté (*eukinèton kai eptoèmenon*) par le beau. Du moins peut-il l'être car il est sensible aux différentes impressions, aux sons et aux rythmes. Mais il doit ensuite saisir les accords et les proportions en eux-mêmes, leur beauté propre, indépendamment de la matière sensible à travers laquelle ils se donnent d'abord. Alors le musicien comprendra, au terme de cette deuxième étape, que ce qui le transportait d'émotion, n'est autre que la beauté intelligible et non la beauté particulière qu'il perçoit par les sens (et il faudra aussi des arguments philosophiques pour le convaincre qu'il y a bien des réalités intelligibles, présentes en lui)[3]. De la même manière, l'amant est transporté (*eptoètai*) par des beautés visibles. Mais il ne doit pas l'être *devant et par un seul* corps mais par *tous* les corps car alors il comprendra qu'il y a une seule beauté, identique en tous et à laquelle tous participent[4]. L'ascension se fait ici en plusieurs étapes : en premier lieu, par un passage du multiple à l'un (les corps sont tous beaux d'une même beauté[5]), en second lieu par un passage de la beauté sensible à celle d'activités dans lesquelles elle se manifeste davantage (lois, arts,

1. Traité *20* (I 3), 1, 12-17.
2. *Ibid.*, 4, 1-2.
3. Pour tout ce raisonnement, voir le traité *20* (I 3), 1, 21-35.
4. *Ibid.*, 2, 3-8.
5. *Ibid.*, 5-8.

sciences, vertus[1]), enfin par un passage de ces dernières beautés à celle du *noûs* et de l'être (l'intelligible en lui-même)[2] au terme duquel la dialectique peut prendre le relais. Ce qui apparaît ainsi dans le cas du musicien et dans celui de l'amant, c'est que l'émotion sert de point de départ à l'ascension, ou plutôt de *point d'appui* pour élever ceux-ci jusqu'aux réalités intelligibles. Point d'appui, car ils ne peuvent s'élever seuls, mais plutôt *être élevés* par ceux qui leur enseignent[3] (par les arguments philosophiques) qu'il y a une beauté intelligible. Par elle-même, l'émotion ne mène donc à rien mais sans elle, l'ascension jusqu'à l'intelligible ne serait pas possible : ce n'est que parce que l'âme est mue par un objet sensible, que parce qu'il y a émotion au sens d'un ébranlement, que la remontée intérieure vers l'intelligible est possible.

Mais Plotin ne se contente pas de donner à l'émotion un rôle positif, il va jusqu'à indiquer la possibilité d'une émotion face à l'Un lui-même. C'est le cas notamment dès le traité *1* (I 6). Dans le chapitre 3 de ce traité, Plotin indique que les beautés sensibles, qui ne sont que des images et des ombres, nous frappent d'effroi (*dieptoèsan*)[4], et l'âme reconnaît dans ces beautés une beauté antérieure[5], à laquelle elles participent[6]. Ainsi, l'idée du beau est *reconnue* dans les corps comme ce qui relie et informe la matière[7]. Au chapitre 4, Plotin aborde désormais les beautés supérieures (occupations, vertus, sciences) « perçues » par l'âme et non par les sens, mais précise que leur vision, en quelque sorte, procure un effroi et une joie plus grands que dans le cas précédent[8]. Or, de tels états sont des *pathè*, des états affectifs[9] dont Plotin donne alors une liste plus détaillée : stupeur (*thambos*), étonnement joyeux (*ekplesin hedeian*), désir (*pothon*), amour (*erôta*), effroi accompagné de plaisir (*ptoèsin met'hedonès*). De tels états sont éprouvés par l'âme à propos de choses invisibles (*ta mè horomena*).

1. Traité *20* (I 3), 2, 8-11.
2. *Ibid.*, 12-13.
3. Voir, sur ce point, l'emploi du terme *didakteon* en 1, 31 et en 2, 5.
4. Traité *1* (I 6), 3, 35-36.
5. *Ibid.*, 1-5.
6. *Ibid.*, 2, 11-13.
7. *Ibid.*, 3, 9-15.
8. *Ibid.*, 4, 13-14.
9. *Ibid.*, 15.

On reconnaîtra, bien entendu, à travers cette présentation, une idée d'origine platonicienne[1] selon laquelle les âmes qui prennent conscience que la beauté sensible est le reflet d'une beauté intelligible, transcendante, éprouvent alors un choc, une stupeur. Par ailleurs, ces états, chez Plotin comme chez Platon, ont une fonction dans l'ascension vers la « région supérieure ». En *38* (VI 7) notamment, la conversion de l'âme vers l'Un est présentée selon différentes étapes à l'intérieur desquelles l'émotion trouve une place particulière[2]. L'âme voit d'abord l'intellect (le *noûs*) en se tournant vers lui[3]. Mais celui-ci est une image du Bien puisqu'il en est illuminé. L'âme en conçoit alors un choc (*plègeisa*) et une stupeur[4] car elle connaît ainsi qu'elle a quelque chose de lui (l'intellect, image du Bien) en elle[5]. Enfin, cette connaissance suscite le désir de voir l'Un lui-même comme celui qui voit le portrait de l'aimé veut voir l'aimé lui-même[6]. L'émotion a ici pour fonction non plus seulement d'éveiller l'âme à l'intelligible (comme dans le traité *1*) mais de l'éveiller à l'Un lui-même. Ce qui conduit Plotin à considérer qu'il n'y a pas seulement une émotion dont le rôle est de conduire à l'Un mais aussi une émotion face à l'Un lui-même, résultat de la contemplation de celui-ci. Ainsi, dans le chapitre 32, « le plus aimable, le plus désirable » n'a ni figure ni forme et suscite un « amour sans limites » (*erôs ametros*) car il est une beauté au-dessus de la beauté mais qui produit la beauté[7]. Un peu plus loin, Plotin présente les conditions qui sont nécessaires pour le voir et s'unir à lui : l'âme doit se dépouiller de toute forme puisque le Bien est sans forme. Elle doit se faire semblable à lui au point qu'il n'y a plus de dualité mais une seule chose. L'âme éprouve alors une joie (*eupatheia*) qui ne vient pas du corps, c'est-à-dire qui ne tire pas sa cause « d'un plaisir qui lui chatouillerait le corps »[8]. Quant à cette joie, elle est celle qui résulte du

---

1. *Phèdre*, 250a *sq.* Voir aussi les remarques de J.-L. Chrétien, *L'effroi du beau*, Paris, Le Cerf, 1987.

2. Sur ce point, voir le commentaire de P. Hadot, *Traité 38 (VI 7)*, Paris, Le Cerf, 1988, p. 326-327.

3. Traité *38* (VI 7), 31, 6-7.

4. *Ibid.*, 7.

5. *Ibid.*, 8-9.

6. *Ibid.*, 9-11.

7. *Ibid.*, 32, 24-26.

8. *Ibid.*, 34, 29-32 (trad. Hadot).

retour à l'origine, du retour à l'état originel de l'âme lorsqu'elle sortait de l'Un et n'était encore qu'intellect non séparé de lui.

Or, de la même manière que le traité *38*, le traité *1* étend les *pathè* exposés dans le chapitre 4 à propos des beautés supérieures, à la vision du Bien lui-même (chapitre 7) puisqu'on ressent, dit-il, en le voyant et en s'unissant à lui, de la stupeur (*thambos*), du désir (*pothos*), de la joie (*ekplesis*) et de l'amour (*erôs*). Ainsi, des beautés sensibles jusqu'au Bien lui-même, il n'y a pas de discontinuité puisque les mêmes états affectifs peuvent être ressentis à ces différents niveaux. Mais quel statut donner à ces émotions « supérieures »? Il semble difficile, en effet, d'admettre que, face au Bien, de tels états affectifs soient possibles puisque l'âme, dans la contemplation de celui-ci n'est plus elle-même, n'est même plus une âme. Cela est particulièrement clair dans le traité *38*. La joie qu'elle éprouve alors est due au retour « à ce qu'elle était autrefois quand elle était heureuse »[1], ce qui ne signifie pas qu'elle revient à un état précédant l'incarnation dans un corps, état dans lequel elle contemplait les formes, mais que l'âme était originellement un *noûs* avant d'être une âme et qu'elle était alors unie au Bien. C'est ce retour à l'origine qui suscite la joie de l'âme. Or il s'agit là d'un point de doctrine constant chez Plotin : avant de se constituer comme *noûs* par la conversion vers l'Un, le *noûs* n'était pas encore détaché de lui, il était alors vision sans objet[2]. Il y avait même alors un contact, un toucher (*epibolè*) silencieux, antérieur à la pensée[3]. Dans cet état, le *noûs* est alors comme un rayon émanant du centre (et non comme le cercle, qui se sépare du centre). C'est cet état retrouvé qui suscite la joie car le *noûs* y est *avec* l'Un, *à son « contact »*. Mais il convient de noter que l'âme remonte alors au-delà d'elle-même et l'on pourrait se demander ce que peut être la joie de ce *noûs* qui n'en est pas encore un parce qu'il est encore auprès de l'Un et qui ne peut être affecté, qui ne peut éprouver de *pathos* puisqu'il n'est pas une âme et n'en a pas encore les puissances. La position plotinienne est ainsi tout à fait paradoxale en ce *qu'elle attribue une émotion, un état affectif à ce qui est au-delà de l'âme, dans son rapport à ce qu'il y a de plus élevé, tout en supprimant par là même les conditions de toute affectivité.*

1. Traité *38* (VI 7), 34, 31-32.
2. Voir le traité *38* (VI 7), 16, 10-16 ; 17, 14-15 ; 35, 22.
3. Traité *49* (V 3), 10, 40-44.

À défaut d'expliquer comment de tels états affectifs sont possibles ou de résoudre un tel paradoxe, on peut au moins mettre en évidence les raisons qui poussent Plotin à parler d'états affectifs à propos de l'Un, ou, plus précisément, chercher pourquoi il décrit ce rapport à l'Un à travers un vocabulaire emprunté à celui de l'affection, du *pathos*. En premier lieu, Plotin rappelle souvent la thèse selon laquelle toute chose désire ce dont elle vient. En *32* (V 5) par exemple, le désir du Bien est présenté comme une « nécessité de nature » (*phuseôs anagkê*)[1] et en *9* (VI 9), reprenant la fable d'*Erôs*, Plotin montrait déjà que l'âme aime nécessairement celui dont elle provient, qu'elle est un amour (Aphrodite) qui veut s'unir à son père (le dieu)[2]. Ainsi, le désir et la tendance pour ce qui est au-dessus de soi se justifient par la relation de parenté et de provenance qui unit le produit à son producteur, le fils à son père. Désir et tendance ont ici leur source dans un rapport de filiation. Dans ce cadre, il peut apparaître légitime pour Plotin de parler d'une émotion face au Bien ou aux réalités supérieures car celle-ci se donne alors comme le résultat du désir naturel lui-même : séparée de ce dont elle provient et le désirant, l'âme ne peut qu'éprouver une joie immense, être mue de la plus grande des joies, lorsqu'elle comble ce manque et retrouve ses origines, c'est-à-dire redevient ce qu'elle était à l'origine, comme nous l'avons vu précédemment.

En second lieu, l'émotion supérieure que Plotin décrit peut s'expliquer par le contexte des traités dans lesquels elle apparaît. Le traité *1* (I 6) par exemple, présente une dialectique érotique dont les étapes sont les suivantes : perception des beautés sensibles, effroi et stupeur provoqués par la reconnaissance de leur participation à une beauté antérieure, intelligible, (chap. 3), passage aux beautés supérieures (occupations, vertus), lesquelles provoquent aussi une stupeur (chap. 4), stupeur et émotion enfin, face au Bien lui-même (chap. 7). Une telle description semble conduire à l'idée qu'il doit y avoir une émotion face au Bien lui-même car si une émotion est ressentie face à des beautés inférieures, *en raison de leur parenté avec l'intelligible, parce qu'en elles se révèle déjà la présence de l'intelligible*, pourquoi n'y aurait-il pas alors d'émotion face à l'intelligible lui-même et finalement face au Bien, qui en est à l'origine ? En quelque sorte, si la trace

---

1. Traité *32* (V 5), 12, 7-8.
2. Traité *9* (VI 9), 9, 24-35.

et l'image (beautés inférieures) provoquent la stupeur du renvoi à l'origine parce qu'elles sont perçues comme trace et image, pourquoi le modèle lui-même devrait-il laisser indifférent ? On peut ainsi considérer que la description d'une émotion supérieure résulte de la poursuite de la dialectique ascendante, laquelle consiste à remonter de la trace à l'origine et conduit à étendre l'émotion aux réalités supérieures elles-mêmes.

Enfin, une dernière raison semble justifier cette extension paradoxale de l'émotion. S'il y a une beauté de l'inférieur et du composé, en raison de leur participation à une beauté supérieure et du fait qu'ils proviennent de l'Un, « beauté au-dessus de la beauté », cette beauté, qui rend belles les autres choses, doit donc susciter une émotion parce qu'elle est ce qu'il y a de plus aimable[1]. Comment ne pas être ému par l'Un si l'on est ému par ce qui est en dessous de lui ? C'est un argument comparable que nous semble employer Plotin en *39* (VI 8) à propos de la liberté et de la volonté de l'Un. Au sens strict, puisqu'il n'est pas un être, ce dernier est au-delà de toute prédication, il ne peut donc être dit libre ni être considéré comme agissant volontairement. De plus, étant au-delà des choses dont on dit qu'elles sont libres, il est au-delà de la liberté[2]. Mais un « discours téméraire » (*tolmèros logos*) peut considérer dans ce cas qu'« il n'est pas maître de ce qu'il est », qu'il est donc contraint de produire ce qu'il produit mais qu'il ne le fait pas par liberté[3]. Cette objection conduit Plotin à considérer qu'on peut parler, d'une certaine manière, d'une liberté et d'une volonté de l'Un : même si de telles expressions ne sont « pas correctes par rapport à ce qui est recherché » (*ouk' orthôs tou zetouménou*[4]) car elles introduisent une dualité là où il n'y en a pas, elles ont pour avantage de persuader que l'Un est « comme il veut être » et qu'« il est maître de lui »[5] et, dans le même chapitre, Plotin prévient encore que ces expressions doivent être comprises sur le mode d'un « comme si »

---

1. Traité *38* (VI 7), 32, 24-26.
2. Traité *39* (VI 8), 8, 9-12.
3. *Ibid.*, 7, 11-15.
4. Concernant cette expression de 13, 1-2, nous suivons le texte de l'*editio maior* (H.-S.) et non celui de l'*editio minor* qui supprime l'expression *ouk' orthôs*. Dans le même sens, voir la traduction de G. Leroux, Plotin, *Traité sur la liberté et la volonté de l'Un* [*Ennéade* VI, 8 (39)], Paris, Vrin, 1990, p. 166 et 328.
5. *Ibid.*, 13, 1-11.

(*oion*)[1]. Sans être des attributs réels de l'Un, liberté et volonté peuvent pourtant se dire de lui car il ne serait pas correct de dire de lui qu'il ne possède pas ce que les choses inférieures à lui possèdent, alors même qu'il leur est supérieur. Or, la question de l'émotion conduit aux mêmes conséquences : à proprement parler, comme nous l'avons vu, il ne saurait y avoir d'émotion face à l'Un et aux réalités supérieures mais une telle conception rendrait possible l'équivalent d'un discours téméraire qui se demanderait comment l'Un et les formes, qui sont ce qu'il y a de plus beau et de plus élevé, pourraient ne susciter ni joie ni émotion alors que ce qui leur est inférieur suscite de tels états. Il reste alors à considérer qu'il y a *comme* une joie face à l'Un, *comme* une émotion de le voir et de s'unir à lui même si, en toute rigueur, il ne saurait y en avoir.

Sylvain ROUX
Université de Poitiers, CNRS/UPR 76

1. Traité *39* (VI 8), 13, 47-50. G. Leroux, *op. cit.*, p. 170, traduit ce terme par « approximation », considérant qu'« il donne une légitimité à un langage qui en serait autrement dépourvu » et qu'il n'indique donc pas la « nécessité de la négation » (p. 333-334). Il nous semble au contraire que son emploi manifeste l'inadéquation de tout discours à l'égard de l'Un puisque les prédicats qu'on lui applique ne valent pas en dehors de ce discours particulier : le « comme si » marque ainsi une distance davantage que ne le fait l'« approximation ». L'utilisation de ce terme par Plotin peut s'expliquer aussi d'une autre manière : si l'Un est au-delà de ce qu'il donne, comment peut-il le donner ? Ne faut-il pas qu'il y ait en lui quelque chose de ce qu'il donne pour qu'il soit principe ? Mais affirmer cela reviendrait à rompre sa nécessaire transcendance. Plotin, face à cette difficulté, choisirait alors de privilégier les expressions qui concilient ces deux aspects (transcendance et principialité) : ainsi, il y a comme un intellect dans l'Un (16, 15-16 ; 18, 21-22) puisqu'il est principe de l'intellect. Dans ce cas, il y aurait aussi comme une beauté de l'Un puisqu'il est principe de la beauté. Le « comme si » offrirait alors l'avantage de concilier des exigences opposées.

ÉMOTIONS ET RAISON CHEZ DESCARTES
L'ERREUR DE DAMASIO

Dans l'apparente pérennité du « débat sur Descartes », la question des émotions s'est récemment imposée au premier plan, pour une grande part avec l'ouvrage du neurobiologiste Antonio Damasio, *L'Erreur de Descartes* (*Descartes' Error : Emotion, Reason and the Human Brain*, 1994, trad. fr. 1995), complété depuis par *Looking for Spinoza : Joy, Sorrow and the Feeling Brain*, 2003 (trad. fr. *Spinoza avait raison*, 2003).

Ainsi que s'en souviennent ses nombreux lecteurs, *L'Erreur de Descartes* porte sur la relation à concevoir entre les capacités humaines en matière de raisonnement et de prise de décision et celles qui regardent la perception et l'expression des émotions. La première thèse en est que, loin d'avoir de manière générale l'effet perturbateur qu'on leur a attribué, « l'expression et la perception des émotions [font] sans doute partie intégrante des mécanismes de la faculté de raisonnement »[1]. En témoignent les lésions d'une certaine région du cerveau humain – le cortex préfrontal ventro-médian – qui perturbent de façon constante et très nette les deux types de processus à la fois[2]. En outre, la perception des émotions « ne porte pas sur des entités psychiques fugitives »; elle « correspond à la perception directe d'un

---

1. *L'erreur de Descartes* (dorénavant cité *ED*), trad. fr., Paris, Odile Jacob, 1995, p. 8.
2. *ED*, p. 100 et 233-235. L'étude de Damasio tourne autour de deux exemples, celui de Phineas Gage, célèbre cas médical américain du XIXe siècle, qui survécut à des lésions cérébrales gravissimes (une barre de fer lui ayant traversé la tête à la suite d'une explo sion sur un chantier), et celui d'Elliot, patient qui, sans aucune altération apparente de ses facultés intellectuelles, avait perdu tout sens pratique, et se révéla atteint d'un méningiome.

paysage particulier : celui du corps ». Ce « paysage » change d'instant en instant, mais il nous est continuellement présent, et sa perception, dans l'émotion, se « juxtapose » à la perception et au souvenir de choses qui ne font pas partie du corps [1]. Ainsi (troisième thèse) « la représentation que nous formons en permanence du monde et de notre moi dans le contexte de notre vécu » n'a pas sa base ailleurs que dans notre organisme [2]. À la question (moderne) de savoir si des cerveaux placés au milieu d'une cuve dans des conditions électro-chimiques adéquates pourraient avoir les mêmes perceptions que nous, la réponse est donc négative : il manquerait ici des interactions avec le corps qui sont indispensables et caractéristiques [3].

Ces thèses sont ici présentées comme directement contraires à celles de Descartes. En posant l'indépendance ontologique de l'esprit par rapport au corps, Descartes aurait affirmé celle de la faculté de raisonner à l'égard de la vie affective. Descartes, écrit Damasio,

> a instauré une séparation catégorique entre le corps, fait de matière, doté de dimensions, mû par des mécanismes, d'un côté, et l'esprit, non matériel, sans dimensions et exempt de tout mécanisme, de l'autre ; il a suggéré que la raison et le jugement moral, ainsi qu'un bouleversement émotionnel ou une souffrance provoquée par une douleur physique, pouvaient exister indépendamment du corps. Et spécifiquement, il a posé que les opérations de l'esprit les plus délicates n'avaient rien à voir avec l'organisation et le fonctionnement d'un organisme biologique [4].

L'« erreur de Descartes » n'est pourtant pas celle de tout le rationalisme classique : elle est seulement celle d'une métaphysique dualiste qui a fait du penser et de la conscience de penser « les fondements réels de l'être » [5]. Cette métaphysique aura trouvé son contradicteur en Spinoza, dont la position, par contraste, apparaît remarquablement proche de l'inspiration actuelle des neurosciences :

> Qu'est-ce que le *conatus* spinoziste en termes biologiques actuels ? C'est l'agrégat de dispositions contenues dans les circuits cérébraux

---

1. *ED*, p. 11-12.
2. *Ibid.*, p. 13.
3. *Ibid.*, p. 286-287.
4. *Ibid.*, p. 312.
5. *Ibid.*, p. 311.

qui, dès lors qu'elles sont enclenchées par des conditions internes ou environnementales, recherchent à la fois la survie et le bien-être [1].

Spinoza « avait eu l'intuition de cette sagesse neurobiologique congénitale et il avait ramassé ses intuitions dans la notion de *conatus* » [2]. Il a défini de manière pertinente la joie et la tristesse comme perceptions de l'état interne du corps, et affirmé avec une égale pertinence l'unité de l'esprit et du corps, en posant l'esprit comme idée du corps humain [3]. Mais certes Spinoza n'a pas voulu se risquer au-delà de ce qu'il savait :

> c'est pourquoi il ne pouvait dire que les moyens servant à établir les idées du corps sont les voies chimiques et neurales, ainsi que le cerveau lui-même […]. Toutefois, nous pouvons désormais combler les vides en matière de détails et nous risquer à énoncer pour lui ce qu'il ne pouvait évidemment pas exprimer [4].

Que conclure de ces quelques citations ? Ceci d'abord : Damasio, qui s'est sincèrement intéressé à Spinoza, n'aura pratiquement rien lu de Descartes, à propos de qui il ne fait que reprendre les stéréotypes en circulation dans le monde scientifique anglo-saxon. Des *Passions de l'âme*, il ne retient qu'une vague leçon mi-métaphysique mi-morale : « La domination des penchants animaux par la pensée, la raison et la volonté est ce qui fait de nous des êtres humains » [5]. Et c'est sans craindre l'inconsistance qu'il voit dans l'affirmation du dualisme cartésien un reniement plus ou moins politique (consécutif au procès de Galilée) des théories du premier Descartes, celui du *Traité de l'homme* (1633) [6].

Cette ignorance désinvolte, en tant que telle peu explicable chez un auteur qui multiplie les marques d'une vraie curiosité antiquaire, lui fait manquer à la fois la très forte continuité entre la problématique

1. *Spinoza...*, p. 41.
2. *Ibid.*, p. 85.
3. *Ibid.*, p. 211.
4. *Ibid.*, p. 213.
5. *ED*, p. 165.
6. « En 1642, contredisant sa pensée antérieure, Descartes postulait une âme immortelle distincte du corps périssable, peut-être pour prévenir d'autres attaques » (*Spinoza...*, p. 28) ; et plus loin : « Le dualisme des substances est le schéma que Descartes a mis à l'honneur, bien qu'il soit difficile à concilier avec ses apports scientifiques remarquables », *ibid.*, p. 187.

cartésienne et la thématisation spinoziste de la vie affective, et la réalité d'une anticipation cartésienne de la plupart des vues ici développées. Cette continuité, ou la réalité de cette anticipation, constituera l'objet ultime de la présente étude. Mais d'abord, il convient de remarquer à quel degré Damasio s'est mépris, non certes dans des thèses proprement scientifiques dont ni l'intérêt ni la pertinence ne sont ici en cause, mais dans sa présentation de la pensée cartésienne comme rejetant les émotions à la périphérie de la vie psychique ou mentale.

Sur ce point, il pourrait suffire de citer un seul texte, la lettre à Chanut du 1er novembre 1646, où Descartes écrit :

> Il semble que vous inférez, de ce que j'ai étudié les passions, que je n'en dois plus avoir aucune ; mais je vous dirai que tout au contraire, en les examinant, je les ai trouvées presque toutes bonnes, et tellement utiles à cette vie, que notre âme n'aurait pas sujet de vouloir demeurer jointe à son corps un seul moment, si elle ne les pouvait ressentir [1].

Cette lettre date d'environ six mois après l'achèvement et l'envoi à la princesse Elisabeth de la première rédaction (« premier crayon ») des *Passions de l'âme*. Et de fait, la conclusion du traité – dans sa version définitive de 1649, qui sur ce point doit s'être assez peu écartée de la première [2] – rendra un son très comparable :

> (*Art. 211*) Et maintenant que nous les connaissons toutes [*sc.* les passions], nous avons beaucoup moins de sujet de les craindre que nous n'avions auparavant. Car nous voyons qu'elles sont toutes bonnes de leur nature, et que nous n'avons rien à éviter que leurs mauvais usages et leurs excès […] (*Art. 212*) Au reste, l'âme peut avoir ses plaisirs à part. Mais pour ceux qui lui sont communs avec le corps, ils dépendent entièrement des passions : en sorte que les hommes qu'elles peuvent le plus émouvoir sont capables de goûter le plus de douceur en cette vie […].

Il est frappant que dans les deux textes, l'utilité et la bonté des passions soient rapportées au plaisir qu'elles procurent plutôt qu'exprimées en termes strictement fonctionnels.

---

1. AT IV, 538, 5-11.
2. *Cf.* G. Rodis-Lewis, « La générosité, dernier fruit de la métaphysique cartésienne », *Revue Philosophique*, 1, 1987, p. 43-54 ; repris dans *Le Développement de la pensée de Descartes*, Paris, Vrin, 1997, p. 201.

À quel degré cette jouissance des passions – aspect des choses fort peu marqué chez Damasio – participe de la relation proprement cartésienne entre l'âme et le corps, il nous faudra le déterminer plus loin. Deux remarques seulement s'imposent ici. D'une part, l'importance accordée à cette jouissance des passions suffit à invalider toute idée d'une contingence cartésienne des émotions par rapport à la conduite de la vie : au contraire, dans les deux textes, cette expérience des passions paraît devoir constituer *l'élément essentiel de cette vie*. D'autre part, l'accent placé sur cette jouissance ne saurait faire conclure au défaut de toute autre définition cartésienne de l'utilité des passions : aucun des deux textes n'a à cet égard fonction récapitulative ; tous deux peuvent tenir pour acquises des conditions qu'il serait ici inutile de rappeler. Toutefois, les données d'arrière-plan peuvent être ici rassemblées sous trois titres [1].

LA PASSION COMME PERCEPTION

Soit d'abord fixée la relation cartésienne entre *passion* et *émotion*.

Le concept d'*émotion* reste chez Descartes plus large que celui de *passion de l'âme*, dans la mesure du moins où celui-ci cesse d'être pris au sens le plus général (par où il s'étend à « toutes les sortes de perceptions ou connaissances qui se trouvent en nous », *Passions*, art. 17) pour désigner plus particulièrement une certaine espèce de perceptions. Les passions au sens étroit sont en effet des émotions de l'âme, et cela à titre éminent, pour autant que, « de toutes les sortes de pensées qu'elle peut avoir, il n'y en a point d'autres qui l'agitent et l'ébranlent si fort que font ces passions » (art. 28). Mais il y a des émotions qui ne sont pas précisément des passions : ce sont les volontés elles-mêmes, qu'on peut considérer comme « des émotions de l'âme, qui sont causées par elle-même » (art. 29) ; et ce sont, sinon les jugements eux-mêmes que nous faisons sur les choses « qui nous importent » (art. 52), par exemple ceux qui « portent l'âme à se joindre de volonté avec les choses qu'elle estime bonnes » (art. 79), du moins certaines « émotions que ces seuls jugements excitent en l'âme » (*ibid.*).

---

1. Sur un certain nombre de points, les pages qui suivent résument la matière de nos études antérieures sur le sujet, auxquelles nous nous permettons de renvoyer au besoin.

Réserve faite des questions relatives à ces autres formes d'émotion, sur quoi nous reviendrons plus loin, les passions proprement dites s'en distingueront par deux traits : d'une part, ces passions, considérées en elles-mêmes, s'imposent à l'âme en dehors de sa volonté (alors que ces autres émotions sont purement des phénomènes ou des effets immédiats de la volonté) ; d'autre part, elles ont toutes, et elles seules, une dimension physiologique marquée. Ces deux traits sont indissociables : les passions s'imposent à l'âme en tant précisément qu'elles sont causées en elle par le corps – à savoir par des modifications du fonctionnement cardiaque et du « tempérament du sang », à quoi se rapportent également – à la fois comme causes et comme effets – certains mouvements des « esprits animaux » (« les parties les plus subtiles du sang »), dans le cerveau et dans les nerfs [1].

Les mouvements des esprits animaux, en tant que tels, ne peuvent être sentis : seuls peuvent l'être leurs effets dans les muscles et dans les organes. En revanche, les modifications du fonctionnement du cœur et de la circulation du sang ne peuvent manquer d'être senties, encore que ce soit confusément. C'est pourquoi, dans la classification des perceptions (ou « passions » de l'âme au sens large) qu'opère la Première partie du Traité, les passions (au sens étroit) prennent place parmi les « perceptions qui dépendent des nerfs ». Et quoique ces perceptions doivent être dites « obscures et confuses », elles ne laissent pas de découvrir à l'âme ce que Damasio appellera un certain « paysage corporel ». Ainsi, alors que le plaisir et la douleur renseignent l'âme sur une affection du corps qui est le plus souvent localisée, la joie et la tristesse particulièrement lui feront sentir la bonne ou la mauvaise disposition du corps, en général. Et si d'autres passions, telle la colère, doivent se caractériser par un objet plus adventice ou circonstanciel, l'affection corporelle dont elles portent témoignage restera une modification complexe des éléments centraux de la « machine », modification dont les symptômes seront d'ailleurs souvent multiples et remarquables (avec les « signes extérieurs » des passions, amplement étudiés dans les articles 112 à 135).

---

1. Cf. *Passions*, art. 10-16, 34-38 et 107-111. Voir aussi *Traité de l'Homme*, AT XI, 166-170 et 194-195.

Dans l'approche cartésienne, les passions de l'âme sont donc tout d'abord à définir comme une espèce de perceptions des sens, n'ayant ni un objet externe, ni un objet interne localisé (par exemple : la douleur dans le pied), mais pour ainsi dire un objet interne global. Cependant, dans la même mesure où cet objet global (disposition ou mouvement intérieur du corps tout entier) déroge à la condition de spécification qui s'attache aux objets chez autres perceptions, il apparaît impossible que la passion comme perception ait pour objet *le corps seul*. Le fait n'est pas seulement ici que la disposition du corps, qui est sentie confusément dans la joie et dans la tristesse, doit, en tant qu'elle est momentanée, avoir une certaine cause, de même que le mouvement du corps, qui a lieu par exemple dans la colère, doit se rapporter à un certain objet extérieur. Le fait est, aussi bien, que cette disposition ou ce mouvement du corps se présente à l'âme non comme la propriété ou affection objective d'un « sujet » extérieur à elle, mais comme celle du « sujet » le plus proche d'elle[1], et donc comme une propriété ou affection qu'elle peut épouser, qu'elle est instamment incitée à assumer, et qui d'une certaine manière est par avance la sienne.

Cet aspect dynamique de la passion sera très fortement marqué dans plusieurs articles de la Seconde partie du traité, portant définition des « passions primitives ». Ainsi l'amour est-il défini (art. 79) comme « une émotion de l'âme causée par le mouvement des esprits, qui l'incite à se joindre de volonté aux objets qui paraissent lui être convenables » ; la haine (*ibid.*), comme une émotion qui « l'incite à vouloir être séparée des objets qui se présentent à elle comme nuisibles » ; le désir (art. 86), comme « une agitation de l'âme causée par les esprits, qui la dispose à vouloir pour l'avenir les choses qu'elle se représente être convenables » ; la joie (art. 91) comme « une agréable émotion de l'âme, en laquelle consiste la jouissance qu'elle a du bien que les impressions du cerveau lui représentent comme sien » ; la tristesse (art. 92) comme « une langueur désagréable en laquelle consiste l'incommodité que l'âme reçoit du mal que les impressions du cerveau lui représentent comme lui appartenant ». Et c'est exclusivement par cette sorte d'unité tendancielle entre la disposition intérieure de « la

---

1. « Nous ne remarquons point qu'il y ait aucun sujet qui agisse plus immédiatement contre notre âme que le corps auquel elle est jointe », art. 2.

machine » et celle de l'âme elle-même que peut prendre sens la très difficile « définition des passions de l'âme » que fournit l'article 27 :

> … Il me semble qu'on peut généralement les définir des perceptions, ou des sentiments, ou des émotions de l'âme, qu'on rapporte particulière-ment à elle, et qui sont causées, entretenues et fortifiées par quelque mouvement des esprits.

Que veut dire que ces perceptions ou émotions soient « particulièrement rapportées » à l'âme elle-même? Cela ne signifie certainement pas qu'elles n'ont aucun objet extérieur à l'âme et ne se rapportent en aucune manière au corps, ce que leur caractère de « perceptions qui dépendent des nerfs » rendrait inintelligible. Il faut seulement comprendre que si les passions font sentir à l'âme une certaine disposition du corps, *cette disposition du corps ne prend sens pour elle qu'en relation avec sa propre disposition actuelle ou virtuelle.* Par exemple, l'âme saisie de crainte sentira que le corps tremble, mais ces tremblements eux-mêmes seront instamment les siens propres, au regard d'un objet ou d'une situation qui doit lui être en même temps représenté(e) par l'imagination[1]. Le fait que le « rapport » de la passion à l'âme, en tant qu'*imputation*, ait d'abord été présenté comme ayant lieu par défaut et non sans un certain coefficient d'illusion[2], ne prend lui-même son sens que par rapport à cette condi-tion d'unité tendancielle des dispositions : c'est précisément parce que la disposition du corps est prête à s'étendre à l'âme que l'on peut, sur la base d'une fausse conception de leurs pouvoirs respectifs, faire comme si cette disposition du corps n'était d'emblée rien d'autre que l'expression d'une disposition de l'âme.

---

1. Il y a des cas de passion sans objets déterminables, mais ce sont clairement des cas-limites : « Il arrive quelquefois que le sentiment d'amour se trouve en nous, sans que notre volonté se porte à rien aimer, à cause que nous ne rencontrons point d'objet que nous pensions en être dignes. […] Mais, pour l'ordinaire, ces deux amours se trouvent ensemble… », *à Chanut*, 1ᵉʳ février 1647, AT IV, 603, 13-22.

2. « Les perceptions qu'on rapporte seulement à l'âme sont celles dont on sent les effets comme en l'âme même, et desquelles on ne connaît communément aucune autre cause prochaine à laquelle on les puisse rapporter », art. 25. On notera que l'illusion évoquée est la même que celle qu'évoquera W. James avec la célèbre formule : « Nous ne pleurons pas parce que nous sommes tristes, nous sommes tristes parce que nous pleurons ».

La dimension fonctionnelle des passions

L'élucidation de la fonction des passions exige un éclaircissement préalable du problème de leur causalité.

Descartes, on le sait, a ouvert son traité par une déclaration de rupture et d'indifférence envers toute la littérature antérieure sur la question : peu de phénomènes ayant été aussi mal compris que les passions de l'âme, l'« espérance d'approcher de la vérité » en la matière sera proportionnée à la nouveauté du chemin emprunté (pourvu bien sûr que ce chemin en soit véritablement un, c'est-à-dire soit intégralement réfléchi)[1]. De fait, la rupture est notoire s'agissant de la causalité des passions, à propos de laquelle les articles 25 à 29 du Traité paraissent imposer une thèse forte : loin d'être d'abord des mouvements de l'âme qui se prolongent ou s'expriment dans une modification physique (selon la définition scolaire et consensuelle que Descartes ne s'astreint même pas à rappeler[2]), les passions ne sont *que* les effets immédiats dans l'âme de certaines modifications neuro-cérébrales et physiologiques. « Des émotions de l'âme [...] causées, entretenues et fortifiées par quelque mouvement des esprits », dit bien l'article 27, commenté par l'article 29 : la causalité des passions apparaît ici on ne peut plus unitaire et univoque, en tant que causalité physiologique ou somatique.

En seconde approche, cependant, deux sortes de questions surgiront qui sont de nature à compliquer ce simple tableau : 1) est-ce *le tout* du phénomène passionnel dans sa réalité psychologique qu'il faudra rapporter à une action expresse du corps sur l'âme, ou en est-ce seulement une partie ? 2) est-il concevable que *toutes* les émotions passionnelles surgissent dans l'âme de la même façon ?

1) Sur le premier point, il doit être clair que ce qui tombe entièrement et directement sous la causalité somatique (ce qui se trouve « causé, entretenu et fortifié par le mouvement des esprits »), c'est la passion *au sens étroit* que délimitent les articles 25 et 27, à savoir une certaine « perception qui dépend des nerfs » et dont l'objet

---

1. *Passions*, art. 1.

2. *Cf.* notamment A. Levi, *French Moralists*, Oxford, Clarendon Press, 1964 ; J. Deprun, « Qu'est-ce qu'une passion de l'âme ? Descartes et ses prédécesseurs », *Revue Philosophique*, 4, 1988, p. 407-413 ; C. Talon-Hugon, *Les passions rêvées par la raison*, Paris, Vrin, 2003.

est essentiellement *intérieur* (quelque équivoque qui affecte cette intériorité)[1]. La relation de l'âme à un objet *externe* qui serait considéré comme la première cause de sa passion (par exemple «les objets qui meuvent les sens, [et qui] sont leurs causes les plus ordinaires et principales», art. 51) n'est *pas* comprise dans ce sens le plus étroit. Bref, ce qui tombe par excellence sous la causalité physique, c'est le *sensitif* et c'est l'*intensif* de la passion, à distinguer d'autres dimensions pour lesquelles le problème reste posé.

2) Sur le second point, il est indéniable que Descartes, dans son Traité, privilégie *un* cas d'excitation des passions : celui où la passion se trouve excitée dans le corps (en tant qu'émotion physiologique) puis dans l'âme «sans que l'âme y contribue»[2]. C'est un tel cas d'excitation de la passion «sans l'entremise de l'âme» qui se trouve présenté par l'article 36, lequel entend fournir, à travers un exemple, une explication générale de «la façon que les passions sont excitées dans l'âme».

Il faut toutefois noter d'abord que cette causalité somatique des passions n'est ni simple, ni exempte de subdivisions. Dans le corps qui excite dans l'âme les passions, on doit en effet distinguer entre a) les organes agissant sur l'état du sang, système cardio-vasculaire inclus ; b) les terminaisons nerveuses internes ou externes qui, par un système de traction, déterminent l'ouverture de certains pores dans le cerveau, provoquant ainsi un mouvement des esprits animaux et de la glande pinéale («principal siège de l'âme», art. 32) qui fait sentir à l'âme quelque chose ; c) le cerveau lui-même, siège de l'imagination et de la «mémoire corporelle».

Sur ce fondement, on dira des passions qu'elles peuvent avoir pour principale cause, du côté du corps, ou bien une modification métabolique ou pathologique de l'état général de la «machine» (cas des «premières passions de notre vie», art. 107-110); ou bien des affec-

---

1. Les passions sont caractérisées comme «sentiments intérieurs» dans le *Traité de l'Homme*, AT XI, 163, 8-9; 165, 5-6, etc.; le *Discours de la Méthode* évoque les «passions intérieures» du corps humain, AT VI, 55, 18; les *Principes de la Philosophie* (IV, art. 190) feront des passions les phénomènes de tout un «sens intérieur» distinct de l'appétit naturel. Sur le problème de la définition de cette intériorité, voir notre étude : «La troisième intériorité : l'institution naturelle des passions et la notion cartésienne du "sens intérieur"», *Revue Philosophique*, 1988-4, p. 457-484.

2. Selon l'expression utilisée notamment par l'art. 38, AT XI, 358, 13-14.

tions localisées de plaisir (« chatouillement ») et de douleur (excitant dans l'âme joie ou tristesse, art. 94 et 137); ou bien la perception par les sens d'un certain objet ou événement externe (cas étudié à l'art. 36); ou encore l'activation fortuite de l'imagination (cas du rêve et de la rêverie, art. 21 et 26).

Toutefois, dans les deux derniers cas, il n'est pas possible que l'« impression du cerveau » correspondant à un certain objet ou événement déclenche dans le corps une certaine passion sans que l'âme, au même moment, se représente cet objet ou cet événement. Et cette liaison est éminemment réversible, avec le principe suivant : lorsque l'âme se représente un certain objet ou événement parmi ceux qui « nous importent », cela suffit, si rien par ailleurs ne l'empêche, à déclencher dans le corps la passion correspondante. C'est pourquoi, en réalité, le Traité comme les autres textes cartésiens font état de *deux* formes principales de la causalité des passions, l'une dans laquelle la passion se trouve déclenchée « sans l'entremise de l'âme », par un certain processus mécanique incluant le cas échéant la formation et les répercussions des impressions du cerveau; l'autre dans laquelle c'est une « première pensée » de l'âme seule qui déclenche, par la formation dans le cerveau d'une impression correspondante, le processus générateur de passion.

Le problème de la dimension fonctionnelle des passions ne peut être traité sans référence à cette distinction. Seulement, ce ne sont pas deux mais trois cas génériques qui peuvent ici se présenter :

a) la passion, déclenchée par une certaine modification physio-logique, fait sentir à l'âme cette modification même, ou quelque chose qui en est immédiatement corrélatif ;

b) la passion, déclenchée par une pensée relative à un objet, confirme l'âme dans une certaine disposition par rapport à cet objet ;

c) la passion, déclenchée par l'impression cérébrale relative à un objet, représente à l'âme, par rapport à cet objet, une certaine disposition réactionnelle qu'elle peut concevoir de son côté.

Dans les formulations peu nombreuses, lapidaires et dispersées que le Traité consacre à cette question, ce sont bien entendu les cas (a) et (c) qui occupent le premier plan. De manière inégalement explicite mais au total assez systématique, les articles 40, 52 et 137 mettent en effet l'accent sur le rapport de chaque passion à une certaine action de type physique, qui vaut réaction à une circonstance donnée, et à quoi l'âme est incitée par la passion elle-même à contribuer pour sa propre part (ou du moins qu'elle est dissuadée d'empêcher).

Ainsi, selon l'article 40, « le principal effet de toutes les passions dans les hommes est qu'elles incitent et disposent leur âme à vouloir les choses auxquelles elles préparent leur corps ». D'après l'article 52, « l'usage de toutes les passions consiste en cela seul qu'elles disposent l'âme à vouloir les choses que la nature dicte nous être utiles, et à persister dans cette volonté ». Et d'après l'article 137, qui propose la formulation la plus complète, il faudra dire des passions primitives de l'amour, de la haine, du désir, de la joie et de la tristesse que

> selon l'institution de la nature, elles se rapportent toutes au corps, et ne sont données à l'âme qu'en tant qu'elle est jointe avec lui ; en sorte que leur usage naturel est d'inciter l'âme à consentir et contribuer aux actions qui peuvent servir à conserver le corps ou à le rendre en quelque façon plus parfait.

Dans cette optique, la situation paradigmatique, d'ailleurs exploitée par l'article 36, est celle où, à partir d'impressions soit internes, soit externes, le corps avertit l'âme d'une menace à laquelle il s'agit de parer, étant admis a) que la passion comme émotion physiologique vaut comme mise en condition ou adaptation spontanée du corps par rapport à la réaction qu'elle esquisse (chose qui s'observe d'ailleurs couramment dans les animaux : art. 50 et 138) ; et b) que l'âme, par elle-même, n'aurait aucun moyen d'évaluer l'importance de la menace ni d'y réagir ou d'y faire réagir le corps de manière suffisamment prompte.

Ainsi, bien que la passion soit toujours à distinguer de la simple sensation (« perception des sens »), ou plutôt en tant qu'elle apparaît régulièrement par rapport à la sensation comme un phénomène secondaire, les deux fonctions, sensorielle et passionnelle, participent d'un même système (« l'institution de la nature ») dont les traits fondamentaux ont été fixés par la *Sixième Méditation*.

Par rapport à cette définition *standard* de la fonction des passions, le cas (b) où la passion doit son excitation à une certaine pensée qui précède peut d'abord sembler embarrassant, étant admis que non seulement le corps n'apporte ici à l'âme aucune nouvelle indication ou information, mais que l'âme doit, avant même la passion, avoir perçu l'importance de l'objet et pris position à son égard. Toutefois, le fait que le premier développement significatif de Descartes sur le phénomène passionnel (dans les *Principia Philosophiae* de 1644, IVe partie, art. 190) se soit articulé à ce cas (b) – avec l'exemple d'une bonne nouvelle qui procure d'abord une joie purement intellectuelle, et ensuite une joie-passion – suffit à montrer qu'en perspective cartésienne, ce cas ne peut être dit ni marginal, ni particulièrement problématique.

Quelle pourra donc être la fonction de la passion, dans le cas où elle vient doubler en quelque sorte une première pensée que l'âme aura eue concernant un certain objet ? Cette fonction ne pourra guère consister qu'en ceci : la passion vient donner à cette première pensée une sorte de consistance et de durée qu'elle n'avait pas ; elle *réalise* ou commence à réaliser une certaine relation à cet objet, que l'âme avait seulement anticipée. C'est en ce sens qu'il faut interpréter une quatrième formulation de Descartes sur le sujet, celle de l'article 74 :

> L'utilité de toutes les passions ne consiste qu'en ce qu'elles fortifient et font durer en l'âme des pensées, lesquelles il est bon qu'elle conserve, et qui pourraient facilement, sans cela, en être effacées.

Ce qui s'entend en rapport étroit avec une condition qu'il faut bien enregistrer : *tant que l'âme est unie au corps, l'« institution de la nature » veut et fait que toute pensée susceptible d'une traduction cérébrale (imaginative, sensitive, motrice) trouve en effet cette traduction dans toute la mesure du possible* (compte tenu de sa nature et de la disposition du composé). La question de savoir si l'âme elle-même a besoin de cette traduction sensible de sa première pensée ne se pose à cet égard qu'en second lieu : ce qui est premier, c'est le fait ou la donnée de cette traduction, certes d'autant plus destinée à devenir un besoin difficile à surmonter que, dans toute la première époque de la vie, l'âme reste incapable de détacher sa pensée des choses corporelles. Et en l'occurrence, il doit exister dans le cerveau une certaine loi d'encodage des objets *ou des relations aux objets*, moyennant quoi, dès que se présentera un certain type d'objet (ou l'objet d'un certain type de relation), la passion correspondante sera excitée, sans considération du fait que cet objet « importe » au corps, ou à l'âme unie au corps (et notamment au sujet humain dans la société des hommes), ou à l'âme seule [1].

---

1. Au reste, même dans le cas où c'est à *l'âme* que l'objet importe en premier lieu, cet objet pourra être dit en second lieu « utile » ou « nuisible » au corps, à travers les passions

LA NÉCESSITÉ D'« USER » DES PASSIONS

Il est assez clair par ce qui précède que ce n'est pas de manière seulement occasionnelle et discontinue, mais au contraire constante et généralisée, que l'âme doit avoir rapport à ses propres émotions. De même que, pour Descartes, nous ne pouvons absolument rien concevoir à quoi notre volonté ne puisse s'étendre[1], de même, il n'y a pas d'objet de pensée à quoi ne puisse s'attacher aucun affect. Ni Dieu, être infini, incorporel et incompréhensible, ni l'âme elle-même avec ses dispositions intérieures, ni les objets des raisonnements les plus abstraits (qui ont leurs affects spécifiques) ne font exception à cette condition. Mais certes, ce rapport de l'âme à sa propre émotion ne sera rien de simple, et s'il y a des âmes habituées à suivre mécaniquement leurs émotions, le commun des hommes ne se trouve aucunement dans ce cas[2].

Autant donc les émotions, notamment d'espèce passionnelle, sont ou demeurent chez Descartes constitutives de la vie psychique, autant une distance minimale de l'âme par rapport à sa passion sera ici plutôt la règle que l'exception. Que les passions, comme dit par exemple l'article 40, « incitent et disposent [l']âme à vouloir les choses auxquelles elles préparent [le] corps », cela signifie précisément que l'unité qu'elles promeuvent entre la disposition de l'âme et celle du corps *n'est encore que tendancielle*, et qu'il appartient normalement à l'âme non seulement de juger de ce qui convient réellement au corps, mais de définir sa propre position à l'égard de l'objet ou de la situation concernée.

Qu'il appartienne toujours à l'âme – soit en première soit en dernière instance – de statuer sur l'intention dont la passion est porteuse, cela est bien entendu conforme à la hiérarchie maintenue et confirmée par Descartes entre les deux « parties » du composé humain.

qui lui seront liées, et dont l'effet sur la santé sera très contrasté : *cf.* notamment *à Elisabeth*, mai ou juin 1645, AT IV, 219-220.

    1. « Nous n'apercevons rien qui puisse être l'objet de quelque autre volonté, même de cette immense qui est en Dieu, à quoi la nôtre ne puisse aussi s'étendre », *Principes de la Philosophie*, I, art. 35 ; or *tout* ce que nous pouvons concevoir peut être considéré comme objet de la volonté de Dieu.

    2. « Il y a fort peu d'hommes si faibles et irrésolus qu'ils ne veuillent rien que ce que leur passion leur dicte », art. 49.

Au lieu de souligner – de manière toujours assez convenue – ce qu'une telle vue peut avoir de conventionnel et d'obscur, on ferait bien de se rendre sensible à l'ambiguïté qui subsiste dans une telle situation, et peut-être aussi de chercher s'il ne serait pas possible de fournir de ce contrôle de la passion par l'âme (coïncidant avec ce que Damasio appelle «les régulations adaptatives de niveau élevé»[1]) une interprétation ontologiquement acceptable.

Au regard de la représentation la plus classique de la pensée cartésienne, l'étonnant n'est certes pas que la passion ait besoin d'être contrôlée : c'est que l'âme, «en cette vie», ait de l'expérience des passions le besoin que reconnaissent expressément plusieurs textes quasi testamentaires. L'étonnant n'est pas que les passions «[fassent] paraître presque toujours tant les biens que les maux qu'elles représentent beaucoup plus grands et plus importants qu'ils ne sont»[2] : c'est plutôt le degré de sophistication du système qui permet au corps de réagir par lui-même à la rencontre ou à la représentation des objets.

Sur la nature de la «mémoire corporelle» (à distinguer de la «mémoire intellectuelle») qui doit entrer en jeu pour que l'«impression» cérébrale d'un certain objet détermine l'excitation d'une certaine passion, Descartes n'a jamais fourni beaucoup de précisions[3]. Un point est certain : pour exciter une passion déterminée, l'objet actuellement présent ou représenté doit être réduit à un certain

1. *ED*, p. 165.

2. Art. 138 ; cf. *à Elisabeth*, 1er septembre 1645, AT IV, 285-287.

3. Les principaux textes sont : *à Meyssonnier*, 29 janvier 1640 ; *à Mersenne*, 1er avril, 11 juin et 6 août 1640 ; *à*** (Hyperaspistes)*, août 1641, pt 2 ; *à Huygens*, 10 octobre 1642 ; *à Mesland*, 2 mai 1644 ; *à Arnauld*, 4 juin ou 16 juillet et 29 juillet 1648, pt 2 ; *Entretien avec Burman*, AT V, 150. L'étude *princeps* est celle de P. Landormy, «La mémoire corporelle et la mémoire intellectuelle dans la philosophie de Descartes», *Bibliothèque du Congrès international de philosophie*, Paris, Alcan, 1900, t. IV, p. 259-298. Voir également G. Rodis-Lewis, *L'individualité selon Descartes*, Paris, Vrin, 1950, p. 208-218 ; notre ouvrage, *L'Homme des passions*, Paris, Albin Michel, 1995, t. I, p. 149-154 et 339-342 et notre étude : «Descartes et le problème de l'imagination empirique», dans D. Lories et L. Rizzerio (éd.), *De la phantasia à l'imagination*, Louvain, Peeters, 2003, p. 137-150. Voir également P. Guenancia, *L'intelligence du sensible*, Paris, Gallimard, 1998, p. 173-188 ; J. Sutton, *Philosophy and Memory Traces : Descartes to Connectionism*, Cambridge, Cambridge UP, 1998 ; et X. Kieft, «Mémoire corporelle, mémoire intellectuelle et unité de l'individu selon Descartes», *Revue Philosophique de Louvain*, 2006, 104-4, p. 762-786.

type, ou confondu avec un autre objet qui aura affecté le composé de manière spécialement marquante. Sous ce rapport, la mémoire corporelle joue donc en faveur de la réduction des différences plutôt qu'en faveur de leur multiplication; et sous le même rapport, loin que la maîtrise des passions se limite à l'application uniforme d'un petit nombre de principes que l'âme se serait donnés pour l'action, elle consiste tout autant, de la part de l'âme, à restituer à chaque situation, soit vécue soit envisagée, son maximum de singularité.

Mais précisément, tout se passe comme si, pour la bonne appréciation des diverses « rencontres de la vie », cette schématisation opérée par le corps devait souvent constituer un préalable. La formule de l'article 74, d'après laquelle les passions sont utiles « en ce qu'elles fortifient et font durer en l'âme des pensées […] qui pourraient facilement en être effacées », témoigne bien que l'âme, par elle-même, ne sera pas toujours capable d'apprécier l'importance d'une circonstance donnée, ni de retenir une certaine intention utile au composé qu'elle forme avec le corps, si la passion ne commence par exercer sur elle une forme d'insistance. On peut s'interroger sur l'origine et sur le sens de cette situation [1] : elle a toutefois en soi quelque chose d'indéniable. Dès lors, la question devient de savoir quelle est cette distance que l'âme raisonnable peut ou doit mettre en œuvre par rapport à sa passion; en particulier, la mise en œuvre de cette distance signifie-t-elle que la délibération pratique soit intégralement soustraite au régime de l'affectivité? est-ce *sans passion*, purement et simplement, que l'âme doit juger des choses?

Dans tous les cas où l'âme n'est pas clairement à l'origine de sa propre passion (avec une certaine pensée relative à un objet), la distance de l'âme à l'égard de sa passion tiendra d'abord au simple fait qu'elle y reconnaîtra une motion ou intention qui, *a priori*, n'est pas la sienne propre. Toutefois, cette reconnaissance de la motion passionnelle sera à son égard tout autre chose qu'une exemption ou un détachement complet. Pour réfléchir, conformément à sa propre nature, sur les choses que ses passions lui proposent, l'âme raisonnable a besoin d'éprouver ces passions; et lorsque Descartes parle de « considérer sans passion » la valeur des biens et des maux dont nous pouvons

---

1. Voir *L'Homme des passions*, *op. cit.*, t. I, p. 340-345; et la discussion de P. Guenancia, *Lire Descartes*, Paris, Gallimard, 2000, p. 311-319.

être affectés [1], ou bien les raisons qui dans des conditions données font plus ou moins espérer telle ou telle chose, ce qui doit être ici dépassionné sera *un moment* ou *une dimension* de la pensée plutôt que l'ensemble du processus délibératif.

D'une part, tout comme il est – d'après la *Troisième Méditation* elle-même – impossible à l'âme d'effacer entièrement de sa pensée les images des choses corporelles [2], il lui restera impossible de faire en sorte que les affects associés à la représentation des objets « qui lui importent » soit pour ainsi dire automatiquement désactivés.

D'autre part, si réfléchir est *par définition* opposer à une passion donnée une certaine résistance ou un certain retardement, autrement dit si la réflexion est par définition *différance de la passion*, cette réflexion peut fort bien impliquer des affects spécifiques – affects de second degré, s'appliquant aux représentations d'objets et aux passions corrélatives. En soulignant, au début de la lettre à Chanut du 1er février 1647, que jusque dans un esprit détaché du corps certaines émotions « intellectuelles » peuvent se rapporter à la connaissance, Descartes les a particulièrement désignées pour cette fonction. Et par exemple, on devrait pouvoir dire qu'une représentation qui n'est pas assez claire produit dans l'âme un certain genre de tristesse et de désir, tandis qu'une représentation suffisamment claire produit en elle une espèce de contentement, c'est-à-dire de joie. D'une manière générale, c'est à la réalité de ces affects de second degré, qui sont dans l'âme les plus intimes et les plus immédiats, et dont on peut dire que « notre bien et notre mal dépendent principalement » (art. 147), que peut être rapportée la possibilité cartésienne d'une *jouissance* (et aussi d'une souffrance) *des passions en général* – affect à travers lequel par excellence l'âme apprécie sa propre union avec le corps.

Toutefois, en aucune manière les affects dont il s'agit ne sont par nature limités à une forme « purement intellectuelle »; au contraire, à

---

1. « Le vrai usage de notre raison pour la conduite de la vie ne consiste qu'à examiner et considérer sans passion la valeur de toutes les perfections, tant du corps que de l'esprit, qui peuvent être acquises par notre conduite, afin qu'étant ordinairement obligés de nous priver de quelques-unes, pour avoir les autres, nous choisissions toujours les meilleures », *à Elisabeth*, 1er septembre 1645, AT IV, 286. Cf. *Passions*, art. 138 : « Nous devons nous servir de l'expérience et de la raison pour distinguer le bien d'avec le mal et connaître leur juste valeur, afin de ne pas prendre l'un pour l'autre et de ne nous porter à rien avec excès ».

2. *Med. III*, début, AT VII, 34, 13-15 ; IX, 27.

chaque fois que rien ne s'y oppose, ils sont destinés à se convertir en véritables passions. Et ainsi, en coordonnées cartésiennes, rien n'interdira de poser que l'usage de la raison, *c'est-à-dire aussi l'« usage des passions »*, dépend lui-même de la force de passions ou d'affects déterminés, tel l'amour de la connaissance claire ou de la tranquillité d'esprit. L'institution cartésienne de la « vraie générosité » (qui constitue d'abord une passion particulière) comme « clef de toutes les autres vertus » et « remède général contre tous les dérèglements des passions » (art. 161) témoigne on ne peut plus expressément d'une telle implication.

Quant à demander à Descartes un modèle pour la délibération pratique, incluant la manière dont les diverses passions y peuvent entrer en compte, ce serait à coup sûr aller au devant d'une déception. Bien que nous ayons des opérations de notre esprit l'expérience la plus directe et en son genre la plus pleine, seule, pour Descartes, une faible part de cette expérience prêtera à objectivation conceptuelle. Pour ce qui concerne le processus délibératif, il peut bien être mis en forme après coup par spécification de ses moments les plus significatifs et de leurs connexions logiques; il peut même l'être dans un style qui mimera savamment le mouvement improvisé de la pensée. Mais pour la manière dont les représentations s'y trouvent explorées, les hypothèses comparées, les affects liés à chacune expérimentés, il sera vain d'espérer en obtenir un enregistrement fidèle, et probablement aussi une modélisation convaincante. Damasio, qui insiste lui-même sur l'impossibilité, en matière pratique, d'un raisonnement parfaitement organisé, ne devrait pas avoir lieu de reprendre Descartes sur ce point.

Descartes aura-t-il donc désincarné l'esprit, en coupant l'exercice de la raison, y compris dans l'ordre pratique, de l'expérimentation des affects? Bien entendu, rien n'est plus faux, et en dehors même du défaut de lecture des textes, il subsistera ici l'ombre d'un paralogisme élémentaire, celui qui tient à la confusion entre *distinction* et *dissociation*. La philosophie cartésienne promeut certes solidairement une exigence de raison et une idée du pouvoir de cette raison. Toutefois, que faut-il entendre par là? Que si l'âme en tant qu'unie au corps communique au corps ses motions, *et réciproquement*, l'âme en tant qu'esprit a constitutivement besoin de principes ou de règles générales (choses que le corps en tant que tel ne connaît pas); qu'il y a donc une spécificité du plan des principes (et aussi des conséquences) dans une délibération qui mobilise de toute manière toutes les fonctions de l'âme, y compris celles qui relèvent de son union avec le corps; et que l'âme a ou peut avoir un intérêt passionné pour une exacte institution de ces principes, cette institution impliquant un moment de pur raisonnement qui, par le fait, portera sur les conditions du contentement (cf. *Passions*, art. 152).

Quand Damasio reconnaît que le raisonnement pratique nécessite, outre l'activation de certains « marqueurs somatiques », celle de capacités logiques dont les « bases neurales » devraient faire l'objet d'un examen à part [1], il ne semble pas s'inscrire nettement en faux contre une pareille condition. Mais il ne semble ni proposer une définition du fondement sur lequel tel parti peut être préféré à tel autre, ni éclairer la manière dont la représentation du moi peut intervenir dans la délibération [2]. Or, tant que ces points fondamentaux ne seront pas éclaircis, le programme de « naturalisation » de la vie éthique dans lequel s'inscrivent ses ouvrages restera très en deçà de la précision et de la complexité à laquelle la problématique cartésienne a commencé par faire droit.

Reste le problème du contraste entre Descartes et Spinoza, accréditant la plus grande modernité du second. Faut-il véritablement opposer aux chimères de la métaphysique cartésienne de l'homme les avancées pionnières de la thématisation spinoziste? Spinoza, assurément, refuse le principe d'une interaction entre l'âme et le corps, crédite donc un individu nouvellement unitaire d'un *conatus* nouvellement un, et par là réinscrit l'ensemble des affects et des déterminations de la volonté humaine dans le plan d'une certaine nécessité naturelle. Compte tenu cependant de tout ce que l'anthropologie de l'*Éthique* doit à une lecture méditative des *Passions de l'âme*[3], on peut se demander s'il y a lieu de se contenter ici de souligner l'oppo-

---

1. *ED*, p. 251.

2. Selon Damasio, la représentation que nous avons de nous-même est toujours liée à la « carte » de notre propre corps et à son image, associée à l'image de certains événements et de certains faits, *ibid.*, p. 300-301.

3. « L'argumentation développée dans le *De Affectibus*, où Spinoza reprend le programme que Descartes s'était fixé dans son traité sur *les Passions de l'âme*, se trouve dans un rapport de dialogue et de contestation vis-à-vis de cet ouvrage, dans les marges duquel cette partie de l'*Éthique* est en quelque sorte écrite », P. Macherey, *Introduction à l'Éthique de Spinoza*, Paris, PUF, 1995, p. 9, n. 1.

sition des parti-pris ontologiques, ou si la démarche critique la plus féconde ne consisterait pas à aborder les deux œuvres comme deux perspectives tracées sur une réalité essentiellement unitaire.

Ainsi par exemple, réserve faite du concept de « puissance d'agir du corps », qui constitue une construction métaphysique inconnue du cartésianisme, la définition spinoziste des affects primaires de joie et de tristesse comme idées d'une modification de la puissance d'agir est directement inspirée de Descartes. Et quoique chez Descartes – comme en fait chez Spinoza – une âme maîtresse d'elle-même puisse habiter un corps malade, il existe chez le premier aussi bien que chez le second un idéal de « grande santé », c'est-à-dire d'activité conjointe de l'esprit et du corps (cerveau inclus), de la fomulation duquel la correspondance avec Elisabeth a fait plus que s'approcher. En dépit de toutes les apparences, il n'est même pas impossible que les conditions effectives du vouloir demeurent chez les deux auteurs très comparables – la volition spinoziste impliquant une forme de réflexion dont l'*Éthique* ne fournit guère de définition précise, tandis que la volonté cartésienne restera soumise, toute libre qu'elle soit « de sa nature », à l'autorité de pensées déterminées. Un texte tel que l'article 47 des *Passions de l'âme*, où la « force de l'âme » semble en voie de se réduire à celle de considérations déterminées[1], resterait à explorer dans ce sens.

Encore faut-il accepter non seulement de lire, mais de s'interroger sur ce qu'on lit, avec l'idée que dans les textes dont il s'agit, quantité de conditions demeurent implicites, ni affirmées ni niées, seulement à reconstruire avec ce qu'il y faudra de patience.

Denis KAMBOUCHNER
Université Paris 1 Panthéon-Sorbonne
Centre d'Histoire des Systèmes de Pensée Moderne

---

1. « La volonté n'ayant pas le pouvoir d'exciter directement les passions […], elle est contrainte d'user d'industrie et de s'appliquer à considérer successivement diverses choses dont, s'il arrive que l'une ait la force de changer pour un moment le cours des esprits <animaux>, il peut arriver que celle qui suit ne l'a pas… ». Sur ce texte, voir *L'Homme des passions, op. cit.*, t. II, p. 91-97.

ÉMOTIONS, MANIÈRES D'ÊTRE
ET NATURE « HUMAINE » CHEZ SPINOZA

L'émotion est-elle, pour Spinoza, l'essence même de l'homme? La question, surprenante en elle-même, peut être cependant suscitée par une célèbre formule de l'*Éthique*, *Cupiditas est ipsa hominis essentia*, qui se trouve dans la définition du Désir qui ouvre la série des quarante-neuf définitions des Affects (si l'on tient compte aussi de la définition générale qui clôt la partie III), définitions faisant suite à l'appareil démonstratif *more geometrico* de cette partie. Cette formule apparaissait déjà dans le scolie de la proposition 9 quand Spinoza écrivait que l'effort que chaque être fait pour persévérer en son être [1], quand il est rapporté à la fois à l'âme et au corps, est appelé « Appétit [*appetitus*], et il n'est partant, rien d'autre que l'essence même de l'homme » [2] – la suite du texte indique qu'entre l'appétit et le désir (et donc l'effort lui-même, quand il est rapporté à l'âme et au corps) « il n'y a pas de différence, sinon que le désir se rapporte généralement aux hommes en tant qu'ils sont conscients de leurs appétits ». Dans ces formulations, il n'est pas question directement de l'émotion mais de l'« affection » de l'essence c'est-à-dire de sa modification. Cependant le Désir est un « affect » et un « affect primaire », selon le scolie de la proposition 11 de la partie III. Entendons par là, qu'avec la joie et la tristesse, le désir est un affect *au principe* de tous les autres affects, c'est-à-dire de toutes les formes d'amour et de haine, selon l'approche

1. *Cf.* les propositions 6 et 7 d'*Éthique* III.
2. Nous citons l'*Éthique* dans la traduction de B. Pautrat, Paris, Seuil, 1986, que nous rectifions pour la traduction de *mens*: le mot « âme » nous paraissant exprimer, mieux qu'« esprit », la dimension affective. Les deux mots seront cependant utilisés par nous dans une même signification.

génétique de la vie mentale et affective qui est l'objet d'*Éthique* III[1].
Or, comme l'indiquera la proposition 2 de la partie V, une « émotion
de l'âme » n'est elle-même rien d'autre qu'un « affect » : *animi commotionem seu affectum*. Certes, si les émotions peuvent être tenues pour
des affects, tous les affects ne peuvent cependant pas s'identifier à ce
Désir dont Spinoza nous dit qu'il est l'essence de l'homme en tant que
cette essence est affectée. Comment soutenir en effet que la haine,
la moquerie ou la pitié (par exemple), qui sont des affects que les
hommes éprouvent effectivement, *sont* l'essence même de l'homme ?
Il serait plus acceptable de poser que cette haine, cette moquerie ou
cette pitié, caractérisent la nature de tel ou tel homme dans et par
l'affection particulière de son essence (et non pas « l'essence de
l'homme »…). Et, en effet, Spinoza explique que la pitié, comme
émotion ou affect momentané, pourrait devenir une « manière d'être »,
une habitude et, qu'en ce cas de figure, on l'appelle d'un autre nom,
mais qui ne change en rien sa nature d'affect ou d'émotion : c'est la
« miséricorde » [*misericordiam autem ejus habitum*][2]. Cette émotion
dont la durée (ou la duration) pourrait constituer, avec la contraction
d'une habitude, la continuation indéfinie d'une disposition devenue
« nature », c'est-à-dire le Désir propre d'un individu, se retrouve aussi
(mais pas seulement…) dans les cas très répandus de plaisirs, dont on
peut user sagement « afin de se refaire et recréer » en sa nature d'homme
(et en toutes ses aptitudes)[3], devenus chez certains, du fait de leur désir

---

1. Sur le projet de cette troisième partie de l'*Éthique* et pour un examen de la matrice
complexe que Spinoza met en place afin d'expliquer l'ensemble de la vie affective, nous
nous permettons de renvoyer à notre étude, « *Éthique* III », dans *Lectures de Spinoza*,
P.-F. Moreau et Ch. Ramond (éd.), Paris, Ellipses, 2006.

2. L'affect nous renvoie déjà en fait immédiatement à une « façon de vivre »,
cf. *Éthique* III, préface p. 198-199. *Affectus* est en effet rattaché au verbe « affecter » de
affectare, fréquentatif de *afficere* (*ad-ficere*, se mettre à faire). Et pour Spinoza être
affecté c'est effectivement se mettre à faire quelque chose d'une certaine manière, être
disposé de telle ou telle manière. D'où la corrélation immédiate de l'affect et de la « façon
de vivre » ou, avec l'habitude, de la « manière d'être ».

3. « … en mangeant et buvant de bonnes choses modérément, ainsi qu'en usant des
odeurs, de l'agrément des plantes vertes, de la parure, de la musique, des jeux qui exercent
le corps, des théâtres, et des autres choses de ce genre dont chacun peut user sans aucun
dommage pour autrui. Car le corps humain se compose d'un très grand nombre de parties

continué, immodéré et exclusif de *certaines* de ces choses, un *habitus* ou une disposition constante caractéristique de *leur* nature, de *leur* Appétit ou de *leur* Désir. Ainsi l'avare, l'ambitieux, l'ivrogne, le gourmand, le lubrique... même s'il ne peut satisfaire son désir n'en demeure pas moins avare, ambitieux, ivrogne... Car « ces affects, absolument parlant, ne concernent pas tant l'acte même de manger, de boire, etc., que l'appétit ou l'amour même » de ces actes et des objets qu'obsessionnellement ces hommes poursuivent[1]. Cependant, si la gourmandise, l'ivrognerie, la lubricité, l'avarice... constituent le Désir, l'essence ou la nature même d'un homme, en tant qu'on conçoit cette essence « comme déterminée, par suite d'une quelconque affec-tion d'elle-même [*ejus affectione*], à faire quelque chose »[2], c'est-à-dire si tout l'effort de cet individu pour persévérer en son être est entièrement absorbé dans la persévérance en cet « état » affectif parti-culier, corrélatif de l'affection de l'essence, comment distinguer alors, en cet individu, le Désir, « essence de l'homme », de l'appétit *qui lui est propre*, de nourriture, d'alcool, de sexe, d'argent... ? si justement, ces appétits et leurs objets occupent *totalement* son Désir ! si son Désir n'est rien d'autre que ces affections et/ou les désirs qui en suivent... Ou, autrement dit, comment le Désir peut-il être véritablement essence *de l'homme* et/ou d'un *homme*, si les affects ou les émotions qui dispo-sent ce Désir, en un certain état de son essence, sont dans leur nature tels qu'ils contrarient radicalement, en cet homme, toute dimension d'« humanité »... dont Spinoza nous apprend *aussi* qu'il s'agit d'un « affect » *singulier et singularisant* auquel il consacre une définition[3] ?

Notre propos : éclairer les rapports complexes du Désir (comme essence ou nature de l'homme), de l'émotion (en tant qu'elle-même se constitue en « nature » ou constitue la nature selon l'« affection », la

---

de nature différente, qui ont continuellement besoin d'une alimentation nouvelle et variée pour que le corps tout entier soit partout également apte à tout ce qui peut suivre de sa nature, et par conséquent pour que l'esprit soit lui aussi partout également apte à comprendre plusieurs choses à la fois », *Éthique* IV, proposition 44, scolie.

1. *Éthique* III, définition 48 des Affects, explication.

2. *Ibid.*, définition 1 des Affects.

3. « L'humanité [*humanitas*] ou modestie est le désir de faire ce qui plaît aux hommes, et de s'abstenir de ce qui leur déplaît », *Éthique* III, définition 43 des Affects.

« disposition » ou l'« état » d'une essence [1]), et de l'« humanité » de l'homme (en tant que celle-ci, comme affect spécifique d'une essence, s'engendre des lois de la nature humaine ; en sachant que ces mêmes lois peuvent refouler, voire radicalement détruire, l'affect d'« humanité » et par là même les conditions dispositionnelles de nature qui rendent cette « manière d'être » possible…). Manière qui est celle de l'être humain en tant qu'être humain ou la manière précise et déterminée d'exprimer la puissance divine en tant qu'elle s'affirme dans et par « une vie humaine » [2]. Pour cela nous étudierons d'abord la réalité complexe de ce que Spinoza désigne par « une émotion de l'âme, autrement dit un affect », pour examiner, plus précisément ensuite, la tension théorique réelle, dans *Éthique* III, entre la notion d'affect (ou d'émotion) et celle de nature. Spinoza écrivant successivement que les natures diffèrent selon les affects de chacun… puis que ce sont les affects de chacun qui diffèrent selon les natures.

ANIMI COMMOTIONEM SEU AFFECTUM

La partie III de l'*Éthique*, consacrée à la connaissance « De l'origine et [de] la nature des Affects » [3], peut être tenue pour une étude des émotions de l'âme. Comme l'indiquera, après coup, la proposition 2 de la partie V, « émotion de l'âme » n'est qu'une autre expression pour désigner l'« affect ». Spinoza identifie ainsi l'émotion, comme ébranlement de l'âme dans et par les mouvements passionnels de celle-ci, à un affect. Et ce, en délaissant le vocabulaire moral de la « passion » pour investir celui des sciences médicales et de son objet, le corps humain. Si l'affect (donc l'émotion) peut être traité dans le champ de la clinique, cela signifie aussi qu'il faut en connaître, outre

1. La définition 1 des Affects dit *quacunque ejus affectione*, tandis que la démonstration de la proposition 56 de la partie III emploie l'expression *quacunque ejus constitutione*.

2. Dans l'article 5 du chapitre V du *Traité Politique*, Spinoza indique qu'il entend par « vie humaine, une vie qui ne se définit point par la circulation du sang *et autres fonctions communes à tous les animaux*, mais avant tout par la véritable vie de l'esprit, par la raison et la vertu », *Traité Politique*, Paris, Livre de poche, 2002 (nous soulignons).

3. *Pars Tertia. De Origine et Natura Affectuum.*

l'origine et la nature, ses forces et leurs conséquences qui peuvent être favorables ou bien *contraires* à la nature même de la chose qui est affectée (comme par une maladie, en son corps et simultanément en son âme, puisque le corps et l'âme sont « une seule et même chose qui se conçoit sous l'attribut tantôt de la pensée, tantôt de l'étendue »[1]).

Dans sa définition de l'affect Spinoza écrit : « Par affect [*per affectum*] j'entends les affections du Corps [*intelligo Corporis affectiones*] qui augmentent ou diminuent, aident ou contrarient, la puissance d'agir de ce Corps, et en même temps [*et simul*] les idées de ces affections ». Et Spinoza d'ajouter aussitôt une précision (sous la forme d'une hypothèse et d'une condition de possibilité) qui donne à la notion d'affect (ou d'émotion) à la fois une signification beaucoup plus ample que celle d'une simple passion et qui déborde aussi l'identification nominale de l'affect et de la maladie. En effet *si* « nous *pouvons*[2] être cause adéquate d'une de ces affections, alors par Affect j'entends une action ; autrement une passion [*actionem intelligo, alias passionem*] »[3]. La première définition d'*Éthique* III nous disait ce que nous devions entendre par l'idée de « cause adéquate » corrélative de l'idée d'affect *actif* : « J'appelle cause adéquate celle dont l'effet peut se percevoir clairement et distinctement par elle. Et j'appelle inadéquate, autrement dit partielle, celle dont l'effet ne peut se comprendre par elle seule ». Les émotions (ou les affects) qui sont des actions seront donc la conséquence rigoureusement logique de la causalité propre d'une nature, tandis que les émotions « passives » seront des passions de l'âme c'est-à-dire des effets (pouvant être pathologiques mais qui ne le sont pas nécessairement ni entièrement) qui ne s'expliquent pas totalement par la nature même de la chose affectée. Au hasard de ses rencontres avec les choses qui lui sont extérieures, ces effets ont en effet, pour conséquence, d'aider ou de contrarier la puissance d'agir d'un individu donné.

Un affect c'est donc à la fois une affection du corps « *et simul* » l'idée de cette affection, c'est-à-dire l'idée d'une modification d'un

---

1. *Éthique* III, 2 scolie.

2. Nous soulignons.

3. *Éthique* III, définition 3. Si l'affect défavorable à notre nature peut être tenu pour une maladie, l'affect qui lui est favorable pourra inversement alors être tenu pour un remède.

mode de l'attribut étendue (quelle que soit la cause de cette modification), par laquelle nous connaissons immédiatement (simultanément
aux modifications corporelles) les différentes fluctuations de la puissance d'agir du corps affecté que l'affect de l'âme exprime nécessairement selon une absolue concomitance et une absolue concordance
de ce que nous pouvons appeler des *phases* physique et mentale d'une
puissance déterminée. L'affect suppose ainsi une variation de la puissance d'agir d'un corps en fonction de ses affections, et cela soit sous
la détermination de causes extérieures dont la nature va entrer dans la
constitution même de l'affect (Spinoza parle alors d'affects passifs),
soit selon sa propre détermination (d'où suivent alors les affects actifs).
Dans les deux cas de figure l'affect de l'âme est ainsi inséparable des
affections d'un corps (comme une phase mentale est indissociable
d'une phase physique puisque c'est une seule et même phase qui
s'exprime selon une seule et même causalité selon deux attributs différents qui sont les attributs d'une seule et même substance, autrement
dit un « étant absolument infini »[1] dont la puissance « est son essence
même »[2], que Spinoza appelle Dieu ou Nature).

Pour connaître l'origine des affects il faut ainsi poser d'abord que,
comme tout ce qui existe, comme tout « singulier »[3], l'affect suit
de « la puissance commune de la nature », puissance qu'il exprime
d'une manière précise et déterminée[4]. Le *more geometrico* explicite
ce *processus causal réel* qui se dit, pour *tout* le réel, selon deux axes
majeurs et déterminés correspondant aux deux régimes de l'émotion
annoncés dès la définition 3 et démontrés dès la proposition 1
d'*Éthique* III : l'activité et la passivité.

1. *Éthique* I, définition 6.
2. *Ibid.*, proposition 34.
3. « Et donc les affects de haine, de colère, d'envie, etc., considérés en soi, suivent
les uns des autres par la même nécessité et vertu de la nature que les autres singuliers
[*singularia*] », *Éthique* III, préface p. 200-201.
4. « Tout ce qui existe exprime la nature ou essence de Dieu d'une manière précise et
déterminée (par le coroll. prop. 25), c'est-à-dire (par la prop. 34), tout ce qui existe
exprime la puissance de Dieu, qui est cause de toutes choses, d'une manière précise et
déterminée, et par suite (par la prop. 16) il doit en suivre quelque effet », *Éthique* I, 36
démonstration.

Spinoza expose alors trois cas de figure : *premièrement*, soit en tant qu'il est une modification du corps « et » l'idée de cette affection, l'affect [*affectus*] aide à l'augmentation de la puissance d'agir du corps jusqu'à un *certain seuil* d'intensité à partir duquel l'idée de l'affection de ce corps est une idée adéquate (c'est-à-dire qui possède en soi toutes les propriétés ou dénominations intrinsèques de l'idée vraie[1]) ; *deuxièmement*, malgré l'augmentation de la puissance d'agir du corps, celle-ci (qui peut être aidée ou, au contraire, contrariée par le renforcement d'une joie mauvaise[2]) demeure en deçà de ce *seuil* d'intensité, et l'idée de cette affection n'est qu'une idée partielle (ou inadéquate) ; *troisièmement*, l'affect diminue la puissance d'agir de ce corps de telle sorte que l'idée de son affection est une idée inadéquate.

Dans le premier cas de figure les idées sont adéquates dans l'esprit comme elles sont adéquates en Dieu (non en tant qu'il est infini mais en tant qu'il constitue l'essence/la puissance de cet esprit ou, autrement dit en tant que Dieu s'explique, s'exprime, s'affirme dans et par la nature d'un esprit humain)[3]. Dans le second et le troisième cas de figure, les idées qui sont inadéquates dans l'esprit humain (qui ne perçoit ainsi une chose que partiellement) sont adéquates en Dieu en tant que Dieu, qui a ces idées, constitue non seulement la nature (l'essence/puissance) de l'esprit humain, mais en tant aussi qu'il a, en même temps que (de) l'esprit humain, les idées (ou les âmes) de beaucoup d'autres choses. De ces deux logiques causales de la puissance divine (qui est une et toujours la même) suivent alors les régimes d'activité ou de passivité des affects et la détermination d'un individu quelconque, d'abord par devers lui, à être « cause adéquate » ou « inadéquate » des affections de son corps.

La nature de l'émotion (ses modalités d'action et de passion) se connaît ainsi selon la logique de la détermination de la puissance d'agir du corps qui, dans le processus causal global de la puissance absolument infinie de la nature, diminue (affect passif) ou inversement augmente (affect passif – bon ou mauvais –, ou actif quand

---

1. *Éthique* II, définition 4.

2. Un affect de joie doit être dit mauvais en tant qu'il empêche l'âme de penser et aussi toutes les parties du corps à remplir pleinement leurs fonctions (cf. *Éthique* IV, propositions 26-27, 41, 43-44, 59 démonstration, et 65 démonstration).

3. *Ibid.*, 11 corollaire.

l'affect s'accompagne de l'idée adéquate de l'affection) au gré de ses rencontres avec les choses (et/ou les causes) qui lui sont extérieures. Cette fluctuation de la puissance d'agir explique (c'est-à-dire développe ou exprime) la nature même de l'émotion en tant qu'elle est un produit (et/ou un effet) d'un certain rapport de force entre la puissance propre de l'individu sujette à cet affect, et la puissance des causes extérieures qui entrent en jeu avec lui (dans des rapports de puissance, d'alliances et/ou de conflits) dans le processus même de la production de l'affect. Ce rapport de force constituant, soumis à la causalité globale de la nature, à ses règles et ses lois, est un complexe d'alliances et de résistances qui peuvent soit favoriser la productivité propre du rapport lui-même constituant de l'individu (sa « forme »[1]) ou le défavoriser. Et ce, là encore, jusqu'à la limite d'un seuil où, sous la détermination des forces extérieures (et/ou de l'émotion ressentie), la « forme » même de l'individu peut être détruite : d'où les fluctuations de la puissance d'agir et/ou de penser en fonction des conditions réelles de sa production. Spinoza traite des conditions réelles du régime de l'âme et de sa production dans les trois premières propositions d'*Éthique* III.

La définition de l'émotion suppose, ainsi l'exercice effectif d'une force d'exister du corps dont le régime de la puissance varie entre un seuil optimal et un seuil minimal d'expression de la nature et/ou de la puissance divine, selon « sa manière ». Cette manière est celle de l'individuation de l'être (en son régime plus ou moins « autonome » de la puissance[2]) et de son individualisation (en sa singularité plus ou moins affirmée selon le régime de sa puissance *causale*) dans et par la détermination qui le constitue[3]. C'est dire que si l'affect est une idée (en tant qu'affect *de l'âme*) cette idée implique bien, dans l'affrontement des puissances, une commotion (*animi commotionem*), une secousse, un ébranlement ou le déplacement de ce qu'on appelle habituellement une « émotion » (*ex* et *moveo*), émotions que déterminent les brusques variations d'intensité de la puissance d'agir du corps confrontée aux forces extérieures. Si bien que l'affect est l'idée selon

---

1. *Éthique* II, 13 définition et lemmes 4-7.
2. *Ibid.*, proposition 13, scolie.
3. *Éthique* III, définition 2 et la définition des Affects qui clôture cette partie III.

laquelle l'ébranlement d'une émotion est réfléchie dans et par une représentation, alors que la première idée – la pure émotion en quelque sorte qui nous ébranle ou qui nous fait vibrer dans et par l'affirmation immanente au rapport de force – est, *dans la pensée*, la concordance et la concomitance du mouvement même (comme phase) de la puissance d'agir (*potentia agendi*) du corps, c'est-à-dire une variation d'intensité *dans* la puissance de pensée de l'âme elle-même (*potentia cogitandi*) mais qui n'est pas encore l'idée dans sa dimension représentative. L'émotion, selon la formulation de la démonstration de la proposition 57 d'*Éthique* III, exprime donc d'abord la variation d'état d'une essence singulière comme affirmation d'une puissance immanente à un rapport de force (puissance d'un individu donné et/ou d'une nature déterminée), et elle est aussi, dans l'âme affectée par ces variations entre un seuil optimal et un seuil minimal d'expression, une perception ou une représentation du réel affectant, *pour cette nature donnée*. L'idée représentative ne réfléchissant le réel qu'à travers les variations affectives, cette idée ne peut donc être, en tant qu'idée imaginative (ou inadéquate), qu'une idée « confuse ». Outre cela, Spinoza indique enfin que l'idée est ce « qui constitue la forme de l'affect » (*idea quæ affectus formam constituit*)[1], supposant ainsi, dans les dernières lignes de la partie III, que l'affect, comme idée représentative *informe* en quelque sorte, en la réfléchissant (comme idée d'idée), l'idée en son contenu émotionnel. Mais c'est sur le plan de l'identité explicite de l'affect et de l'émotion, que Spinoza traite des émotions dans leurs dimensions mentales-représentatives. Et, immédiatement aussi, en tant que ces émotions sont des perceptions, dans une dimension qui est *hallucinatoire*. La dimension représentative de l'affect comme perception du réel, est spontanément aussi, en tant que l'âme est en régime de passivité (c'est-à-dire dominée par l'imagination), une idée hallucinatoire.

Pour comprendre la dimension hallucinatoire de la perception qu'enveloppe une émotion, il faut revenir à *Éthique* II et au corollaire de la proposition 17 : « Les corps extérieurs par lesquels le corps humain a été une fois affecté, l'esprit pourra, *même s'ils n'existent pas ou ne sont pas présents, les contempler pourtant comme s'ils étaient*

---

1. *Éthique* III, définition générale des Affects.

présents »[1]. Or le scolie de cette même proposition montre que pour Spinoza c'est *toute* perception des corps (ou des objets extérieurs) qui est d'essence hallucinatoire, car même si les objets que nous percevons sont en réalité présents, dans un espace et un temps donnés, c'est nécessairement à travers les affections du corps qu'ils sont perçus : « les affections du corps humain dont les idées représentent les corps extérieurs comme étant en notre présence », écrit Spinoza, sont « des images des choses, *quoiqu'elles ne reproduisent pas les figures des choses* »[2]. Notre perception de la réalité extérieure est donc, par nature, imaginative et notre approche des choses (de toutes celles qui nous affectent) s'inscrit ainsi nécessairement dans une production d'images qui indiquent plutôt l'état du corps affecté que la nature des choses elles-mêmes. L'articulation de cette conception hallucinatoire de la perception avec celle du Désir (constitutif de la valeur), permet de lire, dans le scolie de la proposition 9 d'*Éthique* III, non seulement qu'une chose extérieure est, pour nous, « bonne » parce que nous la désirons, et non pas que nous la désirons parce que nous la jugeons bonne – selon la signification littérale du scolie –, mais que c'est *aussi* parce que nous la désirons, dans et par l'affection (dans l'âme) d'une émotion particulière (d'un affect singulier), que la chose désirée est la *présentification d'une chose-pour-nous* ou plus précisément un « objet ». Objet qui, en vérité, n'existe et/ou n'est « présent » que dans et par cette relation désirante, indissociablement affective et objectale. C'est ainsi que « l'idée de Pierre », comme perception, « qui se trouve dans un autre homme, disons Paul […] indique plutôt l'état du corps de Paul que la nature de Pierre »[3]… C'est en effet par un seul et même acte que l'âme, qui « imagine comme lui étant présentes des choses n'existant pas… »[4], passe de l'idée d'une affection à l'idée d'une chose existant en acte. Il s'agit en fait d'une seule et même idée… expression d'un seul et même Désir (même si ce Désir est – ce qu'il est nécessairement toujours – une réalité très complexe). Même dans la perception vraie d'une chose existant effectivement dans un

---

1. Nous soulignons.
2. *Éthique* III, définition générale des Affects.
3. *Éthique* II, proposition 17, scolie.
4. *Ibid.*, proposition 49, scolie.

espace et un temps donnés, l'objet de la perception est donc nécessairement la présence prégnante d'une image, c'est-à-dire un objet qui (en tant qu'image) est une construction mentale [1], expression simultanée de l'état d'un corps et/ou de la détermination d'une essence par suite d'une quelconque affection d'elle-même. Une émotion de l'âme, qui est donc aussi une perception singulière du réel affectant, enveloppe ainsi, dans le rapport imaginaire que les hommes entretiennent avec le réel, une matrice hallucinatoire qui va favoriser tous les délires émotifs de l'amour et de la haine. Amour et haine qui ne sont rien d'autre que l'affect de joie ou de tristesse « qu'accompagne l'idée d'une cause extérieure » [2]. Idée confondue avec la chose imaginée/désirée, donc nécessairement chosifiée (hallucinée/objectivée) dans la méconnaissance des vraies causes de l'affect. Dans ces processus hallucinatoires, l'âme peut être subjuguée, « à un point presque incroyable » [3]... Le point sans doute d'une limite, difficilement assignable, à partir de laquelle, selon la nature même des émotions et/ou des « objets » qui les dominent, les hommes peuvent être privés de leur nature d'homme...

Il y a donc chez Spinoza, plusieurs dimensions de réalité de l'« émotion de l'âme » : comme puissance (en tant qu'expression précise et déterminée de la puissance de la nature [4]), comme représentation (dans la nature représentative de l'idée), comme perception en tant qu'hallucination (dans l'idée imaginative de la chose extérieure telle qu'elle nous affecte dans une relation objectale). C'est sur la base de ces critères qu'on peut comprendre comment une émotion qui est, dans la perception du réel, constitutive de son objet, peut faire de celui-ci une telle obsession, pour l'âme et dans l'âme, qu'elle peut en modifier, à travers la constitution de ses états, la nature même ou l'essence de celui qui, dans et par cette émotion, le désire... Les émo-

---

1. Nous avons développé ce thème dans notre ouvrage, *La stratégie du conatus. Affirmation et résistance chez Spinoza*, Paris, Vrin, 1996, p. 47-57.

2. *Éthique* III, définitions des Affects 6 et 7.

3. *Traité Théologico-politique*, XVII [2] (P.-F. Moreau et J. Lagrée (éd.), Paris, PUF, 1999), où *incredibilis* exprime (ce qui est extrêmement rare dans l'œuvre) le propre sentiment du philosophe face à l'idée, qu'il juge politiquement concevable, d'êtres qui « n'éprouvent aucun affect qu'en vertu du seul droit de l'État ».

4. *Cf.* préface, *Éthique* III, p. 198-201.

tions, expliquées (*more geometrico*) sous le regard impartial du géomètre ou conçues comme les puissances d'une nature inventive sous le regard du spectateur amusé de celui qui s'en délecte[1], concernent bien, aussi, en leurs effets bouleversants, le regard médical.

DU DÉSIR SANS OBJET À LA DISCRIMINATION
DES DÉSIRS PAR L'OBJET

De l'émotion, comme puissance, à l'émotion comme perception, l'objet, dans sa dimension hallucinatoire, va en effet prendre une telle importance dans le régime de l'affect (passif) que pourra s'opérer un véritable renversement de puissance entre la nature singulière de la chose affectée et l'affect comme chose singulière. La fin de la démonstration de la proposition 56 d'*Éthique* III est en ce sens symptomatique. La proposition a posé que :

> De la joie, de la tristesse et du désir, et par conséquent de tout affect qui en est composé, comme flottement de l'âme, ou bien qui en dérive, à savoir l'amour, la haine, l'espérance, la crainte, etc., il y a autant d'espèces qu'il y a d'espèces d'objets qui nous affectent,

ce qui est logique en fonction de la proposition 17 partie II avec son scolie (auxquels nous renvoie Spinoza). Ce qui est remarquable, dans ce qui va suivre, c'est le renversement pratique entre le Désir et son affect que donne explicitement à lire la fin de la démonstration de cette proposition. Spinoza repart en effet de l'idée, exprimée dans le scolie de la proposition 9 d'*Éthique* III, selon laquelle l'Appétit ou le Désir est « l'essence même de l'homme ». Arrêtons-nous d'abord sur cette proposition. Son scolie précisait : « de la nature de qui suivent nécessairement les actes qui servent à sa conservation ; et par suite l'homme est déterminé à les faire ». C'est la position d'une nature essentiellement *stratégique* du Désir, mais dans un sens assez paradoxal puisqu'il s'agit d'un effort de persévérance sans objet (ni sujet), ni fin, qui n'est cependant pas sans effets. L'essence de l'homme, comme

---

1. *Cf.* préface, *Éthique* III, p. 200-201. *Cf.* aussi *Éthique* IV, proposition 57 scolie et *Traité politique* I, 4.

Désir, n'est rien d'autre, en effet, qu'une expression précise et déter-minée de la puissance divine d'où suivent nécessairement (il faut dire mathématiquement) des effets par lesquels cette essence est affirmée et, par conséquent, la nature de l'homme conservée : dans ce process-sus, l'objet ne joue aucun rôle. Cependant c'est nécessairement dans un contexte de rapport de force qu'une essence est affirmée. Et l'acti-vité stratégique du Désir, immanente à ce rapport, sa force de persé-vérance qui n'enveloppe en elle-même rien qui la puisse détruire[1], est ainsi marquée par la pression d'une extériorité qui affecte nécessai-rement, dans ses effets, la libre nécessité de sa puissance productive et déductive. De la stratégie du *conatus* d'une essence on peut dire ainsi qu'elle est toujours aussi parfaite qu'elle peut l'être *en fonction de ses déterminations*. Jusqu'à la proposition 26 d'*Éthique* III, Spinoza explique certes les émotions selon une stricte mécanique affective qui, sur la base des affects d'amour et de haine se développent dans une relation d'objet et selon les lois de l'association, du transfert, de la temporalisation et de l'identification, et ce, en dehors de toute maîtrise de l'individu affecté. Pourtant, du point de vue de l'effort que chaque être fait pour persévérer en son être, c'est bien dans un contexte *stratégique* de l'affirmation/affrontement des forces qu'il faut aussi comprendre les émotions et leurs lois, comme autant de cas de solution au problème de l'affirmation d'une essence. Les affects sont ainsi à la fois les expressions et les forces d'une stratégie en elle-même (ontologiquement) non téléologique, mais dont (paradoxalement) l'orientation (chez les êtres capables d'avoir des émotions et de les ressentir) est évidente. Notre esprit est en effet nécessairement tenu d'exclure de lui toute idée qui pourrait mettre en péril l'existence de son corps[2] et, de ce point de vue, une telle idée (et l'affect en tant qu'idée) ne *peut* pas être incluse dans l'affirmation d'une âme dont l'acte « premier » et « principal » est justement un « effort consistant à affirmer l'existence de [son] corps »[3]. Ainsi, cette âme, en tant qu'elle affirme l'existence de son corps, ne peut qu'avoir des idées (et/ou des affects) qui, de manière aussi minimale soit-elle, permettent cette

---

1. *Éthique* III, proposition 4 et démonstration.
2. *Ibid.*, proposition 10.
3. *Ibid.*, démonstration.

affirmation. Comme le disait la proposition 9, l'esprit, *même dans ses idées inadéquates*, persévère activement « en son être ». Un être qui, certes, à travers les affections de son corps et les affects de l'âme, peut être fort éloigné de la productivité optimale de son essence mais qui, dans et par ses affections et/ou ses affects, déploie cependant une stratégie ou une prudence parfaite du *conatus* de son essence, en fonction de ses déterminations. La force de persévérance inséparable de la chose qui ne peut pas vouloir par elle-même sa propre destruction, est aussi une *prudence modératrice* des émotions, émotions qui s'inscrivent alors, même dans ses façons les plus paradoxales, dans l'unité d'*un* effort, celui que chaque être fait pour persévérer *in suo esse*[1].

Il y a cependant des seuils de rupture. La relation objectale qui se constitue dans l'amour et la haine sur la base des connexions des affects primaires de la joie et de la tristesse avec l'idée d'une cause extérieure, s'inscrit, elle-même, dans ce qui suit de la nature d'une chose (et de sa condition de chose finie à un certain niveau de complexité) et qui sert à sa conservation. Et c'est pourtant *aussi* dans et par cette relation que le processus de vie peut se renverser en logique de mort. Le seuil de rupture étant atteint lorsque la persévérance en un « état » particulier *n'exprime plus en rien* l'être et *les* états de la nature de la chose, d'abord considérée, mais un *autre* être, d'une autre nature, dont les affections (du corps) excluent l'existence du premier individu.

Anticipant, dans la démonstration de la proposition 56, la formulation de la première définition des Affects, Spinoza écrit que « l'essence » ou la « nature de chacun » est conçue comme déterminée à agir « à partir d'un quelconque état d'elle-même [*quatenus ex data quacunque ejus constitutione determinata concipitur ad aliquid agendum*] » c'est-à-dire, dans le cas où nous sommes passifs, en fonction des dispositions imposées à une nature par « les causes extérieures » qui conduisent chacun à être affecté par ces causes « de telle ou telle espèce de joie, de tristesse, d'amour, de haine etc. »; et Spinoza de

---

1. Sur la logique de cette prudence, *cf.* notre introduction au *Traité Politique*, *op. cit.*, p. 12-31 et la proposition 7 et sa démonstration (partie V de l'*Éthique*), à propos du processus d'« adaptation » de l'affect.

préciser, « c'est-à-dire selon que sa nature est dans tel ou tel état, ainsi son Désir doit-il être tel ou tel, et la nature d'un Désir doit différer de la nature d'un autre autant que diffèrent entre eux *les affects d'où naît chacun d'eux* »[1]. D'où la conclusion : « Il y a donc autant d'espèces de Désir que d'espèces de joie, de tristesse, d'amour etc., et par conséquent qu'il y a d'espèces d'objets qui nous affectent ». La définition du Désir comme « affect primaire » se réfère à la dimension ontologique du Désir, comme *conatus*, abstraction faite de la dimension du Désir comme désir-d'objet. Dans la démonstration de la proposition 56 Spinoza part bien du Désir comme essence, effort en lui-même sans objet ni fin, mais c'est pour dire combien les affects (selon les causes extérieures) déterminent la nature de chacun en un « état » singulier qui définit son Désir (et/ou son effort). Ainsi, le Désir de chacun est devenu différent selon son « état », c'est-à-dire selon les affects qui le constituent, état et/ou affect d'où suivent les actions de l'individu c'est-à-dire, selon son émotion comme perception hallucinatoire, *ses désirs d'objet* (ou – c'est la même chose – ses objets-de-désir). Plus la détermination des mêmes causes extérieures sera forte, plus les affects qui leur sont corrélatifs prégnants, plus l'objet hallucinatoire du désir occupera l'âme et deviendra un objet obsessionnel selon une logique de l'identification tendancielle du Désir, de l'Affect et de l'Objet. Du point de vue de la particularité des affects de chacun, il y a ainsi autant de « manières d'être » des êtres que d'affects ou d'émotions qu'ils éprouvent, qui les absorbent, les déterminent et les définissent en leur Désir. Leur singularité c'est donc leur affect... c'est-à-dire l'objet hallucinatoire de leur désir[2]. Cette logique de la différenciation des Désirs (et/ou des natures), par la connexion de l'affect et de l'objet-du-désir, est le dernier moment de l'enquête spinoziste sur la nature et l'origine des affects. L'enquête débouche ainsi sur la détermination d'affects (passifs) dont la nature s'explique, écrit Spinoza, « *à travers*

---

1. Nous soulignons.

2. Le scolie de la proposition 44 d'*Éthique* IV souligne combien un seul affect peut si tenacement adhérer à un être (*idemque affectus pertinaciter adhæreat*) que celui-ci est véritablement hanté/possédé par l'objet du désir en une sorte de délire obsessionnel. Or ce qui est tenu par Spinoza pour « des espèces de délire », ce ne sont rien d'autre que les manières d'être ordinaires suscitées par « l'avarice, l'ambition, la lubricité, etc. ».

les objets auxquels ils se rapportent » [1], et qui ne sont rien d'autre que des formes d'amour et de désirs-d'objet dont la jouissance est tenue, par l'âme, pour le plus grand des biens : manger, boire, forniquer, être riche, couvert de gloire…

SE TROUVE-T-IL AUTANT DE DIFFÉRENCE DE TEL HOMME À TEL HOMME QUE DE TEL ANIMAL À TEL HOMME ?

L'idée selon laquelle il y a autant de natures que de complexes affectifs est assez vertigineuse quand on s'interroge sur ce que l'on peut estimer comme *réellement* commun entre certains hommes (comme quand, par exemple, un a pour « objet » l'alcool et un autre Dieu ou la vérité…).

La proposition 57 et son scolie réinscrivent cependant ces différenciations individuelles à l'intérieur des différences spécifiques en inversant la formule. Nous passons ainsi de : les natures diffèrent selon les affects de chacun [2] à l'idée selon laquelle ce sont, au contraire, les affects de chacun qui diffèrent selon les natures [3]… Et Spinoza d'écrire de la manière la plus tranchée que « cheval et homme » sont certes « tous deux emportés par le désir de procréer ; mais l'un, c'est un désir de cheval et l'autre d'homme » [4] !

Le rappel de la différence de nature de l'homme et de l'animal, qui replace ainsi les affects de chacun dans des ordres spécifiques radicalement différents, semble, au premier abord, renforcer l'idée principielle d'une nature que tous les hommes partageraient naturellement en tant que ce sont justement « des hommes », comme ils partagent, par conséquent, la dimension « humaine » de leurs affects *quels qu'ils*

---

1. *Éthique* III, proposition 56 scolie (nous soulignons).

2. « *et natura unius a natura alterius cupiditatis tantum differre necesse est, quantum affectus, a quibus unaquaeque oritur, inter se differunt* », *Éthique* III, démonstration de la proposition 56.

3. « *Quilibet uniuscujusque individui affectus ab affectus ab affectu alterius tantùm discrepat, quantùm essentia unius ab essentia alterius dissert* », *Éthique* III, proposition 57.

4. *Ibid.*, proposition 57, scolie.

soient. Mais cette évidence première, Spinoza l'ébranle aussitôt en soulignant combien « la différence, non plus, n'est pas mince entre le contentement » de l'ivrogne *en sa nature* et « le contentement du Philosophe »… Différence elle-même ainsi traitée comme une différence de nature, et non pas de degré (à l'intérieur d'une même essence). Ce que, dit-il, il a souhaité « faire remarquer ici au passage ». Mais cette remarque, en passant, est de la plus haute importance. C'est sur sa reprise, dans l'opposition diamétrale du Sage et de l'ignorant que Spinoza conclura son ouvrage. Nous comprenons, écrira-t-il, combien le sage « vaut mieux que l'ignorant qui agit par le seul appétit lubrique […], vit en outre presque inconscient et de soi et de Dieu et des choses, et, dès qu'il cesse de pâtir, aussitôt il cesse aussi d'être. Alors que le Sage au contraire… ». Cette problématique de l'évaluation est très rare dans l'*Éthique*. Elle apparaît cependant à des moments très particuliers, ceux précisément où Spinoza est confronté au problème de la différence anthropologique : avec l'exemple de l'âne de Buridan (et comment il faut estimer un homme lui-même pris dans cette situation)[1] et aussi quand il pose « qu'il vaut bien mieux, qu'il est plus digne » de s'intéresser aux hommes qu'aux bêtes[2]… Dans le premier cas Spinoza n'accorde aucun privilège à l'homme vis-à-vis de l'animal, dans le second, au contraire, la perspective éthique impose une hiérarchie en référence à la différence des natures. Cette ambivalence est au cœur même de l'analyse des affects. La question de la différence de l'homme et de l'animal en est un révélateur.

C'est la perspective éthique qui explique sans doute que c'est en tant que représentation mentale que l'étude de l'affect est abordée dans *Éthique* III. C'est, en effet, en déconnectant l'« émotion de l'âme, autrement dit un affect, de la pensée d'une cause extérieure » *c'est-à-dire de la représentation d'un objet-du-désir (hallucinatoire voire obsessionnel dans la confusion mentale de l'objet du désir et de sa cause)*, qu'il sera possible, selon *Éthique* V, par la connexion de l'émotion « à d'autres pensées » (dont il faut préciser la nature qui est causale tout en n'étant pas nécessairement objectale), d'opérer une

---

1. *Éthique* II, proposition 49, scolie, p. 194-195.
2. *Éthique* IV, proposition 35, scolie.

véritable émancipation de l'affect vis-à-vis de la relation d'objet[1]. Émancipation qui est aussi celle de l'effort que chaque être fait pour persévérer en son être, c'est-à-dire émancipation d'une essence et/ou d'un Désir. C'est sans doute une caractéristique majeure de l'être humain, en tant qu'être humain, que sa nature (son essence ou son effort) ne soit pas, *en elle-même*, tributaire de la relation objectale… L'homme peut extraire son désir de cette relation dont il est lui-même le producteur (la relation objectale étant une propriété de la nature de l'homme *en tant que* son essence est affectée par des causes extérieures). Et l'on peut voir dans cette liberté vis-à-vis de l'objet, la condition de possibilité d'une liberté de l'affect lui-même qui, dans ces conditions, n'est plus rien d'autre que la productivité même ou la libre nécessité en acte d'une nature, dans et par ce que Spinoza nomme « causalité adéquate ». Mais revenons à la différence anthropologique comme symptôme.

Comprise dans l'économie générale de l'ouvrage, l'analyse spinoziste des affects examine d'abord ce que sont les émotions dans une intention éthique. C'est-à-dire que l'étude de Spinoza est de celle qui doivent servir à conduire le lecteur « comme par la main, à la connaissance de l'Esprit humain et de sa suprême béatitude », selon l'indication qui ouvre la partie II de l'*Éthique*. Connaissance, plus précisément ici, de la nature et de l'origine des affects et de ce que « peut » l'esprit humain pour les maîtriser. Pourtant, si le but de l'entreprise concerne bien la connaissance de l'esprit « humain » et de ce qu'il peut sur ses affects (en tant qu'idées), l'étude particulière des émotions de l'âme, dans cette partie III, n'a pourtant pas exclusive-ment « l'homme » pour objet. Même si c'est essentiellement de « notre nature » dont il est question et non pas de la nature du cheval (qui éprouve pourtant aussi, comme l'homme, l'affect et/ou le désir de procréer…) ou de la nature des poissons qui jouissent de l'eau[2] et de la nourriture qui s'y trouve[3], comme nous-mêmes jouissons des diffé-

---

1. *Éthique* V, proposition 2 (où Spinoza pose l'identité de l'émotion et de l'affect). La relation objectale ne sera effectivement et radicalement abandonnée que dans l'*amor intellectualis dei*, même si elle n'a déjà plus d'effets contraires à notre nature dès que nous sommes capables d'affects actifs.

2. *Traité Théologico-politique*, chapitre XVI [2].

3. *Éthique* I, appendice, p. 81.

rentes « commodités qu'offre la nature [*naturæ commoda*] »[1], ou des abeilles (qui, comme les hommes, se font la guerre), ou encore des pigeons dont nous pensons qu'ils éprouvent aussi, comme les hommes, de la « jalousie » et que cela est cependant très caractéristique de leur nature…[2]. C'est bien de « notre nature » dont il est effectivement question dans *Éthique* III et des lois affectives qui la régissent. Mais les lois des affects étudiés ne concernent cependant pas exclusivement « notre » nature. Là est l'originalité et la neutralité ou l'impartialité scientifique de l'analyse spinoziste des émotions qui ouvre bien à la constitution d'une spécificité anthropologique mais selon des lois de la nature qui ne sont pas exclusives au genre « humain », mais dont le genre humain dépend pourtant nécessairement. C'est, pouvons-nous dire, selon les mêmes lois (et le même mot de *zelotypia*…) que s'explique, par principe, l'affect de jalousie, chez les hommes comme chez les pigeons! Concevoir que certains animaux (selon le degré de complexité de leur nature) éprouvent des émotions, n'est pas cependant, pour Spinoza, céder à l'anthropomorphisme. C'est bien au contraire refuser de faire de l'être humain un être exceptionnel dans la nature, un « empire dans un empire »[3]… Et aussi refuser de réduire les animaux à de simples machines corporelles ou de les réduire au rang d'individus qui ne pourraient être caractérisés, en leur nature, que par ce dont ils seraient privés vis-à-vis du modèle, supposé parfait, de l'être humain. Pourtant si le cheval et l'homme sont tous deux emportés par le désir sexuel, l'un c'est par un désir de cheval, et l'autre par un désir d'homme! Le scolie de la proposition 57 qui clôt les démonstrations de la partie III de l'*Éthique* sur « les affects qui se rapportent à l'homme en tant qu'il pâtit », pose une série de différences dont le principe (ou le modèle) est la différence de nature (et/ou la différence d'essence) de l'homme et de l'animal. Après avoir écrit dans la proposition 57 : « N'importe quel affect de chaque individu discorde [*discrepat*] de l'affect d'un autre, autant que l'essence de l'un diffère de l'essence de l'autre », le scolie poursuit :

1. *Éthique* I, appendice, p. 82-83.
2. Lettre 19 à Blyenberg, éd. Appuhn, p. 183 ; « *atque columbarum zelotypiam* », éd. Gebhardt, t. IV, p. 90.
3. Suivant l'expression du début de la préface de la partie III.

de là suit que les affects des animaux que l'on dit privés de raison (car, que les bêtes sentent, nous ne pouvons absolument plus en douter, maintenant que nous connaissons l'origine de l'âme) diffèrent des affects des hommes autant que leur nature diffère de la nature humaine. Cheval et homme, c'est vrai, sont tous deux emportés par le désir de procréer; mais l'un, c'est un désir de cheval, et l'autre d'homme. De même aussi les désirs et les appétits des insectes, des poissons et des oiseaux doivent être chaque fois différents. Quoique donc chaque individu vive content de sa nature telle qu'elle est constituée, et s'en réjouisse, néanmoins cette vie dont chacun est content, et ce contentement, n'est rien d'autre que l'idée ou âme de ce même individu, et par suite, le contentement de l'un diffère de nature du contentement de l'autre, autant que l'essence de l'un diffère de l'essence de l'autre. Enfin, il suit de la proposition précédente que la différence, non plus, n'est pas mince entre le contentement qui, par ex., mène l'ivrogne, et le contentement que possède le philosophe, ce que j'ai voulu faire remarquer ici au passage.

Si nous relisons les grandes lignes démonstratives d'*Éthique* III à la lumière de leur conclusion, nous constatons alors que l'accent mis sur la différence de nature des affects (corrélative de la différence de nature de l'homme et de l'animal, qui conduit Spinoza, comme de fil en aiguille, à la différence de nature du contentement de l'ivrogne et du philosophe), ne fait pas seulement que préciser, du point de vue de la singularité individuelle, l'analyse génétique qui les précède. Elle ouvre aussi, en retour, sur l'ensemble de la démonstration de la partie III, un questionnement sur la nature de la « nature » qui est au principe (en tant que cause, adéquate ou inadéquate) des actions (au sens général) et/ou des affects ou émotions. La référence à la différence anthropologique, comme différence de nature ou d'essence, en fin de processus de l'étude des affects passifs, interroge en effet l'idée même de nature spécifique et de nature « humaine » en particulier (comme nature commune entre individus de même genre) au principe de ces analyses. Or cette interrogation est indissociable de celle portant sur le statut même de l'émotion, sur ses origines, sa nature et sa force. Une force sur laquelle on ne s'interroge plus alors seulement pour savoir comment la maîtriser mais une force qui est telle qu'on suppose qu'elle pourrait, sous certaines conditions, modifier et/ou caractériser la nature même de celui qu'elle affecte si profondément : l'ébranlement de la commotion pouvant être tel qu'il pourrait induire une véritable mutation. Mais cela signifie-t-il alors que la nature même d'une chose capable d'éprouver des affections (mais quelle « nature »? celle de la chose singulière conçue comme actuelle en tant qu'elle existe en relation à un temps et à un lieu précis ou conçue comme actuelle en tant qu'elle est contenue en Dieu et suit de la nécessité de la nature divine?) n'est rien d'autre que son affect? (mais quel affect? celui éprouvé ici-maintenant, indissociable de la relation objectale ou un affect de soi par soi inhérent à la singularité *sub specie æternitatis* d'une essence?). Pour tenter d'éclairer cette question, sinon de la résoudre, il nous faut comprendre le sens de l'usage de la différence de l'homme et de l'animal, récurrente dans les écrits de Spinoza.

Ce n'est pas la première fois, en effet, qu'une affirmation forte de la différence anthropologique vient stratégiquement conclure un parcours démonstratif. C'est aussi le cas dans les deux grands livres politiques de Spinoza[1]. En étudiant ces passages, nous avions remarqué combien l'affirmation de la différence de l'homme et de l'animal ouvrait, de fait, à une série de problèmes et finalement à des conséquences assez paradoxales. Loin de signifier une ligne de démarcation nette entre les deux natures (celle de l'homme et celle de l'animal), nous constatons au contraire que, dans les domaines de la politique et de l'histoire, nature humaine et nature animale (il faut préciser nature animale *de l'homme*), se font et se défont *ensemble* dans et par la relation de pouvoir et le rapport de force des logiques de domination et de résistance qui déplacent indéfiniment les frontières intérieures qui séparent (par degrés seulement et non par nature) l'humain du non humain[2]. Spinoza n'a jamais donné de définition de l'essence spécifique de l'homme[3]. La « nature humaine » à laquelle se réfère, sous la formulation « notre nature » (*ex nostra natura*), la définition 2 d'*Éthique* III, est l'objet d'une connaissance qui n'est pas celle d'une

---

1. Cf. *Traité Théologico-politique*, chapitre XX [6], et *Traité politique*, chapitre V, article 5, qui clôt les chapitres dans lesquels Spinoza a inscrit la question politique dans le champ de l'ontologie.

2. *Cf.* notre étude « Bêtes ou automates », Colloque de Cerisy 2002, *Spinoza aujourd'hui*, P.-F. Moreau et Cl. Cohen-Boulakia (dir.), à paraître.

3. C'est ce qu'explique A. Matheron, « L'anthropologie spinoziste? », dans *Anthropologie et Politique au XVIIe siècle*, Paris, Vrin, 1986.

essence spécifique. C'est plutôt sous la forme de la *vérité effective* d'une chose (que nous offrent quelques principes de physique fondés sur des faits et des effets par lesquels ces choses sont connues), que nous approchons, de manière très large, ce qu'est la nature de l'homme. Il s'agit de la connaissance de ce que *peut* un individu humain quelconque, c'est-à-dire un être dont l'âme est l'idée d'un corps « humain » dont les caractéristiques principales sont exposées dans les six postulats qui suivent la proposition 13 de la partie II et le postulat 2 de la partie III qui porte sur l'aptitude du corps humain à pâtir de bien des changements mais aussi à « retenir les impressions ou traces des objets, et par conséquent les mêmes images des choses ». Un corps qui se définit aussi, dans sa singularité, par un « certain rapport précis » dans la manière dont se communique en lui le mouvement entre les différentes parties qui le constituent[1]. Dans les définitions 2 et 3 d'*Éthique* III, les « manières d'être affectées » d'un corps (déjà évoquées dans l'axiome 1 qui suit le lemme 3 de la partie II), ce sont les affects eux-mêmes de l'âme en tant que ces affections concernent le corps affecté et, simultanément, les idées de ces affections. *Nostra natura* désigne ainsi le fait concret d'une constitution individuelle, c'est-à-dire d'une complexité ou d'une puissance, dont suivent nécessairement des effets dont, comme l'indique la définition 2, « nous » pouvons être « cause adéquate ». Lorsque Spinoza pose la différence de nature entre l'homme et l'animal, comme entre l'ivrogne et le philosophe, cette différence n'est donc fondée sur aucune définition essentielle de la nature de l'un ou de l'autre. C'est à leur réalité effective (au fait et aux effets) c'est-à-dire à leur réalité *affective*, que nous sommes seulement renvoyés. Ce qui explique qu'à la différence d'essence (qui *devrait* expliquer elle-même, d'abord, comme principe d'une nature, la différence d'affects, pourtant de même nom chez l'homme et chez l'animal), se substitue *de fait* une différence d'« état » affectif ou de disposition. Le scolie de la proposition 57 passe en effet de différences affectives (qui *seraient* fondées dans une différence des natures bien que cette différence ne soit pas elle-même explicitement fondée), à une différence entre « contentements », chacun en sa nature (de deux individus), contentement (*gaudium*) propre à des états d'une

---

1. *Éthique* II, définition suivant l'axiome 2 après la proposition 13.

essence dont on ne sait plus dire s'il s'agit d'une essence spécifique commune à des états pourtant discordants ou d'essences qui diffèrent réellement en nature car réduites aux états discordants et singuliers qui les actualisent. De la différence affective du désir du cheval et du désir de l'homme qui se réfère à une différence de « nature », à la différence des désirs et des appétits des différentes espèces animales qui, elles-mêmes se différencient en nature (insectes, poissons, oiseaux), à la différence de nature du contentement que chaque individu éprouve, en lui-même, en sa nature (et/ou en son essence), le contentement de l'un différant du contentement de l'autre « autant que l'essence de l'un diffère de l'essence de l'autre », Spinoza nous conduit à cette ultime différence entre le contentement de l'ivrogne et celui du philosophe ! Mais la série semble bien avoir soudainement décroché d'une diffé-rence d'essence (spécifique ou singulière, expliquant la différence d'affect ou de contentement) à une différence d'affect et de satisfac-tion, elle, liée à deux dispositions particulières du désir (désir d'alcool ou désir de vérité), *désirs qui ne se distinguent qu'à travers l'objet auquel ils se rapportent.* Or Spinoza qui nous renvoie, pour ce dernier exemple, au libellé de la proposition précédente, indique bien par là que la différence ou la discordance des affects nous renvoie, dans ce dernier cas aussi, à une différence d'essence. Mais de quelle essence ? Non pas d'une essence que l'ivrogne et le philosophe partageraient (une nature humaine commune en un sens métaphysique ou au sens déjà évoqué d'une réalité effective… puisque c'est justement l'essence qui les sépare !), ni d'une essence singulière qui, dans sa positivité ontologique, ne pourrait être évoquée que pour différencier deux mêmes affects (le même contentement, chez deux philosophes par exemple, ou chez deux ivrognes, étant éprouvé de manière singulière « autant que l'essence de l'un diffère de l'essence de l'autre… »). Ne reste alors que l'essence actuelle dans sa pure factualité relative à un temps et à un lieu précis, c'est-à-dire en un sens des plus restrictif. La complexité de « notre nature », semblait pourtant exclure, de fait, qu'un individu humain puisse se réduire à son affect, c'est-à-dire à l'identification intégrale de son essence actuelle avec un seul désir. Un ivrogne peut être en effet aussi un individu qui a bien d'autres activités… même philosophiques ! Or Spinoza oppose brutalement le contentement du philosophe et celui de l'ivrogne en naturalisant leur désir respectif qui prend ainsi figure d'une essence actuelle donnée. D'une essence ou d'une nature qui enveloppe en elle, au moment considéré, son propre contentement. Comme le cheval vit content de sa nature de cheval et s'efforce de la conserver en tirant naturellement de celle-ci ce qui sert à sa conservation, l'ivrogne vit lui aussi content de sa nature d'ivrogne et s'efforce ainsi de perpétuer son état alcoolique que Spinoza suppose envelopper une satisfaction propre et que l'on peut dire ainsi «essentielle». Mais dire ceci c'est faire de l'état d'ivrogne une véritable nature dont suit nécessairement ce qui sert à sa conservation, c'est donc identifier l'ivrognerie ou l'ivresse, en tant qu'affect, avec un être dont la nature est justement l'ivrognerie. C'est identifier le *conatus* de l'affect d'ivresse avec le *conatus* même de l'ivrogne et par là même faire de l'ivresse l'affect découlant, comme de sa cause adéquate, de la nature ivrogne de la même manière que suit nécessairement de la nature du triangle que ses trois angles égalent deux droits[1]. C'est alors aussi supposer que l'émotion éprouvée dans l'ivresse a si profondément modifié la nature de celui qui l'éprouve (un «homme») que l'on peut ainsi s'interroger sur la nature même de l'alcoolique ou de tout individu réduit à un affect passif et/ou à son objet obsessionnel, comme Spinoza s'interroge, par ailleurs, sur la nature d'un «homme», dans la situation de l'âne de Buridan, qui, incapable de se déterminer pour l'un ou l'autre objet de désir, mourrait de faim et de soif… Nous sommes dans une situation analogue qui ouvre à une interrogation semblable : que faut-il en effet penser d'un homme totalement assujetti à ses émotions, obsédé par son et/ou ses affects passifs et les objets que cette émotion suscite ? «Je dis que je ne sais pas», répond Spinoza à la question du statut de l'essence (est-ce bien un homme?) de l'individu qui, comme un âne, serait mortellement fixé sur et par ses objets de désir, inapte de par la nature, l'origine, la force et la singularité même de l'affect qui occupe son âme, à tout autre modification. Et Spinoza poursuivait : «pas plus que je ne sais à combien estimer celui qui se pend, et à combien les enfants, les

---

1. À propos de l'affect d'envie et de ses conséquences Spinoza écrit : «Et tout cela suit de cet affect aussi nécessairement que, de la nature du triangle, il suit que ses trois angles sont égaux à deux droits; et, je l'ai déjà dit, j'appelle mauvais ces affects et leurs semblables, en tant que je ne considère que l'utilité de l'homme», *Éthique* IV, proposition 57, scolie.

sots, les déments, etc. »… Or l'alcoolisme, comme nature exclusive, peut être aussi conçu comme un suicide réussi ou du moins une maladie mortelle ou une démence qui peut se poursuivre *post mortem*, non plus alors comme perversion d'un « homme » mais comme la norme d'une nouvelle nature indécidable, d'un nouvel individu… De fait, quand une émotion contraire à une nature, envahit et occupe totalement celle-ci, qu'elle la détermine selon une force éminemment supérieure à se soumettre entièrement à sa loi (celle de l'affect ou de l'émotion comme « manière d'être » d'où suivent nécessairement des effets comme d'une essence suit ses propriétés), le cas de l'individu affecté, devenu au sens strict l'esclave de son affect, apparaît indécidable quant à la vérité de son essence. Car, comme un esclave, cet individu qui est *alterius juris*, appartient entièrement à un autre. Il est régi par une loi qui n'est plus la sienne c'est-à-dire un *conatus* qui n'est plus le sien mais celui de l'affect qui, comme un véritable individu-parasite, avec une nature propre, est venu se substituer, selon une adhérence tenace et destructrice, au sujet humain, en tant que premier support ou substrat de cet affect. Ce sujet qui est donc, *peut-être* (c'est une hypothèse logique), *déjà mort* du fait même de la contradiction antagoniste dont il a été le siège[1] et du fait de son impuissance à répondre, selon sa prudence propre, à la violence de cette invasion émotionnelle persistante[2], pour la repousser (*vim omnem repellere*[3]) ou du moins la modérer selon la stratégie du *conatus* de son essence. « Nulle raison » ne nous « oblige » en effet, écrit Spinoza, à « admettre

1. *Éthique* III, proposition 5 : « Des choses sont de nature contraire, c'est-à-dire ne peuvent être dans le même sujet [*in eodem subjecto*], en tant que l'une peut détruire l'autre » ; et démonstration : « Si en effet elles pouvaient convenir entre elles, ou bien être en même temps dans le même sujet, c'est donc qu'il pourrait y avoir dans le même sujet quelque chose qui pourrait le détruire, ce qui (*par la prop. précéd.*) est absurde ». Dans la démonstration Spinoza est passé de la contradiction des natures contraires dans un même sujet à la contradiction qui détruit ce sujet lui-même en sa nature.

2. *Éthique* V, axiome 1 : « Si dans un même sujet [*in eodem subjecto*] sont excitées deux actions contraires, il devra nécessairement se faire un changement soit dans les deux, soit dans une seule, jusqu'à ce qu'elles cessent d'être contraires ». Cette nécessité d'un changement est l'exigence vitale à laquelle chacun est tenu selon son droit naturel c'est-à-dire sa puissance propre et/ou son essence.

3. Dans le *Traité politique*, relever de son propre droit c'est, avant tout, pouvoir activement résister à toute violence, *cf.* chapitre II, article 9.

qu'un corps ne meurt que s'il est changé en cadavre»! Et de poursuivre qu'il faut « remarquer que la mort survient au corps, c'est ainsi que je l'entends, quand ses parties se trouvent ainsi disposées qu'elles entrent les unes par rapport aux autres dans un autre rapport de mouvement et de repos. Car je n'ai pas l'audace de nier que le corps humain, quoique subsistent la circulation du sang et d'autres choses qui font, croit-on vivre le corps, puisse néanmoins échanger sa nature contre une autre tout à fait différente [...], l'expérience elle-même semble persuader du contraire. Car il arrive parfois qu'un homme pâtisse de changements tels qu'on aurait bien du mal à dire qu'il est le même... »[1]. Ces changements peuvent être le fait de la maladie. Cependant, la remarque de Spinoza, loin de ne concerner que des cas exceptionnels (comme celui de l'amnésique) n'est-elle pas aussi valable pour les simples mutations d'«états» opérées en la nature de chacun sous la violence et l'insistance des affects passifs qui ne sont plus modérés ou du moins modulés[2]? Il est vrai que l'exemple du poète espagnol ne nous interroge que sur la mutation d'identité (le passage possible d'une essence singulière à une autre) d'un individu humain qui demeure, même profondément différent de ce qu'il a été, un être humain. Mais l'exemple qui suit, beaucoup plus ordinaire pourtant, ouvre cependant à une différence bien plus radicale. C'est l'exemple des bébés dont la « nature » apparaît à un homme d'âge avancé si différente de la sienne que cet homme a de la peine à se persuader d'avoir jamais été enfant s'il n'en avait, d'après les autres, le témoignage. Car cet exemple, déjà évoqué dans le scolie de la proposition 49 d'*Éthique* II, ébranle le socle même d'une nature « humaine » commune, en ce que le bébé n'entre pas effectivement dans tous les critères de ce qu'une nature d'homme «peut», suivant les postulats d'*Éthique* II qui suivent la proposition 13[3]. Ce qui

---

1. *Éthique* IV, proposition 39 scolie.

2. Le thème de la « maladie mortelle » (selon la détermination des affects contraires à notre nature) hante les écrits de Spinoza depuis les premières pages du *Traité de la réforme de l'entendement* (B7, B. Rousset (éd.), Paris, Vrin, 1992, p. 59), et ce thème insiste tout au long de l'œuvre.

3. Si l'on peut considérer, en effet, que le corps du nourrisson vérifie globalement les critères posés par les postulats 1, 2 et 5 (et aussi du postulat 2 d'*Éthique* III), il entre

conduit Spinoza, en *Éthique* II, 49 scolie, à demeurer effectivement *sans réponse* quant à la détermination de ce qu'est la nature des enfants, des suicidaires, des sots, des déments, *comme de beaucoup d'autres individus*[1], sans doute, puisqu'il ajoute un « etc. »[2]...

L'ÉMOTION D'HUMANITÉ, MOUVEMENT D'ENTR'AIDE MUTUELLE INDÉFINIMENT ENGENDRÉ PAR SA PROPRE MANIÈRE

Qu'est-ce alors qu'une émotion proprement « humaine »? D'abord, théoriquement, tout affect qui suit d'une nature, entendu au sens effectif de « notre nature ». C'est-à-dire des émotions comprises dans la stratégie de cette nature (donc modulées, modérées dans et par l'effort singulier de sa persévérance). Ensuite, l'affect d'humanité en tant que tel. Spinoza tient l'« humanité » pour un affect auquel il

difficilement cependant dans les critères des postulats 3, 4 et 6 qui supposent un corps beaucoup plus puissant dans ses aptitudes.

1. *Cf.* le scolie de la proposition 44 d'*Éthique* IV : « même si on ne le compte pas au nombre des maladies », écrit Spinoza, « en vérité, l'avarice, l'ambition, la lubricité, etc., sont des espèces de délire ». La fin de l'explication de la définition 1 des Affects évoque implicitement la situation de l'âne de Buridan : « il n'est pas rare de les voir [les efforts, impulsions, appétits et volitions] tellement opposés entre eux que l'homme, tiraillé dans des sens divers, ne sache où se tourner ».

2. En ce sens, pour Spinoza, un voleur par exemple, du fait des causes extérieures qui lui ont été défavorables, est « excusable » d'être voleur et non pas un sujet honnête (*cf.* lettre 23 à G. de Blyenberg, p. 221 éd. Appuhn), mais c'est de la même manière qu'un cheval est excusable d'être un cheval et non un homme. C'est ce qui est dit dans la lettre 78 à H. Oldenburg : « Un cheval est excusable d'être cheval et non homme. Qui devient enragé par la morsure d'un chien, doit être excusé à la vérité et cependant on a le droit de l'étrangler. Et qui, enfin, *ne peut gouverner ses désirs*, ni les contenir par la crainte des lois, bien qu'il doive être excusé en raison de sa faiblesse, ne peut cependant jouir de la paix de l'âme, de la connaissance et de l'amour de Dieu, mais *périt nécessairement* » (p. 347, nous soulignons). Et il périt nécessairement au double sens où : 1) il est détruit en tant qu'homme ou « animalisé » par la force des désirs contraires, des causes extérieures et/ou d'un État imparfait; 2) il va être réprimé, voire être mis à mort, par ces mêmes forces ou ce même État dont il est la victime et qui le traite, pourtant et effectivement, comme une bête enragée... En effet, les hommes méchants n'en étant « pas moins à craindre ni moins pernicieux quand ils sont méchants nécessairement » (lettre 58 à G.H. Schuller, p. 306), l'État les traite comme on traite habituellement des « serpents venimeux » (*Pensées Métaphysiques*, II, chap. VIII p. 374, éd. Appuhn)...

consacre une définition après avoir, dans un scolie, désigné par humanité ce qu'on appelle aussi ambition c'est-à-dire « cet effort pour faire
quelque chose, et aussi pour s'en abstenir pour la seule cause de plaire
aux hommes »[1]. Mais alors que le mot ambition est habituellement
utilisé quand cet effort est fait pour plaire au vulgaire et, ce, au détri-
ment d'autrui et au nôtre, le mot humanité exprime au contraire l'effort
que nous faisons au bénéfice réel d'autrui… Et aussi de nous-même,
en tant que nous bénéficions de la « faveur » de notre semblable[2],
voire de sa « reconnaissance »[3], ce qui nous remplit de « gloire »[4].
L'« humanité » est donc un effort, en lui-même sans objet (ou indépendant de l'objet) mais qui porte sur le désir ou l'effort de l'autre-
semblable, effort dont on suppose qu'il aide effectivement l'augmentation de la puissance d'agir chez autrui et en nous-même (ou du moins
qui ne lui fait pas obstacle).

L'« humanité », dit la définition 43 des Affects, est le Désir par
lequel les hommes font quelque chose ou s'en abstiennent en fonction
du plaisir (ou du déplaisir) qu'ils imaginent pouvoir, par leur action,
apporter à leurs semblables. La définition qui n'indique plus directement le désir de plaire, au sens, non seulement, de donner du plaisir
aux autres mais aussi d'attirer sur soi leurs regards, accentue ainsi la
dimension d'attention au désir de notre semblable. L'humanité fait de
l'homme un être dont le désir est attentif au désir de l'autre c'est-à-dire
un être attentionné et prévenant. Cet affect est alors la caractéristique
de celui qui suit la vertu (*qui sectatur virtutem*) et qui s'efforce ainsi de
« conduire tous les autres par raison, [et] agit non par impulsion mais
avec humanité et douceur [*non impetu, sed humaniter et benignè
agit*] »[5]. Cette douceur ou cette prévenance pour ses semblables, de
l'homme « qui suit la vertu », on la trouve cependant déjà, comme
« humanité », en deçà même du commandement de la raison, sur le
plan émotionnel de l'affect passif, selon une loi qui est celle de l'« imitation des affects » (loi indépendante de la relation objectale sous
laquelle ont d'abord été étudiés les affects jusqu'à la proposition 26 de

1. *Éthique* III, proposition 29, scolie.
2. *Ibid.*, définition 19 des Affects.
3. Ou de sa « gratitude », *ibid.*, définition 34 des Affects.
4. *Ibid.*, définition 30 des Affects.
5. *Éthique* IV, proposition 37, scolie 1.

la troisième partie de l'*Éthique*, mais dont on peut penser logiquement que, comme cette relation, elle suit nécessairement de la nature de l'homme comme tout ce qui sert à sa conservation). En effet, nous nous efforçons, écrit Spinoza, en *Éthique* III proposition 29, « de faire tout ce que nous imaginons que les hommes considèrent avec joie, et au contraire nous aurons de l'aversion à faire ce que nous imaginons que les hommes ont en aversion », et cela par pure imitation affective. En effet c'est parce que nous aimons spontanément la même chose que ce qu'aime celui que nous imaginons semblable, et parce que, par là même, nous serons joyeux ou triste de la présence de cette chose, que nous nous efforçons nécessairement de faire tout ce que les hommes considèrent avec joie et de nous abstenir de ce qui leur procure de la tristesse (selon la démonstration de la proposition 29 d'*Éthique* III). C'est cette logique de l'identification spontanée aux affects de celui que nous imaginons semblable, cette capacité d'empathie selon laquelle l'émotion de l'autre est immédiatement notre émotion, qui explique notre désir « à être secourable aux autres » quand nous les voyons dans la misère : « une chose qui nous fait pitié, nous nous efforcerons, écrit Spinoza, autant que nous pourrons de la délivrer du malheur »[1]. Dans le scolie de la proposition 50 d'*Éthique* IV, Spinoza fait de l'émotion de la pitié, qui nous conduit, par bienveillance, à être secourable à nos semblables[2], le critère même de l'humanité des hommes, quand ces hommes ne vivent pas sous la conduite de la raison mais sous celles de l'imagination et de la logique des affects passifs :

> Car celui que ne meut ni raison ni pitié à être secourable aux autres [*ut aliis auxilio*], c'est à bon droit qu'on l'appelle inhumain [*is rectè inhumanus appellatur*]. Car (par la proposition 27 partie III) il n'a pas l'air de ressembler à l'homme [*Nam homini dissimilis esse videtur*].

Indépendamment de l'affect mimétique et de la raison éthique, les hommes peuvent cependant aussi s'entraider par intérêt et par calcul et cette entraide (que déterminent leurs besoins et les commodités qu'ils recherchent), rend possible aussi, de fait, de « cultiver la raison »[3] et par là même le développement « des arts et des sciences qui sont tout à fait

1. *Éthique* III, proposition 27, corollaire 3.
2. *Ibid.*, proposition 27, scolie.
3. *Traité Théologico-politique*, chapitre XVI [5], p. 511.

nécessaires à la perfection de la nature humaine et à sa béatitude » [1]. L'humanité de l'homme s'engendre donc ainsi de l'entraide, que celle-ci soit suscitée par le besoin, l'intérêt ou l'émotion mimétique. L'entraide que suscite l'émotion de la pitié (comme celle aussi de la raison éthique) est cependant, en tant que telle, indépendante de tout calcul comme de tout intérêt « égoïste » : c'est le processus réel et spontané d'« humanité ».

Il y a donc bien des affects ou des émotions proprement « humains », non plus seulement au sens où ils exprimeraient la manière d'être d'une nature ou d'une essence spécifique (comme la différence de l'émotion sexuelle de l'homme comparée à celle du cheval) mais au sens où c'est l'affect lui-même, dans sa nature son origine, sa singularité et sa force, qui qualifie la nature « spécifique » de l'homme en tant que manière proprement « humaine ». En considérant que cette disposition est une constitution effective de la puissance de l'homme en tant qu'homme, on peut dire alors que c'est, dans et par la stratégie coopérative de l'humanité comme processus affectif, que se forme effectivement le « droit naturel qui est propre au genre humain ». Quand Spinoza traite directement de ce droit (ou de cette puissance singulière d'être et d'agir), dans l'article 15 du chapitre II du *Traité Politique*, c'est par la résistance à la domination de l'homme par l'homme et par l'alliance de l'homme avec ses semblables qu'il le définit :

> chaque individu dans l'état de nature relève de son propre droit tant qu'il peut se mettre à l'abri de l'oppression d'autrui ; or, comme un seul homme est incapable de se garder de tous, il s'ensuit que le droit naturel de l'homme, tant qu'il est déterminé par la puissance de chaque individu et ne dérive que de lui, est nul ; c'est un droit d'opinion plutôt qu'un droit réel, puisque rien n'assure qu'on en jouira avec sécurité.

Après cette mise à l'écart de l'hypothèse abstraite d'une nature humaine donnée/isolée qui pourrait, dans les conditions de l'état de nature, tirer d'elle-même ce qui sert à sa conservation, Spinoza conclut « que le droit naturel qui est propre au genre humain ne peut guère se concevoir que là où les hommes ont des droits communs ».

---

1. *Traité Théologico-politique*, chapitre V [7].

C'est-à-dire là où des hommes s'entraident, coopèrent et constituent ensemble un corps puissant capable de repousser la solitude et toutes les violences destructrices d'humanité. Absolument parlant, la stratégie de coopération suit donc nécessairement de la nature de l'homme comme tout ce qui sert à sa conservation et que l'homme est nécessairement déterminé à accomplir. Dans la réalité effective des choses, c'est la coopération elle-même, en tant que puissance commune de résistance à la domination, à la solitude et à la mort, qui est constituante de cette nature et/ou de l'essence comme droit commun propre au genre humain. Que cette coopération soit suscitée par le besoin et l'intérêt[1], le désir de ne pas obéir à son égal[2] ou qu'elle le soit par les lois mimétiques étudiées dans *Éthique* III, c'est par elle, nécessairement, que procède, chez Spinoza, l'humanité de l'homme. Et c'est pour cela que si l'on doit dire, au sens strict, que l'émotion n'est pas l'essence même de l'homme, la réalité effective de cette essence cependant, en tant qu'expression précise et déterminée de la puissance de la nature[3], n'est pas ailleurs que dans et par les stratégies de coopération qui, dans et par elles-mêmes ou selon leurs conséquences, affectent de telle manière les hommes ou leur nature (en tant qu'espèce animale), que s'engendre, dans et par ces stratégies, en elles-mêmes sans objet ni fin, un rapport à soi, une « manière d'être », « une façon de vivre », un contentement de soi par soi, une émotion singulière et constituante d'un « état » (de l'animal sociale[4]), qui, de multiples façons ou manières, est celle des êtres humains en tant qu'êtres humains... c'est-à-dire des êtres capables, par affect ou raison[5], de secours mutuels[6]. Et c'est en ce sens que, de la considération de l'essence ou de la nature de l'homme, Spinoza nous conduit néces-

---

1. *Éthique* IV, proposition 35, scolie : « *experimentur tamen homines mutuo auxilio ea, quibus indigent, multo facilius sibi parare* » et *Traité théologico-politique* chapitre V [7], et XVI [5].

2. *Traité théologico-politique*, chapitre XVII [4], V [8], et [9].

3. *Éthique* II, proposition 10, démonstration du corollaire.

4. Expression en *Éthique* IV, proposition 35, scolie.

5. Mais la conduite selon la raison est *aussi* la détermination d'un affect (actif) : « la force d'âme ». *Cf.* le « rebondissement » de la fin d'*Éthique* III dans les propositions 58 et 59 avec son scolie.

6. *Éthique* IV, proposition 70, scolie.

sairement à celle de la nature même de son «état», soit à la réalité effective de ses émotions (leur origine, leur nature, leur force, leur singularité) c'est-à-dire des affects réellement éprouvés. L'humanité, comme émotion spécifique, est ainsi une disposition différentielle, une manière d'être, qui, loin de définir une fois pour toutes une identité humaine universelle, affirme au contraire, en tant qu'émotion ou Désir (en lui-même sans objet) qui porte sur le désir de l'autre, le mouvement réel ou la prudence propre d'une nature, qui s'engendre de son exercice et de laquelle suivent indéfiniment les nouveaux frayages de sa perfection (sa réalité, sa puissance ou sa liberté) dans et par l'épreuve historico-pratique de la coopération et de la très grande diversité des façons de vivre des hommes. L'élucidation des liens du Désir, de l'émotion et de l'humanité, nous renvoie bien ainsi, et nécessairement, à l'élucidation de ce qu'est l'essence de l'homme, mais en tant que celle-ci n'a de réalité effective que d'être elle-même affectée et affectante, et ce, de manière multiple et différentielle dans et par la coopération. Ou, autrement dit, en tant que le *conatus* de cette essence, comme pratique d'alliance et de résistance[1], est aussi et nécessairement cette disposition singulière et singularisante (*dispositio seu conatus*[2]) à produire indéfiniment les frayages d'«une vie humaine»[3]. C'est donc à «l'expérience, c'est-à-dire à la pratique [*experientia sive praxis*]»[4], que nous sommes ainsi renvoyés, soit aux conditions ontologique, politique et historique de l'anthropogenèse.

Laurent BOVE
Université d'Amiens

1. *Cf.* notre introduction au *Traité politique*, *op. cit.* p. 14 *sq.*
2. *Éthique* III, définition 32 des Affects, explication.
3. Mais ce n'est ni une destinée, ni une destination puisque c'est aussi selon les mêmes lois des affects que s'engendrent les animalités de l'homme les plus «incroyables»...
4. *Traité politique*, chapitre I, article 3.

ÉMOTIONS ET JUGEMENT MORAL
CHEZ SHAFTESBURY, HUTCHESON ET HUME

En philosophie comme en psychologie, « émotion » est souvent pris par commodité au sens large. On désigne alors sous ce terme autant les dispositions affectives durables que les réactions occasionnelles et épidermiques. On inclut dans les émotions les désirs qui nous conduisent à rechercher ou à fuir tel objet et qui induisent ainsi une action, et tout aussi bien des choses différentes, comme ces affects qui sont l'effet en nous d'une situation et sont plus de l'ordre de la réaction que de la conation. Il est ainsi question à la fois des passions, des sentiments, et des désirs. On appelle indistinctement « émotion » la honte, la surprise, l'admiration, le dégoût, la sympathie, l'amour (et tout ceci sous diverses formes), et par exemple la jalousie subite qui éclate jusqu'à la colère en une circonstance particulière, tout comme la jalousie de fond qui pour être n'a pas besoin d'occasions, la peur qui nous fait agir pour fuir un danger, mais aussi la peur qui nous paralyse, etc. Néanmoins, comme on ne saurait raisonner sans confusion sur l'émotion au sens large, chaque fois qu'une thèse est proposée et discutée, c'est à propos de l'émotion en un sens plus déterminé. Il convient de conserver ce point à l'esprit lorsqu'on examine les diverses contributions de la philosophie morale britannique du XVIIIe siècle.

Il faut aussi considérer qu'il y a au moins deux types d'approche de la question des émotions. L'approche panoramique consiste à repérer les émotions les unes par rapport aux autres et conduit souvent à les classifier en fonction des caractéristiques qu'elles partagent ou non, à en dresser des sortes de tableaux ou de listes. Les typologies des passions qu'on trouve à l'Âge classique sont un bon exemple de cette approche. Une autre manière de procéder est d'explorer l'univers de telle émotion particulière afin d'en comprendre le fonctionnement. C'est ce qu'on peut appeler une phénoménologie spécialisée. Les auteurs dont je vais parler combinent l'approche panoramique et la phénoménologie spécialisée, mais ils ont une préférence pour la première. Ils ont en effet tendance à détacher les émotions des contextes dans lesquels elles se forment. Cette tendance à l'abstraction les conduit, par exemple, à parler de l'amour sans indiquer nécessairement quelle expérience est associée à ce sentiment, ou à examiner la colère en des termes extrêmement généraux. Bien que ces auteurs soient conscients de la nécessité de faire des distinctions, lorsqu'ils parlent de l'amour, ils négligent parfois les différences du genre de celles qui existent entre l'amour parental, l'amour romantique, l'amour conjugal, l'amour de la patrie, et l'amour du vin. Des auteurs comme David Hume et Adam Smith font exception, mais nous n'entrerons pas dans leur phénoménologie spécialisée.

En guise de dernier *caveat*, il faut noter aussi que s'il est pour nous évident que les émotions relèvent de la psychologie, les auteurs dont il est question ici les examinent de l'intérieur de la philosophie morale. Le problème de la nature et du rôle des émotions est posé dans une perspective qui est immédiatement celle de la théorie morale, puisqu'il s'agit le plus souvent de déterminer quelle peut être la contribution des émotions à la vie morale. Il est même fréquent que le point de vue qui est adopté sur les émotions soit très normatif, lorsqu'il s'agit de distinguer les « bonnes » émotions. Naturellement, cette perspective a conduit les philosophes des Lumières britanniques à développer une psychologie morale qui a elle-même préparé l'essor de la psychologie cognitive[1].

Il est maintenant possible d'indiquer le contenu exact de cette étude : une approche panoramique de l'émotion au sens large, à l'intérieur de la théorie du jugement moral. Il nous faut donc commencer par reconstituer sommairement ce qu'il faut entendre par « théorie du jugement moral » et en présenter les principales articulations.

---

1. Pour une présentation d'ensemble des discussions contemporaines sur les relations entre les émotions et les valeurs, voir P. Livet, *Émotions et rationalité morale*, Paris, PUF, 2002, chap. 4 et 5.

La place des émotions dans la théorie
du jugement moral

Cette théorie a pour objet d'expliquer de quelle manière sont possibles ces jugements par lesquels nous approuvons ou désapprouvons telle action ou telle attitude, qu'il s'agisse de celles d'autrui ou des nôtres. C'est une théorie à la fois ontologique et épistémologique, car elle doit rendre compte aussi bien de la nature des entités dont est constitué le jugement moral que de la manière dont nous accédons à ce que nous visons lorsque nous émettons un tel jugement. La plupart des auteurs de la philosophie morale britannique du XVIIIᵉ siècle souscrivent à ce que la philosophie morale contemporaine appelle « internalisme du jugement » et qui consiste dans la thèse selon laquelle il existe un lien intrinsèque entre le jugement moral émis par tel agent à propos de telle action qu'il peut accomplir et les motivations de cet agent, de telle sorte que lorsque cet agent estime que telle action est celle qu'il convient d'accomplir parce qu'elle est la bonne action en la circonstance, l'agent est incité par ce jugement même à agir en conformité avec lui, en l'occurrence à accomplir cette action. Pour être plausible, la thèse internaliste doit s'accompagner de la clause selon laquelle l'agent en question se trouve dans des conditions normales, c'est-à-dire n'est pas sujet à telle ou telle forme d'irrationalité pratique, par exemple l'acrasie.

Premier ordre et second ordre

C'est de l'intérieur de cette théorie du jugement que la question des émotions est abordée. Le problème comporte alors les questions suivantes :

a) quel rôle jouent les émotions dans la formation du jugement moral ? Et quelles émotions sont particulièrement sollicitées pour ce rôle ?

b) quel rôle jouent les émotions dans le processus par lequel un agent est motivé à agir ? Et quelles émotions sont particulièrement sollicitées à cette fin ?

Et si on souscrit à une théorie internaliste du jugement moral, cette question prend la forme suivante :

c) quel rôle jouent les émotions dans la capacité motivationnelle du jugement moral ?

Il faut observer que, dans les deux premières questions, l'usage du terme « émotions » présente une ambiguïté, car on peut entendre par là soit les émotions qu'éprouve celui qui porte un jugement moral quand il porte ce jugement (réponse de type M), soit éventuellement les émotions sur lesquelles porte le jugement (réponse de type N). Par exemple, je peux donner une réponse de type M à la question (a) : admettons, par exemple, que le dégoût joue un tel rôle, parce qu'il est ce par quoi nous manifestons que nous rejetons telle action comme étant mauvaise. Je peux aussi donner une réponse de type M à la question (b) et à la question (c) : supposons que je défende une théorie pour laquelle le dégoût qu'éprouve celui qui juge que telle action est mauvaise est exactement ce qui le motive à ne pas agir ainsi. Mais il est tout à fait possible de comprendre les questions (a) et (b) autrement et de leur donner une réponse de type N : pour (a), je dirai (supposons) que l'amour d'une personne pour une autre personne est ce que le jugement moral reconnaît comme intrinsèquement bon et ce qu'il peut produire comme justification ; pour (b), je dirai également que la motivation procède, lorsque l'action est bonne, d'un tel amour.

Bref, dans la discussion sur les émotions au sens large à partir de la théorie du jugement moral, celles-ci peuvent être considérées de deux manières, selon qu'on parle des émotions qu'éprouve celui qui juge en tant qu'il juge (type M), ou des émotions dont parle ou que vise le jugement et qui sont à l'œuvre chez les agents (type N). Si on considère que les émotions de type M se forment parfois à propos des émotions de type N, alors on est en droit d'adopter le vocabulaire suivant, qui est sans doute plus clair : il existe des émotions de premier ordre et des émotions de second ordre. Les émotions de premier ordre sont celles que nous éprouvons lorsque nous vivons et agissons – ces émotions de premier ordre interviennent aussi dans nos jugements moraux. Les émotions de second ordre sont celles que nous éprouvons spécifiquement lorsque nous portons un jugement moral. Par exemple, si Pierre éprouve une colère extrêmement forte qui est au-delà de ce que la situation justifie, Isabelle peut éprouver un sentiment d'effroi devant cette colère et ce sentiment peut constituer une émotion de second ordre au sein d'un jugement moral désapprobateur qui porte notamment sur l'émotion de premier ordre de Pierre. La distinction entre les affections de premier ordre et les affections de second ordre est explicitement présente dans Shaftesbury et dans Francis Hutcheson, et elle est présupposée par la théorie morale de Hume. Je cite Hutcheson :

> Aussitôt que nous observons les affections des autres ou que nous réfléchissons sur les nôtres, les qualités morales doivent affecter l'esprit… Un Lucrèce, un Hobbes, un Bayle [1] ne peuvent se débarrasser des sentiments de gratitude, d'approbation et d'admiration à l'égard de certaines formes morales, ni de sentiments de désapprobation et de détestation à l'égard des autres. Ce sens peut être une source sûre de joie intérieure pour ceux qui suivent ses suggestions [2].

Certaines émotions, sous la forme de « sentiments » (dont certains auteurs font plutôt des jugements, et d'autres plutôt des réactions émotives), sont susceptibles de se former non seulement à l'occasion d'autres émotions mais à propos de ces émotions. C'est cette capacité de second degré qui justifie sans doute que des auteurs comme Shaftesbury, Hutcheson et Hume, qui diffèrent sur des points fondamentaux, s'accordent cependant à utiliser l'expression « sens moral » pour désigner la manière dont nous ressentons et évaluons les actions, les passions, les caractères.

Complexité et réductibilité

Il faut noter que lorsqu'on parle d'une association entre émotion et jugement moral, ou plus précisément d'une intégration d'une émotion de second ordre à un jugement moral, on ne veut pas nécessairement dire que le jugement moral est réductible à l'expression d'une telle émotion. Appelons « thèse de la complexité » la thèse selon laquelle le jugement moral comporte au moins deux ingrédients, dont l'un est d'ordre émotif ou affectif. Appelons « thèse de la réductibilité », la

1. Hutcheson veut dire que même ces auteurs qui nient que la moralité soit rendue possible par l'existence d'affections de premier ordre d'un genre supérieur, telles que la bienveillance désintéressée (soit qu'ils estiment que cette sorte de bienveillance n'existe pas, soit qu'ils concèdent son existence mais la tiennent pour inefficace), sont eux-mêmes touchés par des affections de second ordre dont l'existence contredit leurs dénégations.

2. *A System of Moral Philosophy*, I, I, 2, dans *Collected Works*, Hildescheim, Olms, 1990, v, p. 111, Toutes les traductions sont miennes.

thèse selon laquelle dans le jugement moral il existe un ingrédient qui joue un rôle majeur et dont procèdent les aspects principaux que présente le jugement moral. La plupart des auteurs de la philosophie morale britanniques adoptent la thèse de la complexité, c'est-à-dire soutiennent que lorsque nous émettons un jugement moral, nous sollicitons au moins deux ingrédients, une composante affective et une composante cognitive. Si je précise ici « au moins deux », c'est que certains auteurs n'hésitent pas à envisager une troisième sorte d'ingrédients, cognitivo-affectifs (mixtes); c'est aussi que certains auteurs distinguent fortement entre un ingrédient proprement affectif (émotif en un sens réduit) et un ingrédient conatif (de l'ordre du désir, qui est émotif au sens large)[1]. Lorsqu'il s'agit de discuter la thèse de la réductibilité, on découvre l'opposition entre les doctrines qui posent une réductibilité à l'ingrédient affectif ou conatif, les doctrines qui posent une réductibilité à l'ingrédient cognitif, et celles qui procèdent autrement.

Élection et appréciation

Revenons à ce qui a été appelé plus haut la distinction entre la question (a) et la question (b). Pour la clarifier, nous pouvons avoir recours à la distinction entre élection et approbation qui est proposée par Hutcheson au début de ses *Illustrations upon the Moral Sense* (1728). L'élection d'une action, c'est la décision d'agir ainsi plutôt qu'autrement ou plutôt que de ne pas agir. L'approbation d'une action ne s'accompagne pas nécessairement de l'élection. Une thèse propre à Hutcheson est que les qualités qui déterminent l'élection sont différentes de celles qui déterminent l'approbation. De plus, l'approbation est souvent spectatrice (par rapport à la conduite des autres), et non immédiatement pratique. Cette distinction entre élection et approbation s'accompagne d'une distinction parallèle, à propos des raisons d'agir, entre les « raisons excitantes » et les « raisons justifiantes ». Une raison excitante est celle qui fait agir, qui détermine l'élection.

---

1. Sur l'histoire de la distinction entre passions et désirs au XVIIe siècle, voir S. James, « Explaining the Passions. Passions, Desires, and the Explanation of Action », dans *The Soft Underbelly of Reason. The Passions in the Seventeenth Century*, S. Gaukroger (ed.), Londres, Routledge, 1998, p. 17-33.

Une raison justifiante est notamment celle qui montre que cette action est bonne, digne d'approbation. Hutcheson se sert de cette distinction pour proposer la thèse caractéristique de sa philosophie, selon laquelle « les raisons excitantes présupposent des instincts et des affections, et les raisons justifiantes présupposent un sens moral »[1]. La conduite d'un agent n'est pas directement motivée par les indications de son sens moral (sa sensibilité aux qualités morales), mais par les instincts et les affections de premier ordre qui sont soumises à l'évaluation du sens moral. Il est remarquable que cette distinction entre élection et approbation, ou une distinction similaire, soit utilisée par l'ensemble de protagonistes de la philosophie morale du XVIIIe siècle, indépendamment des thèses propres à Hutcheson. On peut repérer une différence importante entre une théorie qui soutient que seules les affections de premier ordre constituent des raisons excitantes (les affections de second ordre fournissant seulement des raisons justifiantes) et une théorie qui affirme que les affections de second ordre sont aussi capables que les affections de premier ordre de constituer des raisons excitantes. C'est une des différences principales entre (respectivement) la philosophie morale de Hutcheson et celle de Shaftesbury[2].

Maintenant que nous savons, dans les grandes lignes, ce qu'est une théorie du jugement moral et quelle place les émotions peuvent prendre dans une telle théorie, il nous faut exposer sommairement la conception des émotions (au sens large) qui est la référence commune à de nombreuses théories de l'Âge classique et des Lumières.

LA TYPOLOGIE CICÉRONIENNE DES PASSIONS

La typologie classique des passions qui est à l'arrière-plan des principales théories morales des Lumières britanniques est la doctrine stoïcienne telle qu'elle est exposée dans les *Tusculanes* de Cicéron.

1. *Illustrations upon the Moral Sense*, dans *On the Nature and Conduct of the Passions with Illustrations on the Moral Sense*, A. Ward (ed.), Manchester, Clinamen Press, 1999, p. 107-108, 109.

2. Je me permets de renvoyer à « La formation de la doctrine du sens moral », dans *Le sens moral. Une histoire de la philosophie morale de Locke à Kant*, L. Jaffro (éd.), Paris, PUF, 2000.

Cette thèse historiographique mériterait d'être explorée pour elle-même ; l'espace de cette étude permet seulement de l'illustrer par les exemples des théories des passions qu'on trouve chez Shaftesbury et dans Hutcheson[1]. Cicéron rappelle au 4e livre des *Tusculanes* que les stoïciens distinguent les *pathê* en quatre sortes fondamentales, selon le tableau suivant :

	biens	maux
présents	plaisir (*lætitia*)	peine (*ægritudo*)
absents, futurs	désir (*libido*)	crainte (*metus*)

Cette distribution repose sur la conception stoïcienne selon laquelle les passions naissent des biens et des maux (si l'on peut dire) d'opinion, c'est-à-dire du fait que des choses sont crues être des biens ou des maux : on ressent de la peine lorsqu'une chose qu'on croit être un mal est présente, du désir s'il s'agit d'une chose qui est estimée être un bien mais est absente, etc. Les passions fondamentales consistent en des opinions sur les biens et sur les maux selon qu'ils sont absents ou présents[2]. Il est manifeste, dans cette conception, que la passion enveloppe un jugement (qui peut être erroné) – elle est un état doxique, donc cognitif. Comme l'écrit Cicéron,

> les stoïciens pensent que toutes les passions dérivent du jugement et de l'opinion ; c'est pourquoi ils les définissent avec tant de soin, pour que l'on comprenne non seulement combien elles sont répréhensibles mais à quel point elles sont en notre pouvoir[3].

Perturbation et tendance raisonnable

À cela s'ajoute une distinction entre la *perturbatio*, le trouble bref et vif, et la *constantia*, une tendance calme et naturelle. La *perturbatio* est essentiellement réactive, c'est l'occurrence désordonnée d'une émotion en dehors de tout contrôle rationnel et par réaction à la représentation d'une chose extérieure comme bien ou un mal ; la *constantia* est une tendance raisonnable, conforme à la nature, qui suppose que la

1. Hume adapte également cette typologie. Voir J. Fieser, « Hume's Classification of the Passions and its Precursors », *Hume Studies*, 18 (1992), p. 1-17.

2. Cicéron, *Tusculanes*, trad. fr. E. Bréhier revue par V. Goldschmidt, dans *Les Stoïciens*, I, Paris, Tel-Gallimard, 1997 (1re éd. 1962), p. 333.

3. *Ibid.*, p. 334.

raison a su déterminer quel est le vrai bien, le vrai mal, et faire la part de ce qui est indifférent. Croisons cette distinction avec la typologie précédente :

	biens présents	maux présents
perturbation vive et irrationnelle	plaisir agité (*lætitia gestiens*)	peine
tendance calme et raisonnable	joie (*gaudium*)	

Il est à noter que puisque la peine n'obéit jamais à la raison (en effet seul le non-sage l'éprouve, devant ce qu'il croit à tort être un mal), aucune tendance raisonnable ne peut lui correspondre.

	biens absents	maux absents
perturbation vive et irrationnelle	désir effréné (*cupiditas*)	crainte
tendance calme et raisonnable	volonté (*voluntas*)	précaution (*cautio*)

Il ne saurait être question ici de rentrer dans le détail des subdivisions de cette typologie des passions. L'important est de comprendre que c'est bien cette conception profondément intellectualiste des passions qui fixe le cadre principal des théories morales des Lumières britanniques. L'image, si répandue, d'une philosophie anglo-écossaise essentiellement « empiriste » ne doit pas nous masquer le fait, historiquement avéré, que cette philosophie présuppose et discute (et éventuellement bouleverse) une conception de la passion qui, à la suite de l'intellectualisme socratique, l'assimile à un jugement ou à tout le moins à un pré-jugement. Examinons maintenant comment la typologie cicéronienne est reprise et aménagée par Shaftesbury, puis par Hutcheson, enfin par Hume, en insistant à chaque fois sur l'insertion de la doctrine des passions dans la théorie du jugement moral.

LA REPRISE DE LA THÉORIE CICÉRONIENNE PAR SHAFTESBURY
L'ÉMOTION EST UN JUGEMENT

Dans les *Miscellaneous Reflections* (1711), IV, 1, Shaftesbury propose un tableau des « affections », qui inclut les passions comme les désirs, puisque les quatre affections fondamentales sont la joie et la peine, le désir et l'aversion. Une affection telle que l'amour (qui est un désir avec l'espoir d'obtenir un bien dont la présence serait source de joie) est « influencée et gouvernée par l'opinion ». On désire en effet ce qui est jugé être un bien, que ce jugement soit correct ou erroné. Il y a des désirs corrects et incorrects, selon que le jugement qui apprécie la valeur est correct ou erroné. C'est pourquoi « le plus grand bien ou bonheur doit dépendre de l'opinion correcte, et le plus grand malheur doit dépendre de l'opinion incorrecte » [1].

Émotion et opinion

Shaftesbury comprend les affections, qu'elles soient passions, émotions ou désirs, comme des « imaginations », c'est-à-dire des représentations auxquelles sont essentiellement « unies » une « opinion ou appréhension » du bien ou du mal. Ainsi, usuellement quand nous pensons à la mort, à cette représentation est unie l'opinion selon laquelle la mort est un malheur. Selon le stoïcisme, cette représentation devrait être détachée de cette opinion, parce que la mort n'est pas un malheur. C'est donc une opinion incorrecte, qui en tant que telle devrait être dissociée de la représentation et abandonnée. Mais il est des objets qui sont des biens par eux-mêmes et à leur représentation est correctement associée l'opinion selon laquelle ce sont des biens. Le lien entre jugement et affection est donc bien intrinsèque : à toute affection est uni un jugement, puisque les affections qui nous affectent vraiment supposent que ce qui est leur objet soit considéré comme étant un bien ou un mal ; quant à l'indifférence, elle peut être interprétée comme un jugement. Quand le jugement par lequel nous estimons que telle chose est un bien ou un mal est incorrect, il parasite l'affection. Il faut alors, par un exercice spécial de la rationalité, procéder à un contrôle de l'affection de sorte que le jugement qui convient naturellement à l'objet soit rétabli.

Le premier jugement, implicite et erroné, est une application incorrecte de ce dont le second jugement, rationnel, est l'application correcte. Une passion est ainsi une anticipation (Shaftesbury dit une « prénotion », à la suite de la « prolepse » stoïcienne), un pré-jugement

---

1. *Characteristics*, P. Ayres (ed.), II, Oxford, Oxford UP, 1999, p. 222.

qui doit être rationnellement rectifié dans un jugement explicite. La rectification peut donner lieu soit à une inversion soit à une réduction de l'affection. L'inversion est l'opération par laquelle une fausse valeur est remplacée par la vraie valeur. La réduction est l'opération par laquelle une évaluation négative ou positive est comme dégonflée est remplacée par de l'indifférence – inversion et réduction sont présentées dans d'autres textes de Shaftesbury et correspondent à des procédés logico-éthiques qu'on trouve en particulier dans l'enseignement d'Épictète et chez Marc-Aurèle [1].

Bref, les affections doivent être soumises à un contrôle rationnel. Citant Marc-Aurèle, Shaftesbury parle d'une œuvre intérieure qui consiste à «régler l'imagination et rectifier l'opinion, dont tout dépend». Dans ce contrôle, ce sont les affections elles-mêmes qui deviennent l'objet de l'aversion et du désir. C'est pourquoi on peut dire à la fois et sans contradiction que le sens moral constitue un contrôle rationnel des affections et qu'il consiste en des affections de 2e ordre, des affections à l'égard des affections. Le lien entre affection et jugement est évidemment valable pour les affections de 2e ordre; la différence est que dans ce cas le jugement est contrôlé, explicité, vérifié. Il est à noter que, pour Shaftesbury comme le stoïcisme tel que Cicéron l'expose, l'éducation morale consiste à remplacer les «perturbations» par des «constances». On y parvient en contrôlant strictement la croyance de sorte que ce à quoi la croyance attribue telle valeur soit réduit à ce qui a effectivement cette valeur.

Émotion et vérité

Dans cette théorie, l'affection est un état nécessairement intentionnel, susceptible d'un contrôle d'ordre supérieur, et elle est intrinsèquement unie à un jugement. Selon que le jugement est vrai ou faux, l'affection est correcte ou incorrecte. Et le jugement est vrai ou faux selon que la chose jugée vérifie ou non la proposition selon laquelle elle est un bien, un mal ou une chose indifférente. Ainsi les stoïciens pensent qu'on peut démontrer que la mort est un événement indifférent, que l'obtention d'un honneur public ne peut pas être à

---

1. Voir Shaftesbury, *Exercices*, trad. fr. L. Jaffro, Paris, Aubier, 1993, en particulier p. 163-166 et 355-361.

proprement parler un bien, ou encore que seule la vertu est un bien véritable. En outre, dans la philosophie de Shaftesbury, comme dans le stoïcisme ancien, l'opinion est la source, non seulement de l'appréciation, mais de l'élection – les affections de second ordre comme les affections de premier ordre constituent des principes d'action. Nous ne sommes pas ici dans une théorie sensibiliste de la perception des valeurs, à la Hutcheson, puisqu'il n'est pas question d'une causalité par laquelle l'équivalent de sensations serait déterminé causalement par des qualités des objets. Le modèle n'est pas celui, mécanique, de l'action causale de propriétés sur un observateur dont les réactions sont une sorte de connaissance (*sui generis*) de ces propriétés ; mais c'est une conception intellectualiste, selon laquelle l'observateur est susceptible de découvrir les propriétés morales s'il exerce correctement son jugement.

L'AMÉNAGEMENT DE LA THÉORIE CICÉRONIENNE PAR HUTCHESON
L'ÉMOTION EST UNE RÉACTION À UNE CAUSE OBJECTIVE

Hutcheson, qui prétend défendre Shaftesbury contre les théories de l'amour-propre dominant de Mandeville et de La Rochefoucauld, aménage différemment la typologie stoïcienne des passions. Hutcheson distingue, parmi les modifications de l'esprit, entre les sensations qui peuvent être plaisantes ou déplaisantes et les affections qui constituent des désirs ou des aversions à l'égard ces sensations – désirs d'avoir des sensations plaisantes ou d'éviter des sensations déplaisantes[1]. On pourrait, écrit-il, limiter l'usage du terme « affection » à ces désirs ou aversions qui se distinguent des sensations en ce qu'ils engagent à l'action – c'est-à-dire à la poursuite ou à l'évitement de ces sensations. Mais l'usage est d'employer le terme « affection » aussi pour désigner des émotions telles que la joie, le chagrin, le désespoir. Ces émotions n'appartiennent pas à la classe des sensations et seulement certaines d'entre elles appartiennent à celle des désirs. Pour distinguer ces émotions des sensations, il convient de noter qu'on appelle « sensation » « la perception immédiate directe du plaisir ou de

---

1. Je résume dans ce paragraphe le début de la 2ᵉ section de *On the Nature and Conduct of the Passions*, *op. cit.*, p. 23 *sq.*

la peine qui provient de l'objet ou de l'événement présent » ; tandis qu'on entend alors par « affection » ou par « passion »

> une autre perception du plaisir ou de la peine, qui n'est pas suscitée directement par la présence ou l'opération de l'événement ou de l'objet, mais par notre réflexion sur eux ou notre appréhension de l'existence présente de leur existence certainement future, de sorte que nous sommes certains que l'objet ou l'événement suscitera les sensations directes en nous.

En somme, il y a deux manières de manier le terme « affection » par opposition à « sensation ». Soit on désigne par là les seuls désirs. Soit on étend l'usage pour englober toutes les perceptions indirectes, c'est-à-dire médiatisées par une réflexion ou une représentation. Dans ce second usage, « affections » désigne bien toute une gamme d'émotions, mais qu'il ne faut pas confondre avec les passions déréglées, instantanées, purement réactives et qui consistent principalement en un mouvement corporel et sont en vérité, écrit Hutcheson, des « sensations confuses ».

La spécificité des désirs

À divers niveaux de la théorie hutchesonienne, on retrouve quelque chose de la distinction stoïcienne entre les « constances » et les « perturbations ». Ainsi, l'opposition entre les désirs et les sensations, tout comme la distinction entre les affections (en un sens plus large que les désirs) et les passions comme « sensations confuses », reposent sur une considération de ce genre. C'est bien la différence entre les tendances calmes, mûries, qu'on pourrait dire « de fond », et les réactions épidermiques (ou en tout cas occasionnées par l'occurrence d'un objet) qui joue lorsqu'il s'agit de déterminer ce qui est digne d'approbation morale. Le « désir calme du bien privé » est à distinguer des réactions de colère ou de convoitise ; le « désir calme public du bien », c'est-à-dire la bienveillance, est supérieur à tel affect d'amour ou de compassion. « Supérieur » veut dire ici deux choses à la fois : un désir calme est susceptible de rectifier une émotion ponctuelle et, dans le cas du désir calme public, il est moralement supérieur puisque la bienveillance est la disposition qui est la source motivationnelle des actions moralement bonnes, qui méritent d'être approuvées par le sens moral.

Lorsqu'il reprend la typologie cicéronienne des quatre passions fondamentales, Hutcheson majore l'importance de la distinction entre les passions relatives aux biens ou maux présents et les passions relatives aux biens ou maux absents. Bref, il oppose fermement comme étant différents de nature les passions et les désirs. Ce sont les désirs et les aversions qui sont les « affections au sens propre », qui seules sont une source de motivation (elles déterminent l'élection),

> tandis que les passions telles que la joie et la tristesse sont seulement des sortes de sensations et que les autres affections diffèrent des sensations seulement parce qu'elles incluent un désir ou une aversion, ou une propension correspondante, de sorte que le désir et l'aversion sont les seules affections pures dans le sens le plus strict [1].

Hutcheson envisage aussi une position plus libérale qui inclut dans la classe des affections certaines émotions qui ne sont pas des désirs, à condition que ces émotions ne soient pas des sensations directes ou des sensations confuses, mais des sensations médiées par la réflexion. C'est pourquoi, dans la typologie des *Tusculanes* dont Hutcheson se réclame, il convient d'entendre par « joie » et « peine » autre chose que de simples réactions directes à des objets ou événements : des réactions médiatisées par la réflexion.

Quelles sont les différences entre la reprise shaftesburienne et la reprise hutchesonienne de la division des passions qui était proposée dans les *Tusculanes* ? On indique ici seulement la différence principale : tandis que Shaftesbury assimile complètement l'affection à un état cognitif qui a la forme d'un jugement (implicite et fréquemment erroné), Hutcheson ne nie pas qu'il y ait un élément cognitif dans l'affection, mais il réduit considérablement son importance. S'il admet en effet que les vraies affections, à la différence des simples sensations et des passions confuses, purement réactives et relatives à l'état du corps, procèdent d'une « réflexion » de l'entendement sur ses propres modifications ou d'une « appréhension » par l'entendement des modifications futures – et en cela un élément cognitif minimal est indéniablement présent –, il reste que la différence entre la sensation brute et l'affection proprement dite n'est pas que la seconde ne serait pas

---

1. *On the Nature and Conduct of the Passions, op. cit.*, 3ᵉ section, p. 38-40. Le contexte est une discussion de la typologie malebranchiste des passions.

réactive, mais que cette réaction est dans ce cas indirecte. En d'autres termes, pour distinguer les états affectifs Hutcheson adopte un point de vue sur la causalité à l'origine des états subjectifs. La causalité qui produit les affections est plus complexe que celle qui produit les sensations. Mais elle lui reste profondément analogue. Considérons le passage suivant :

> Quand nous contemplons une architecture régulière nous avons la sensation de la beauté ; mais quand nous nous représentons nous-même comme son propriétaire, ou quand nous imaginons que nous pouvons nous procurer cette sensation à loisir, nous ressentons l'affection de joie. Quand un homme a un accès de goutte, il a une sensation pénible ; quand il ne ressent pas actuellement la douleur, mais qu'il craint cependant son retour soudain, il a une affection de tristesse, qui peut aussi en un certain sens être appelée une sensation [1].

En dépit du fait qu'il oppose les « affections pures » aux « sensations confuses », Hutcheson applique aux affections dans leur ensemble une explication essentiellement causale qui suppose qu'elles sont analogues à des sensations dans la mesure où elles sont des réactions très élaborées à l'action de qualités ou de propriétés dispositionnelles des objets. Il s'agit bien de réactions et non de jugements à propos de l'existence de ces propriétés dispositionnelles ou de représentations fiables de ces propriétés. Ces réactions passent par des étapes successives, depuis la simple sensation jusqu'aux sentiments d'approbation ou de désapprobation, en passant par les affections au sens propre.

Par exemple, Isabelle ressent une sensation désagréable quand un enfant en guenilles se présente à elle et lui demande de l'argent. Elle a en outre une affection à cet égard, c'est-à-dire que lorsqu'elle repense à cette sensation désagréable, elle a le désir d'éviter de se trouver dans ce genre de situation. Si elle confie cette aversion à Pierre, celui-ci peut à son tour avoir une sorte de sensation déplaisante au récit que lui fait Isabelle de ses propres réactions, ce qui revient à désapprouver l'attitude d'Isabelle. Bien entendu, celle-ci peut avoir également ce genre d'affection de second ordre à son propre endroit, c'est-à-dire être dégoûtée de son propre comportement. À chaque étape, c'est bien

---

1. *On the Nature and Conduct of the Passions*, *op. cit.*, 2ᵉ section, p. 23.

une qualité de l'objet qui cause la réaction. Ainsi, il y a quelque chose dans le spectacle de l'enfant en guenilles qui cause la première sensation (et le contenu de cette qualité n'est pas déterminé) ; puis il y a quelque chose dans cette sensation (mais là on sait de quoi il s'agit : son caractère déplaisant) qui fait qu'Isabelle a maintenant le désir de l'éviter ; il y a quelque chose dans ce désir qui cause le sentiment désapprobateur chez Pierre – et à ce niveau aussi la propriété dispositionnelle qui cause la désapprobation est identifiable : il s'agit de quelque chose comme l'égoïsme ou en tout cas l'absence de bienveillance. C'est la propriété originelle, celle qui a déterminé la première réaction d'Isabelle, qu'il est difficile d'identifier. Pourquoi ? Parce qu'on peut considérer que quelqu'un d'autre aurait réagi différemment dès ce premier niveau. Si la réaction d'Isabelle est inappropriée, c'est bien qu'il y a quelque chose dans cette situation qui exigeait une autre réaction. Dans cette théorie sensibiliste, certaines propriétés des situations, des actions, des événements, causent des réactions affectives qui constituent une sorte d'appréhension de la valeur. Le contenu de cette appréhension n'est pas une proposition axiologique du genre « c'est mal de mendier », mais une qualité dont nous n'avons pas de représentation claire et articulée [1].

Analyse des idées morales des actions

Afin de clarifier ce point d'ontologie, il faut se reporter à l'analyse que propose Hutcheson de nos idées des actions, dans lesquelles il discerne trois ingrédients :

1. L'idée du mouvement externe, connu primitivement par les sens, tandis que sa contribution au bonheur ou au malheur d'une créature sensible est souvent inférée par une argumentation ou par la raison.
2. L'appréhension ou l'opinion des affections dans l'agent, qui est l'objet d'une conclusion de notre raison. Jusqu'ici l'idée d'une action représente quelque chose d'extérieur à l'observateur.
3. La perception d'approbation ou de désapprobation qui naît dans l'observateur, selon qu'il considère que les affections de l'agent ont un degré approprié de bienveillance, ou sont défectueuses ou mauvaises.

---

1. Une version aménagée de cette théorie de la perception de la valeur a été défendue par Ch. Tappolet dans *Émotions et valeurs*, Paris, PUF, 2000.

Cette approbation ne peut pas être une image de quelque chose d'extérieur, pas plus que le plaisir de l'harmonie, du goût ou de l'odorat[1].

Les deux premiers ingrédients sont des représentations de la situation extérieure, objective, et relèvent des capacités cognitives de l'observateur. Le troisième ingrédient est une modification des états internes de l'observateur qui ne constitue pas à proprement parler une représentation de la situation extérieure – en cela le troisième ingrédient ne relève pas de la raison, mais est un analogue de la sensation. On ne doit cependant pas en conclure à l'irréalité de ce qui, dans la situation objective, cause ces modifications dans l'observateur. Les perceptions d'approbation ou de désapprobation sont des effets qu'on peut dire subjectifs au sens où ils n'existent en tant qu'effets que dans un sujet et dans la mesure où ces effets ne sont pas des représentations fiables de propriétés objectives; mais ce sont bien des effets de quelque chose, c'est-à-dire de propriétés objectives dispositionnelles qui les causent. Hutcheson affirme une sorte de réalisme des valeurs :

Mais que personne n'imagine qu'appeler « perceptions d'un sens » les idées de la vertu et du vice, quand on considère les actions et les affections d'un autre, ce soit diminuer leur réalité, pas plus que les affirmations similaires à propos de tout plaisir, ou douleur, bonheur ou malheur[2].

Ce réalisme est indirect, puisque la « réalité » des valeurs est seulement celle de pouvoirs causaux dont l'existence est manifestée seulement par leurs effets en nous, c'est-à-dire les sentiments d'approbation ou de désapprobation, et non celle de propriétés susceptibles d'être intuitionnées ou décrites indépendamment de ces effets.

LA CONCEPTION HUMIENNE DES ÉMOTIONS ET DE LEUR RÔLE DANS LE JUGEMENT MORAL

La position que défend Hume sur la question du lien entre jugement moral et émotion procède d'une correction ou, plus exacte-

1. *Illustrations upon the Moral Sense, op. cit.*, p. 142.
2. *Ibid.*

ment, d'une mutilation de la théorie hutchesonienne. Selon Hume, si l'approbation ne peut pas être une image de quelque chose d'extérieur – entendons un trait de la situation objective –, c'est tout simplement qu'il n'y a rien d'extérieur qui soit véritablement le fondement de l'approbation. Hutcheson avait bien vu la prémisse, mais il n'avait pas osé en tirer la conclusion. Certes, telle situation occasionne telle appréciation, mais la source de l'appréciation est ailleurs que dans la situation. De sorte que, contre Hutcheson, il faut bien marquer que si l'on parle à bon droit de « sens moral » pour désigner notre capacité à faire des distinctions morales, c'est bien qu'on doit diminuer et même nier la « réalité » des idées de vertu et de vice, si on entend par « réalité » leur inscription en un autre lieu que les sentiments des sujets.

Une compréhension correcte de la théorie humienne des passions nécessiterait un exposé complet de sa psychologie. On se contentera de reconstituer sommairement les termes dans lesquels le *Traité de la nature humaine* (1739) analyse les passions et conçoit leur rôle dans le jugement moral.

La passion comme impression de réflexion

Qu'est-ce qu'une passion? C'est une « impression de réflexion ». Cela signifie qu'une passion est causée par une impression de sensation, par rapport à laquelle la passion est seconde. Elle surgit à cette occasion. Mais on doit prendre garde à ne pas commettre trois contresens. Premièrement, dans l'expression « impression de réflexion » le terme « réflexion » ne désigne en rien une « conscience réfléchie » ou une cognition [1]. Il signifie seulement qu'une passion est un effet d'une sensation. Deuxièmement, lorsque l'on dit que la passion est seconde par rapport à la sensation, on veut dire qu'une passion est causée par une sensation et non pas qu'elle représente une sensation. Si la passion était une représentation, alors elle ne serait pas une « impression », mais ce que Hume appelle une « idée ». Troisièmement, il ne faudrait pas concevoir la passion comme étant seulement une réaction directe à la sensation, car sinon la passion resterait aussi rudimentaire que le

---

1. Sur ce point, voir M. Malherbe, *La philosophie empiriste de David Hume*, 2ᵉ éd. Paris, Vrin, 1980, p. 168-169.

plaisir ou la douleur les plus simples. En réalité, dans la mesure où l'esprit réagit autant à des idées – copies d'impressions – qu'à des sensations, une passion est généralement une réaction à des affections complexes et déjà raffinées [1].

La typologie humienne des passions

Cette typologie est très élaborée et combine plusieurs distinctions. Une première distinction est entre les passions calmes et les passions violentes :

> De la première sorte relèvent le sens de la beauté et de la difformité dans une action, dans une œuvre d'art, ou dans les objets extérieurs. De la seconde sorte relèvent les passions de l'amour et de la haine, de peine et de la joie, de la fierté et de la honte [2].

Ces exemples suggèrent que les affections à l'origine de l'appréciation relèvent des passions calmes. Une seconde distinction est entre la classe des passions directes, qui sont immédiatement liées à un bien ou à un mal – soit qu'elles consistent en des réactions immédiates à tel bien ou tel mal, soit qu'elles aient un bien ou un mal pour effet – et celle des passions indirectes, qui sont liées à un bien ou à un mal d'une manière plus complexe. Les quatre passions fondamentales des stoïciens, notamment, font partie des passions directes – et à cet égard Hume aménage à son tour la typologie cicéronienne. À quoi s'ajoutent des passions indirectes, c'est-à-dire médiatisées par l'association des idées. Par exemple, je peux ressentir la passion directe de la joie devant un jardin agréable ; si cet objet est étroitement lié à ma personne par l'association des idées (par exemple, si je suis le propriétaire du jardin), à cette joie s'ajoutera une passion indirecte de fierté. De la même façon, si ce jardin appartient à quelqu'un d'autre, qui compte pour moi, je ne ressentirai pas seulement du plaisir, mais aussi de l'amour – ou bien de l'envie, si c'est un rival. Dans le cas des passions indirectes, il n'y a pas seulement une relation entre les

---

1. Pour une présentation complète, voir J.-P. Cléro, *La philosophie des passions chez David Hume*, Paris, Klincksieck, 1985.

2. *Traité de la nature humaine*, II, I, 1.

qualités plaisantes ou déplaisantes d'un objet (un bien ou un mal) et une émotion que je ressens devant ces qualités, mais aussi une relation entre l'idée d'une personne (que ce soit moi-même, lorsqu'il s'agit de la fierté ou de la honte; ou bien autrui, lorsqu'il s'agit de l'amour, de la haine, de l'envie, etc.) et les qualités de l'objet. Cette double relation, caractéristique des passions indirectes (et qui constitue une innovation par rapport à la théorie de Hutcheson), s'institue à cause de la ressemblance entre l'émotion que je ressens devant l'objet et l'émotion que je ressens à propos de la personne (moi ou un autre)[1]. Quant à la sympathie, elle est le processus par lequel cette capacité d'éprouver des passions indirectes est étendue bien au-delà de la sphère de notre entourage. Ce processus consiste dans le fait de « recevoir par communication les inclinations et sentiments » d'autrui, aussi étranger nous soit-il[2]. La sympathie permet l'extension des évaluations.

Il y a toute une controverse parmi les interprètes de Hume au sujet de la manière dont il faut croiser la distinction direct/indirect et la distinction calme/violent, sans parler de la distinction entre les passions premières (les instincts, les appétits physiques qui peuvent occasionner un plaisir ou un déplaisir selon qu'ils sont satisfaits ou non) et les passions secondaires (qui sont des manières de réagir à un bien ou à un mal)[3]. L'important, pour ce propos qui se limite à étudier la place des émotions dans la théorie du jugement moral, est de relever que les affections de second ordre que sont les sentiments d'approbation ou de désapprobation se recrutent dans la classe des passions secondaires, indirectes, calmes, et qui mobilisent la sympathie. Approuver moralement ou esthétiquement telle action ou telle attitude, c'est réagir (passion secondaire) d'une manière particulière (passion calme) à un spectacle dont la qualité plaisante est associée en outre à l'idée d'une personne (passion indirecte), lorsque nous sommes très soucieux de porter une appréciation sur des personnes au-delà de notre entourage (sympathie).

1. *Traité de la nature humaine*, II, I, 5.
2. *Ibid.*, II, I, 11.
3. Sur ce point, voir J. Fieser, art. cit. Voir également l'exposé de J. Rawls, *Leçons sur l'histoire de la philosophie morale*, trad. fr. M. Saint-Upéry et B. Guillarme, Paris, La Découverte, 2002, 1re partie.

Nous sommes maintenant en mesure de comprendre ce que Hume entend par « un genre particulier » lorsqu'il présente dans ces termes sa version mutilée de la théorie hutchesonienne de l'appréciation :

> Une action, un sentiment, ou un caractère, est vertueux ou vicieux ; pourquoi ? parce que son spectacle cause un plaisir ou un déplaisir d'un genre particulier. Par conséquent, en donnant une raison du plaisir ou du déplaisir, nous expliquons suffisamment le vice ou la vertu. Avoir le sens de la vertu, ce n'est rien d'autre que ressentir une satisfaction d'un genre particulier à la contemplation d'un caractère. C'est le sentiment (*feeling*) lui-même qui constitue notre éloge ou notre admiration. Nous n'allons pas plus loin et nous ne recherchons pas la cause de ce contentement. Nous n'inférons pas qu'un caractère est vertueux parce qu'il plaît ; mais en sentant qu'il plaît de cette manière particulière, de fait nous sentons qu'il est vertueux (*we in effect feel that it is virtuous*) [1].

Il suffit de se reporter à l'analyse hutchesonienne des idées morales des actions (ci-dessus) pour constater que Hume a donné une interprétation subjectiviste du 3e ingrédient. Si on appelle « sentimentaliste » cette position, alors ni Shaftesbury ni Hutcheson ne sont sentimentalistes en ce sens-ci.

Les sentiments « d'un genre particulier » – entendons, cette sorte particulière de passions secondaires, calmes, indirectes et appuyées sur la sympathie – ne sont pas la source seulement de l'appréciation – dont il est question dans le passage qui vient d'être cité –, mais aussi de l'élection. Il n'y a aucune difficulté à donner un rôle motivationnel à une passion calme, du moment qu'on distingue clairement entre « calme » et « faible », tout comme entre « violent » et « fort ». La caractéristique calme/violent concerne l'intensité de la passion, c'est-à-dire sa capacité à troubler les états internes de celui qui l'éprouve, tandis que la caractéristique faible/fort concerne son efficacité, c'est-à-dire sa capacité à influencer l'action de celui qui l'éprouve. Ainsi une passion calme peut être forte, tout comme une passion violente peut être faible [2]. Inspiré par un sentiment mûri et constant de bien-veillance, je suis déterminé à faire le bien autour de moi ; agité par la colère, mon action peut être paralysée.

---

1. *Traité de la nature humaine*, III, I, 2.
2. *Ibid.*, II, III, 4.

La théorie humienne de la motivation

La thèse célèbre de Hume, au sujet de la motivation morale, est que la raison à elle seule est incapable d'influencer une action ou une passion[1]. Si le jugement moral est bien pratique par lui-même, c'est-à-dire s'il conduit celui qui juge à agir conformément à ce jugement (Hume souscrit à l'internalisme du jugement), il convient de rechercher quel est l'ingrédient qui est doté de cette capacité motivationnelle. Hume adopte ce qui a été appelé plus haut la thèse de la complexité : le jugement moral comporte des ingrédients affectifs, et plus exactement conatifs (des désirs), et des ingrédients cognitifs (des représentations intellectuelles). Hume souscrit également à une thèse de la réductibilité : c'est seulement en vertu de l'ingrédient conatif, identifié à certaines passions, que le jugement moral est motivant. La justification de cette thèse est complexe et mériterait d'être discutée pour elle-même[2]. L'argumentation repose en particulier sur l'affirmation du caractère radicalement non représentatif, et donc intrinsèquement non cognitif, de la passion :

> Une passion est une existence originelle ou, si vous préférez, une modification originelle d'existence, et ne contient aucune qualité représentative qui en ferait une copie d'aucune autre existence ou modification. Quand je suis en colère, j'éprouve réellement cette passion, et à travers cette émotion je n'ai pas plus de référence à aucun autre objet que lorsque je suis assoiffé, malade, ou haut de plus de cinq pieds. Il est par conséquent impossible que cette passion puisse être combattue par la vérité et la raison ou qu'elle puisse leur être contradictoire, puisque la contradiction consiste dans le désaccord entre des idées, considérées comme des copies, et des objets qu'elles représentent[3].

Dans ce cas, la passion n'est pas intrinsèquement intentionnelle ; en tant qu'impression de réflexion, elle est bien causée par la présence

---

1. *Traité de la nature humaine*, II, III, 3.

2. On peut consulter sur ce point J. Mackie, *Hume's Moral Theory*, Londres, Routledge & Kegan Paul, 1980 ; J. Bricke, *Mind et Morality. An Examination of Hume's Moral Psychology*, Oxford, Oxford UP, 1996 ; et, pour la reprise des arguments humiens dans la philosophie morale contemporaine, F. Snare, *Morals, Motivation and Convention : Hume's Influential Doctrines*, Cambridge, Cambridge UP, 1991.

3. *Traité de la nature humaine*, II, III, 3.

d'une autre perception (par exemple, je ressens du plaisir à entendre tel son), mais elle n'est pas une représentation de ce qui la cause. Naturellement, c'est au terme d'une analyse extrêmement réductrice que Hume affirme que la passion est une existence qui n'est en rien représentative. Cela n'empêche pas Hume, lorsqu'il décrit la vie morale concrète dans sa complexité, d'être attentif au dynamisme des passions et à la manière dont elles nous donnent accès aux objets et aux personnes. Ce que découvre l'anatomie des passions, à savoir qu'elles sont des «existences originelles», n'est pas conforme à ce que suggère la phénoménologie de la vie morale. La conception de la passion comme un événement affectif clos sur lui-même peut alors paraître étrange; selon Hume, elle est pourtant exacte, et le fait qu'elle paraisse étrange ne conduit pas à la rejeter, du moins si on prête attention au fait qu'il y a nécessairement un écart entre ce que nous expérimentons dans la vie ordinaire et ce que l'analyse philosophique nous apprend.

CONCLUSION

Lorsqu'il s'agit de montrer que la source de la motivation ne saurait se trouver dans la raison, Hume oppose la direction d'ajustement des désirs et celle des propositions de la raison. Les désirs et les passions incitent à changer l'ordre du monde, ils exigent du monde qu'il s'adapte à eux – si c'est le cas, ils sont couronnés de succès. Les propositions de la raison, à l'inverse, s'adaptent au monde et, en particulier, sont vraies ou fausses selon qu'elles le décrivent correctement ou non[1]. Hume a majoré cette opposition entre le conatif et le cognitif. Parmi les désirs et les passions, il a choisi de privilégier une certaine sorte de sentiment comme étant à l'origine des distinctions morales. Cependant, il n'a pas voulu considérer que les émotions, distinguées des désirs, pouvaient être vues comme des réactions à des propriétés naturelles des situations. Car une telle conception l'aurait peut-être conduit à remettre en cause une distinction aussi tranchée entre les

---

1. La notion de direction d'ajustement est abondamment utilisée dans la discussion contemporaine sur la normativité morale. Voir, par exemple, l'exposé introductif de R. Ogien, *Le réalisme moral*, Paris, PUF, 1999.

états psychologiques qui s'adaptent au monde et ceux qui exigent du monde qu'il s'adapte à eux. Les émotions, en effet, lorsqu'on les distingue des désirs qui induisent la recherche d'un changement dans l'état du monde, ne sont-elles pas des réactions passives à ce qui se passe dans le monde, qu'elles expriment à leur manière? Dans ce cas, leur direction d'ajustement n'est pas simplement celle des désirs, mais est plutôt celle des états cognitifs. Elles sont susceptibles, sinon d'être vraies ou fausses, du moins d'être appropriées ou inappropriées, selon que leur occasion correspond ou non à leur objet formel : par exemple, comme l'objet formel d'une forme courante de la peur est le danger, si j'ai peur de quelque chose qui n'est pas dangereux, alors mon émotion est inappropriée. Hume n'est pas allé dans cette direction qui revient à rapprocher l'émotion de la perception (au sens strict, c'est-à-dire la perception d'un objet), parce qu'il considérait que l'émotion est une manière de sentir sans référence intrinsèque à un objet; il assimilait l'émotion à une modification interne bien distincte de l'appréhension d'un état de fait.

Si l'on veut trouver, parmi les Modernes, une conception qui se rapproche de la vue selon laquelle l'émotion comporte en elle-même un élément cognitif, il faut se tourner vers un ami des Anciens. Les Modernes, disciples de Locke, ont une forte tendance à adhérer à la théorie phénoménaliste de l'émotion[1]. Shaftesbury est un des rares auteurs à maintenir au XVIIIe siècle la conception antique, socratico-stoïcienne, de l'émotion comme anticipation affective de ce qu'un jugement explicite vient éventuellement corriger ou confirmer. Pour lui, l'émotion est bien évaluation, appréciation – elle est primitivement la réaction à ce dont je crois que cela peut me nuire ou me convenir, et elle est susceptible, sous ses formes supérieures et ration-

---

1. Cette conception, qui, selon Ch. Tappolet, est dominante du XVIIe au XIXe siècles, assimile les émotions à des manières d'éprouver (*feelings*) tout à fait comparables aux sensations. Dans ce cas, une émotion doit être caractérisée par son aspect qualitatif, par la manière dont elle est ressentie, et non par son rapport à un objet. L'émotion est réductible à une sorte de sensation, elle n'est pas intentionnelle; elle peut être ressentie à l'occasion d'un objet, mais elle n'est pas nécessairement à propos de cet objet. De même, l'émotion comme toute sensation doit avoir des causes, et ces causes peuvent bien être dans certains cas des états cognitifs, mais elle est identifiable indépendamment de ce qui la cause. Voir Ch. Tappolet, *op. cit.*, p. 129.

nelles (de second ordre), de constituer la conscience même des biens et des maux, c'est-à-dire le «sens moral»; elle comporte aussi intrinsèquement un état cognitif – sous sa passivité apparente, elle dissimule un jugement, ou plus exactement un pré-jugement, qui peut être erroné.

Hutcheson, quant à lui, a certes insisté sur le fait que, par notre affectivité, nous réagissons à des propriétés des objets et tout spécialement à leurs propriétés axiologiques, mais il s'est efforcé de rendre compte de cette réaction en appliquant dans le domaine des émotions la doctrine des qualités que Locke avait développée à propos de la perception sensible. C'est pourquoi Hutcheson insiste sur la causalité qui produit les émotions; il identifie la qualité (la bienveillance) qui est par excellence celle qui suscite l'approbation morale. Cette approche l'éloigne de la conception intellectualiste qui assimile l'émotion à un jugement. Hutcheson et Shaftesbury sont d'accord sur plusieurs points, et notamment sur celui-ci : les émotions, quand elles ne sont pas réductibles à des sensations de l'ordre du chatouillement, nous font accéder aux valeurs, nous les révèlent avant même que nous sachions que nous les connaissons; Hutcheson, soucieux d'opposer les émotions à la raison raisonnante, maintient quelque chose de l'ordre de la sensation dans l'émotion morale, tandis que Shaftesbury l'assimile à un état cognitif ct, plus précisément, à un pré-jugement. Dans cette dernière conception, l'émotion n'est pas l'adversaire de la raison, mais une raison sensible, comme à l'état sauvage, qu'il convient de policer [1].

Laurent JAFFRO
Université de Paris-I Sorbonne

1. Je remercie Christian Maurer de ses remarques sur ce travail.

KANT

LES ÉMOTIONS D'UN POINT DE VUE PRAGMATIQUE

Les réflexions de Kant sur les émotions, qui appartiennent pour l'essentiel aux cours d'anthropologie, ne constituent pas une *théorie*. En effet Kant, au moins depuis 1775[1], développe une conception tout à fait spécifique de l'anthropologie, qu'il spécifie du terme de *pragmatique*[2]. Cette perspective générale vers laquelle est orienté le propos sur les émotions, est essentielle pour comprendre la portée de celui-ci. En effet, les émotions ne sont envisagées ni du point de vue psychologique (comme le fait Baumgartner dans une *psychologia empirica* qui est insérée dans la métaphysique[3]), ni du point de vue psychophysiologique (qui est celui de Descartes dans le *Traité des passions*, et, dans une perspective différente, celui de Platner dans son *Anthropologie für Ärzte und Weltwelse* de 1772[4]), ni non plus du point de vue strictement moral, tel qu'il est développé par Kant lui-même,

---

1. *Kant's gesammelte Schriften*, hrsg. von der Berlin-Brandenburgischen Akademie der Wissenschaften, Bd XXV, *Vorlesungen über Anthropologie*, bearbeiteten von R. Brandt et W. Stark, Berlin, de Gruyter, 1997, Erste Hälfte, 1775/76, Friedländer, Ak. XXV, 1, 469 *sq.* Cet ouvrage sera mentionné de la manière suivante : *Leçons d'anthropologie*, Ak. XXV, suivi du n° du volume, de la date des leçons, de la source, et de la page. D'une manière générale les références aux textes de Kant seront données dans l'édition dite de l'Académie, sous la forme : Ak. suivi du numéro du tome, et du numéro de la page. Sauf indication contraire, nous traduisons les passages cités.

2. R. Brandt et W. Stark, dans l'introduction à leur édition des *Leçons sur l'anthropologie*, parlent de « tournant » pragmatique (Ak. XXV, 1, p. XVII).

3. Le texte de la *psychologie empirica*, qui a servi à Kant de base pour ses cours d'anthropologie, est donné dans les *Réflexions sur l'anthropologie*, Ak. XV, 1, p. 5-54.

4. *Cf.* la lettre de Kant à Marcus Herz, fin 1773, Ak. X, 145-146.

notamment dans les *Fondements de la métaphysique de mœurs* de 1784[1], et dans la *Métaphysique des mœurs* proprement dite[2].

L'originalité des réflexions anthropologiques, que Kant a développées depuis 1772 sous forme de cours[3], tient à quelques traits différentiels. 1) Elles se rattachent au concept *cosmique*, et non au concept *scolastique* de la philosophie; elles ne visent donc pas tant à fonder un savoir de l'homme qu'à favoriser les fins essentielles de la raison humaine. 2) Elles ne recherchent pas la condition de possibilité

1. Ak. IV, 388, où Kant définit l'«anthropologie pratique» comme la partie empirique de l'éthique, la partie pure étant la morale. Kant développe cette idée à la même période dans ses *Leçons sur la philosophie morale; cf.* les cours de Collins (1784-1785), Ak. XXVII, 1, 244-245. L'anthropologie y est définie comme «la science des règles du comportement effectif [de l'homme]» (Ak. XXVII, 1, 244) ou encore comme «une science [portant sur] les lois subjectives du libre arbitre» (Ak. XXVII, 1, 245). On trouve un contenu presqu'identique dans les *Leçons d'éthique* établies par Mentzer (*Eine Vorlesung Kants über Ethik*, hrsg. von P. Menzer im Auftrag der Kantgesellschaft, Berlin, Verlag Rolf Heiser, 1924; rééd. W. Stark, *Vorlesung zur Moralphilosophie*, Berlin, de Gruyter, 2004), trad. fr. L. Langlois, Paris, Librairie Générale Française, 1997, p. 69-72.

2. «Le pendant d'une métaphysique des mœurs, comme second membre de la division de la philosophie pratique en général, serait l'anthropologie morale qui contiendrait les conditions – mais seulement les conditions subjectives, aussi bien adverses que favorables – de l'exécution des lois de la métaphysique des mœurs dans la nature humaine: l'éveil aux principes moraux, leur déploiement et leur renforcement (dans l'éducation, dans l'instruction scolaire et populaire) ainsi que d'autres leçons et prescriptions se fondant sur l'expérience» (Ak. VI, 217; trad. fr. J. et O. Masson, dans *Œuvres philosophiques*, t. III, Paris, Gallimard, 1986, p. 460) L'anthropologie pragmatique n'est pas l'anthropologie morale, mais la distinction rigoureuse des deux points de vue, se rattachant à deux principes incompatibles, celui du bonheur et celui de la moralité, n'est pas toujours observée par Kant lui-même, qui greffe des développements moraux sur les observations et les réflexions proprement anthropologiques. Par exemple rien n'empêche d'envisager la passion *à la fois* comme nuisible (bonheur) et comme condamnable (moralité). Ce mélange se comprend par le statut exotérique, voire populaire, du discours sur l'homme. Mais il ne faut pas en conclure à une identification, conceptuellement injustifiée, du pragmatique et du moral.

3. L'*Anthropologie du point de vue pragmatique*, publiée en 1798 (*Kants gesammelte Schriften*, hrsg. von der Königlich Preußischen Akademie der Wissenschaften, Bd VII, Berlin 1907, S. 117-334, en abrégé A 1798), est la synthèse de ces cours. Le statut architectonique de cet ouvrage est le même que celui des cours, par conséquent il faut se garder de le rattacher sans plus à l'entreprise transcendantale.

a priori d'un usage d'une faculté, mais s'appuient sur des observations *empiriques* de l'homme, ordonnées de manière systématique aux trois facultés de l'esprit. 3) Elles ne cherchent pas à dégager des lois de l'action (comme dans la philosophie pratique), mais des conseils pour mener une existence la plus heureuse possible (telle est la définition du point de vue *pragmatique*). 4) Comme le bonheur repose essentiellement sur le sentiment de la vie, elles sont centrées sur la vie affective de l'homme, puisque la norme du bien-être, comme celle de la santé, est une certaine manière de sentir, de se sentir. On peut donc résumer l'objet de l'anthropologie pragmatique de la manière suivante : c'est un guide pour l'élève au moment où il sort de l'école, où il entre dans le monde – car l'homme se définit, par différence de l'homme d'étude ou de l'étudiant comme citoyen du monde ; ce guide lui donne un miroir de l'homme en général grâce auquel il peut apprendre, en fonction de son caractère empirique, de l'orientation habituelle de son affectivité, et des rapports qu'il entretient avec les autres hommes, à vivre aussi bien qu'il lui est possible.

La culture de soi à laquelle doit aboutir l'anthropologie pragmatique comme formation de l'homme au monde consiste, pour chaque individu, à apprendre du sentiment quels sont les états de l'esprit qui favorisent la vie. Or ces états relèvent eux-mêmes du sentiment ; ce sont, au sens large, des états affectifs. Le sentiment juge le sentiment, et lorsque cette réflexion elle-même contribue à orienter le sentiment, on peut dire que l'état de l'esprit est soumis à une régulation. L'anthropologie fait donc le partage entre les états affectifs favorables et les états affectifs défavorables à l'épanouissement du sentiment vital. Les seconds peuvent être appelés des maladies, et sont, en ce sens, pathologiques. Mais le terme de pathologique doit être entendu ici dans un sens bien particulier, qui sort de l'usage critique. Dans la *Critique de la raison pratique*, est dit pathologique ce qui s'oppose à la loi de liberté que la volonté, comme raison, se donne à elle-même : le pathologique vient donc de l'impulsion de la sensibilité qui inscrit le sujet dans une causalité naturelle. Pathologique s'oppose à pratique, et définit l'état d'une volonté affectée par d'autres principes que ceux de la moralité. C'est pourquoi le sentiment lui-même peut être dit pathologique [1]. Il n'en va pas de même du point de vue pragmatique, car le bonheur repose, normalement et légitimement, sur le sentiment : « ce en quoi chacun doit placer son bonheur dépend du sentiment particulier de plaisir et de peine qu'il éprouve » [2]. Même s'il n'existe pas de loi objective du bonheur, s'appliquant à tout homme, on peut définir, ne serait-ce que négativement, à quelles conditions le sentiment vital peut s'épanouir de manière optimale, et, *a contrario*, ce qui lui fait obstacle. On doit donc s'attendre à ce que l'anthropologie expose à la fois une physiologie et une pathologie de chacun des pouvoirs de l'esprit, et en particulier du sentiment.

L'organisation du texte de l'*Anthropologie*, en sa partie didactique, confirme cette supposition. D'une part la division en trois facultés peut être ramenée à une division plus large entre les facultés théoriques et les facultés pratiques. En effet, le sentiment lui-même appartient au pratique [3], il doit donc être traité dans le même ensemble que la faculté de désirer. D'autre part, si l'on se tourne vers la faculté de connaître (Livre I), on trouve bien l'examen successif, de l'usage normal (§ 1-44) et de l'usage pathologique (§ 45-53) [4]. Quant à la faculté pratique, elle est elle-même divisée en un moment physiologique, qui comprend tout l'exposé sur le sentiment (Livre II), et un moment pathologique, qui se confond avec la partie consacrée à la faculté de désirer (Livre III). Kant prolonge la définition que donne Baumgarten de la pathologie comme science des affects [5]. Cette

1. « L'effet négatif produit sur le sentiment (le sentiment du désagréable) est, comme toute influence exercée sur le sentiment, et *comme tout sentiment en général, pathologique* » (*Critique de la raison pratique*, Ak. V, 75, nous soulignons).

2. *Ibid.*, Ak. V, 75.

3. Les *Leçons de philosophie pratique* prises par Herder (1764) définissent comme « *pratique d'une manière générale* » « tout ce qui a un rapport au *sentiment* » (par différence avec ce qui est sans rapport au sentiment et qui concerne la spéculation) « car la somme du plus grand plaisir possible est le fondement de tous les désirs » (Ak. XXVII, 1, 12).

4. Le fait que la partie pathologique soit suivie d'un exposé des talents (§ 54-59) apparaît comme une anomalie, qui peut toutefois s'expliquer par le lien entre la singularité de la folie et celle du génie, qui est le troisième talent.

5. Baumgarten, *Psychologie empirique*, § 678. On remarquera que pour Baumgarten les *affectus* sont définis comme des *appetitiones* et des *aversationes*, et comprennent donc les *passiones*; par conséquent, le domaine couvert par la pathologie est bien le

division est schématique, mais elle indique, dans une première approximation, que pour l'anthropologie pragmatique, le sentiment de plaisir est d'une manière générale une «promotion de la vie», tandis que le désir, lorsqu'il est mélangé, se fait passion, et, sous cette forme, est un «cancer pour la raison pratique»[1]. La frontière entre l'affectivité normale et l'affectivité pathologique correspond au moment où le plaisir cesse d'être vital, parce que le désir l'investit de telle sorte qu'il vise plus la répétition que la simple satisfaction. Le désir fausse le plaisir et se perd lui-même par la recherche vaine de ce que le plaisir ne peut plus donner.

Il est toutefois impossible de s'en tenir à cette division de l'affectivité, parce qu'elle ne fait aucune place à l'*affect* proprement dit, terme qui désigne chez Kant, non pas ce que nous avions appelé *affectivité* en général (et qui comprend aussi bien le sentiment et la passion), mais uniquement la forme pathologique du sentiment, pourtant distinguée de la passion. «Être soumis à des affects et à des passions, est bien toujours une maladie de l'esprit (*Gemüth*), parce que l'un et l'autre excluent la maîtrise de la raison»[2]. En tant que maladie de l'esprit l'affect doit être traité en même temps que la passion, mais il ne faut pas le confondre avec elle. C'est pourquoi si on avait suivi l'ordre logique, la présentation des affects aurait dû trouver place dans la partie pathologique du livre sur le sentiment; mais les affects ont une «affinité étroite» avec les passions, c'est pourquoi ils seront étudiés en même temps que ces dernières[3]. Ainsi le livre III est bien le livre de l'affectivité pathologique, mais dans ce livre lui-même toute pathologie n'est pas à rapporter uniquement, malgré le titre, à la faculté de désirer.

Dès les premières leçons d'anthropologie, Kant tient ensemble deux thèses en apparence contradictoires sur le rapport entre les affects et les passions. Première thèse : il est essentiel de distinguer les affects des passions, parce que les premiers appartiennent au sentiment

---

même que chez Kant, malgré la distinction que ce dernier introduit, contre Baumgarten, entre la *passion* et l'*affect*.

  1. A 1798, § 80, Ak. VII, 266.
  2. A 1798, § 73, Ak. VII, 251.
  3. A 1798, § 61, Ak. VII, 235.

de plaisir et de peine, les secondes à la faculté de désirer[1]. Deuxième thèse : la différence entre les affects et les passions se comprend à partir de leur appartenance commune à l'ordre du pathologique – communauté qui, dans l'exposé didactique, l'emporte sur la différence, puisque les affects sont traités dans le même chapitre que les passions[2]. Tantôt la différence entre les affects et les passions apparaît comme une différence de degré, tantôt comme une différence de nature. La rigueur architectonique conduirait à marquer la différence entre le sentiment et le désir, et par suite entre l'affect et la passion,

1. « La passion est un désir qui nous rend incapables de considérer la somme de tous les désirs ; mais l'affect est un sentiment qui nous rend incapables de consulter la somme de tous les sentiments » (*Leçons d'anthropologie*, 1772-1773, Collins, Ak. XXV, 1, 212, l. 1-4) Kant insiste dès 1772 sur la nécessité de distinguer la *passion* de l'*affect*. C'est un motif constant de ses réflexions sur les passions, qu'on retrouve non seulement dans les *Leçons d'anthropologie* (outre les *Leçons* de Collins qu'on vient de citer : 1772-1773, Parow, Ak. XXV, 1, 412, l. 11-12 ; 1775-1776, Friedländler, Ak. XXV, 1, 589, l. 16-18 ; 1777-1778, Pillau, Ak. XXV, 2, 797, l. 11-13 ; 1781-1782, Menschenkunde Petersburg, Ak. XXV, 2, 1115, l. 8-9 ; 1784-1785, Mrongovius, Ak. XXV, 2, 1340, l. 11-14 ; 1788-1789, Busolt, Ak. XXV, 2, 1520, l. 3 ; A 1798, § 73, Ak. VII, 251, l. 15-19), mais aussi dans les *Leçons de métaphysique* (Pölitz, Ak. XXVIII, 1, 256), dans la *Critique de la faculté de juger* (Ak. V, 272, note). Kant fait à plusieurs reprises référence à Hutcheson pour justifier cette distinction, mais il est difficile de déterminer sur quels textes Kant s'appuie. Si Hutcheson évoque bien une distinction entre l'*affection* et la *passion*, il ne l'interprète pas comme une différence du sentiment et du désir. « Si on croit pouvoir utiliser le mot *passion* pour signifier quelque chose de différent des *affections*, il comprend, outre le désir ou l'aversion, outre la *calme joie* au sujet de la possession envisagée d'un bien, ou le *chagrin* pour sa perte ou pour un mal imminent [toutes choses qui sont donc communes aux passions et aux affections], une *sensation confuse* soit de plaisir soit de peine, causée ou accompagnée par quelques mouvements violents du corps, qui maintient l'esprit tout employé à l'affaire présente, à l'exclusion, de toute autre chose, et prolonge ou renforce l'affection, parfois à un degré tel que tout raisonnement de délibération sur notre conduite s'en trouve empêché » (*An Essay on the Nature and Conduct of the Passions and Affections*, A. Garrett (ed.), Indianapolis, Liberty Fund, 2002, p. 30-31, nous traduisons). La confusion qui caractérise la passion ainsi définie et empêche l'esprit de maîtriser ses actes est un trait qui, chez Kant, appartient à l'émotion en général, et même, plus particulièrement à l'affect, non à la passion.

2. Le cours pris par Collins en 1772-1773, qui souligne la différence entre *affects* (sentiment) et *passions* (désir), définit en même temps, à quelques lignes d'intervalle, l'affect comme : « un désir qui est si grand qu'il nous rend incapables de comparer l'objet de notre désir avec la somme de nos inclinations » (*ibid.*, Ak. XXV, 1, 210, l. 28-31), ou comme « une inclination [donc un désir] qui croît de telle sorte qu'elle détruit les autres inclinations » (*ibid.*, Ak. XXV, 1, 212, l. 15-16).

mais Kant déroge précisément à cette rigueur en privilégiant l'affinité entre eux ; en même temps, l'exposé du Livre III propose une
comparaison dont l'objet est de souligner les différences.

Ces différences elles-mêmes peuvent être comprises à partir de
deux principes distincts. En effet une fois admis que les affects et les
passions sont des « maladies de l'esprit », reste à définir ce qu'on
entend par là. Pour les Stoïciens, qui sont la principale référence en
pathologie de l'âme, la maladie est indistinctement une défaillance
morale, une folie, et une souffrance (une tristesse ou un chagrin) ;
elle provient d'un mouvement désordonné de l'esprit, une inquiétude,
un trouble, une « perturbation » [1], qui est la passion. La maladie est
indissociable d'un vice. Inversement la santé consiste « dans un état de
tranquillité et de stabilité » [2], et la guérison est le rétablissement de la
raison dans l'âme à la fois par l'élimination de l'opinion et la conformité de la volonté à la norme rationnelle. Traduite en termes kantiens,
la conception stoïcienne consisterait à affirmer que la passion est
pernicieuse d'un point de vue pragmatique (elle empêche l'homme
d'être heureux) parce qu'elle est une déviance sur le plan moral (elle
s'écarte de la raison), sans que pour autant le moral se confonde avec
le pragmatique.

Mais cette distinction entre le pragmatique et le moral est
évidemment absente la doctrine stoïcienne, pour laquelle la vertu est
nécessairement liée au bonheur. En revanche la dissociation opérée
par Kant oblige à situer la maladie à deux niveaux, et à distinguer la
déficience par rapport à la loi (aspect moral), et le trouble qui empêche
d'être heureux (aspect pragmatique). Au sens strict, seul le second

---

1. Cicéron, *Tusculanes*, III, IV, 7 ; III, X, 22-23. *Cf.* également III, X, 24 : « Toute
perturbation [ou toute passion] est un mouvement de l'âme qui est dénué de raison, ou
bien méprise la raison, ou bien n'obéit pas à la raison ». Le terme de *perturbatio* est
également utilisé par Baumgarten dans sa *Psychologie empirique* lorsqu'il définit (§ 678)
les *Affectus* : « motions de désir et d'aversion (plus forts) qui proviennent d'une connaissance confuse ». Les affects sont explicités, en latin par les termes *passiones* [passions],
affectiones [affections], *pertubationes animi* [troubles de l'âme], et en allemand
par *Gemüths-Bewegungen* [émotions], *Beunruhigen* [inquiétudes], *Leidenschaften*
[passions]. Même définition chez Wolff, dans la *Psychologia empirica* (§ 603) :
« Affectus sunt actus animae, quibus quid vehementer appetit vel aversatur, vel sunt actus
vehementiores appetitus sensitivi et aversationes sensitivae ».

2. *Ibid.*, III, IV, 9.

peut être qualifié de maladie, puisque, du point de vue moral, la souffrance n'est pas nécessairement liée à la transgression de la loi, et inversement, le respect de la loi ne préserve pas de la souffrance. Or la passion est un cas plus complexe que ne le prévoit cette réduction analytique, puisqu'elle est « non seulement nuisible *d'un point de vue pragmatique*, mais aussi condamnable *d'un point de vue moral* »[1]; elle n'est pas seulement, comme l'affect, malheureuse (point de vue pragmatique), elle est aussi mauvaise (point de vue moral). On retrouve l'association stoïcienne entre la maladie et le vice; la passion est *en même temps* l'un et l'autre, mais Kant n'établit pas de lien nécessaire entre les deux. Il ne dit pas que l'un implique l'autre; donc l'un peut se trouver sans l'autre. C'est le cas de l'affect, qui est lui aussi nuisible d'un point de vue pragmatique, mais qui est sans grande conséquence sur le plan moral, parce que s'il porte atteinte à la liberté et à la maîtrise de soi, cette atteinte ne dure qu'un instant et ne modifie pas les maximes de la volonté. La différence de nature entre l'affect et la passion vient donc de ce que la seconde, parce qu'elle est une déformation du désir, a des conséquences morales, ce qui n'est pas le cas de l'affect. Comme les passions sont des altérations de la volonté, elles sont des maladies plus graves que les affects : « elles sont incurables puisque le malade refuse d'être guéri »[2]. La gravité vient ici de l'implication de la volonté, qui touche à l'aspect *pratique* de la passion. C'est pourquoi Kant qualifie la maladie à partir de la morale en affirmant que « les passions sont des cancers *pour la raison pratique* »[3]. La différence entre les facultés de l'esprit auxquelles se rattachent respectivement l'affect et le désir entraîne une différence entre un traitement purement pragmatique (affect) et un traitement pragmatico-éthique (passion)[4].

---

1. A 1798, § 81, Ak. VII, 267.
2. A 1798, § 81, Ak. 266.
3. *Ibid.* Nous soulignons.
4. Cette distinction n'est pas clairement faite dans les *Leçons d'anthropologie* de 1772-1773. Comme on l'a vu affects et passions y sont rattachés à la faculté de désirer. Mais l'opposition qui sera celle de l'affect et de la passion est déjà présente comme opposition de l'affect et de l'inclination (or les passions sont des inclinations). C'est pourquoi Kant dit : « L'affect s'oppose à la prudence, mais l'inclination à la sagesse et à la moralité » (*Leçons d'anthropologie*, 1772-1773, manuscrit Hamilton, Ak. XXV, 1, 211). Mais

Mais à cette première différence entre l'affect et la passion, établie à partir de la différence entre le pragmatique et le pratique, se superpose une autre différence, interne cette fois au pragmatique. Car si l'affect et la passion sont tous les deux nuisibles, ils ne le sont pas de la même façon. Pour le comprendre, il faut d'abord définir le pathologique, par rapport au sain. Sur ce point Kant reprend la distinction stoïcienne entre l'inquiétude et la tranquillité, entre le mouvement et le repos. Lorsque l'esprit est en repos, il garde le contrôle de ses états, et tout va bien. Lorsqu'il est en mouvement, il est débordé par des impulsions qui le font sortir de lui-même et mettent en péril son équilibre. Par suite le genre commun auquel appartiennent les affects et les passions en tant que troubles de l'âme (point de vue pragmatique) est celui des « mouvements de l'esprit » (*Gemüthsbewegungen*), qui sont les « émotions » proprement dites[1]. C'est sous ce titre qu'affects et passions sont étudiés dans les *Leçons d'anthropologie* de 1775-1776[2]. Le titre n'apparaît pas comme tel dans les *Leçons* de 1781-1782, mais le passage sur les affects et les passions[3] développe une thématique voisine de 1775-1776, qui s'ouvre par la distinction conceptuelle suivante : « L'esprit [*Gemüth*] est soit en repos soit en mouvement »[4]. Cette distinction entre l'état normal et l'état pathologique s'applique aussi bien aux sensations qui relèvent du sentiment de plaisir et de peine qu'aux désirs. Certaines sensations sont en repos, d'autres sont en mouvement ; de même pour les désirs. Lorsqu'un état de l'esprit est en repos, le sujet est en possession de ses moyens (*in*

l'affect *aveugle* se confond avec la passion, par conséquent : « tout affect aveugle s'oppose à la moralité » (*Leçons d'anthropologie*, 1772-1773, Collins, Ak. XXV, 1, 211).

1. Pour éviter un jugement trop hâtif sur la conception kantienne des émotions, qu'on peut trouver trop unilatéralement défavorable à leur égard, il faut prendre en compte les difficultés de la traduction de l'allemand, en particulier de la terminologie psychologique. Plutôt que de dire que Kant considère les émotions comme des maladies, et qu'ainsi il méconnaît tout leur intérêt pour la santé, il serait plus exact d'affirmer qu'il désigne, par un terme traduit en français par émotion, un processus qui est *défini* comme un excès par rapport à une normalité. Il convient de noter que Kant utilise parfois le terme d'émotion en un sens plus général : « L'émotion (*Gemüthsbewegung*) est l'influence d'une représentation sur le sentiment de la vie dans son ensemble » (Refl. 1514, XV, 2, 845).

2. *Leçons d'anthropologie*, 1775-1776, Friedländer, Ak. XXV, 1, 588-612.

3. *Leçons d'anthropologie*, 1781-1782, Menschenkunde, Ak. XXV, 2, 1114-1142.

4. *Leçons d'anthropologie*, 1781-1782, Menschenkunde, Ak. XXV, 2, 1114 = *Leçons d'anthropologie*, 1775-1776, Friedländer, Ak. XXV, 1, 588.

seiner Faßung [1]), autrement dit cet état dépend de l'arbitre du sujet. En revanche lorsque l'esprit est mis en mouvement, lorsqu'il est ému, il n'a plus le contrôle de son état, il est hors de soi (*aus der Faßung*). « Ce qui met l'esprit hors de soi est le fondement de l'émotion » [2].

La définition générale de l'émotion est appliquée aussi bien au domaine du sentiment qu'à celui de la faculté de désirer : « l'affect est un sentiment par lequel nous en arrivons à être hors de nous (*aus der Faßung*), mais la passion est un désir qui nous met hors de nous (*aus der Faßung*) » [3]. Dans la mesure où, dans cette pathologie purement pragmatique, l'aspect moral de la passion est sinon ignoré, du moins mis au second plan, c'est l'affect qui est privilégié dans l'analyse de l'émotion. Autrement dit certains traits qui, dans l'*Anthropologie* de 1798, seront définis exclusivement à partir de l'affect, sont attribués, dans les *Leçons* de 1775-1776 et de 1781-1782, aux émotions en général, et donc étendus aux passions. Le processus émotif est, en tant que tel, le même dans un cas et dans l'autre. Si l'esprit ne peut se ressaisir et perd le contrôle de soi, c'est qu'il est surpris par un mouvement qui lui fait perdre sa quiétude. Cette dépossession de soi se produit lorsqu'une sensation (dans le cas de l'affect), ou une inclination (dans le cas de la passion), prend brusquement une importance démesurée ; le sujet ne peut plus la situer par rapport à la somme de ses sensations, ou de ses inclinations, parce qu'elle devient exclusive. La partie finit par prendre plus d'importance que le tout, ce qui constitue l'aspect irrationnel de l'émotion [4].

La conséquence de cette inversion du rapport entre l'universel et le particulier n'est pas seulement une anomalie pour la raison, c'est une perturbation de l'équilibre vital de l'esprit, qui demande que toutes les motions psychiques soient reconnues à leur juste place et à leur juste valeur [5] ; de la même façon que dans le corps, la santé requiert que tous

---

1. Ak. XXV, 1, 589.
2. *Ibid.*
3. *Ibid.*
4. Ak. XXV, 1, 591.
5. « Ce n'est pas, d'une manière générale, la force d'un certain sentiment, qui constitue l'état de l'affect, mais le manque de réflexion, qui empêche de comparer ce sentiment avec la somme de tous les autres sentiments (de plaisir et de peine) » (A 1798, Ak. VII, 254).

les organes remplissent leur fonction à leur place, en relation avec les autres organes, et n'empiètent pas sur le fonctionnement de ces derniers. Ce n'est donc pas la qualité intrinsèque d'une motion qui en fait la valeur, c'est le fait qu'elle est appréciée selon son importance pour l'ensemble. Faute de ce rapport au tout, « les émotions les plus nobles sont donc les plus nuisibles »[1] – Kant pense notamment à la ferveur religieuse, qui, lorsqu'elle s'empare de l'ensemble des facultés de l'esprit et échappe à la régulation rationnelle, est destructrice. La joie elle-même, lorsqu'elle n'est pas équilibrée par la représentation d'une souffrance toujours possible, qui joue un rôle modérateur, menace la vie du sujet, abandonné au déferlement d'un sentiment exclusif[2].

La différence entre l'affect et la passion, considérés comme deux espèces d'émotion, n'est pas aussi tranchée que lorsqu'elles sont rattachées à deux facultés de l'esprit bien distinctes. En tant qu'émotion, la passion est un mouvement brusque du désir, qui met l'esprit hors d'état de juger de l'opportunité de l'action à mener. Elle a donc une forme d'impétuosité qui la rapproche de l'affect. « Tous deux, aussi bien les affects que les passions, sont des émotions, et non pas un état durable »[3]. Les passions ne s'inscrivent dans le comportement habituel du sujet qu'en devenant des inclinations, qui seules sont durables. Alors que le texte de 1798 définit la passion comme une inclination[4], les *Leçons* de 1775-1776, qui partent de l'analyse des émotions, distinguent clairement les deux notions : « La passion est à distinguer de l'inclination. L'inclination est un principe durable des désirs en l'homme, mais pas la passion »[5]. L'opposition qu'on trouve dans l'*Anthropologie* de 1798 entre « une eau qui rompt la digue » et « une rivière qui creuse toujours plus profondément son lit »[6], est absente

1. A 1798, Ak. VII, 254.
2. A 1798, § 76, Ak. VII, 254, l. 32-35.
3. Ak. XXV, 1, 589.
4. A 1798, § 73, Ak. VII, 251.
5. Ak. XXV, 1, 589. Les *Leçons* de 1781-1782 définissent déjà la passion comme une inclination (Ak. XXV, 2, 1122). La pensée de Kant a donc évolué entre 1776 et 1781. Mais Kant conserve alors le développement sur les *émotions*.
6. A 1798, § 74, Ak. VII, 252. Dans les *Leçons* de 1781, l'opposition est celle d'une « rivière mise en mouvement par une tempête » et d' « une rivière qui coule sur un terrain en pente » (Ak. XXV, 2, 1121-1122).

des *Leçons* de 1775-1776. Néanmoins la temporalité des affects y est déjà distinguée de celle des passions : les premiers se rapportent au présent, les secondes, comme tous les désirs, au futur[1].

L'évaluation, purement pragmatique, qui est faite des émotions comme telles, procède d'une norme vitale, qui peut être assimilée à la santé. D'une manière générale, « la santé est l'équilibre dans l'antagonisme de la force vitale dans la partie animale des corps »[2]. L'émotion, parce qu'elle détruit l'équilibre entre les différentes motions de l'esprit, est donc en elle-même nocive. La perte de l'équilibre peut s'accompagner d'un mouvement violent ou au contraire d'une inhibition de l'activité, d'où la division, inspirée de la médecine de Brown, entre les affects sthéniques et les affects asthéniques[3]. Kant décrit plus particulièrement l'affect, qui est l'émotion par excellence, comme une ivresse[4], ou comme un raptus[5]. Cet état se rapproche donc de la perte des facultés habituelles de perception, une perte de la faculté de sentir[6], qui, dans sa forme paroxystique, conduit à l'évanouissement (d'où la comparaison de l'affect avec une attaque d'apoplexie), qui est une préfiguration de la mort, en ce que l'homme n'a plus aucune sensation. Il perd surtout le sentiment de soi qui est le caractère propre de la vie. Par conséquent si l'affect est bien rattaché au sentiment, il en est une forme pathologique qui a pour conséquence de nuire au sentiment lui-même.

C'est pourquoi, si la santé consiste pour l'homme à être préservé des affects, elle n'implique pas du tout une absence de sentiment, puisqu'au contraire elle rend possible la juste cohabitation des sentiments : il ne s'agit pas d'éradiquer un sentiment, parce qu'il serait trop violent ou mauvais en lui-même, mais de lui donner une place dans l'ensemble de la sphère affective. Ce n'est pas la tristesse en elle-même qui est mauvaise, mais la tristesse que ne vient tempérer aucune représentation d'une joie possible. Inversement la tristesse est utile à la régulation de la joie. Ce qui est vrai du rapport entre le plaisir et la

1. Ak. XXV, 1, 589.
2. Réflexion 1539, Ak. XV, 2, 963.
3. A 1798, § 76, Ak. VII, 255.
4. A 1798, § 74, Ak. VII, 253, l. 4.
5. *Ibid.*, l. 9.
6. *Cf.* A 1798, § 26, Ak. VII, 165-166.

douleur, et, plus généralement du rapport entre une grandeur positive et une grandeur négative[1], est vrai du rapport entre un sentiment et son contraire : l'un ne va pas sans l'autre. « La vie (de l'animal) est, comme les médecins l'ont déjà remarqué, un jeu continuel de l'antagonisme des deux [ce qui favorise et ce qui fait obstacle] »[2].

Si le plaisir est en lui-même « le sentiment de ce qui favorise la vie », tandis que la peine est « le sentiment de ce qui lui fait obstacle »[3], la vie ne peut se tenir continuellement dans le même état, car elle est intimement liée à la temporalité et au mouvement. La vie est le passage d'un état à un autre, et il n'y a pas de perception plus vive du changement que celle de la succession du positif et du négatif. « Avoir le sentiment de sa vie, éprouver un contentement de soi, n'est donc rien d'autre que : se sentir continuellement poussé à sortir d'un état présent […] »[4]. Ainsi, dans l'alternance entre le positif et le négatif, le positif apparaît autant comme la cessation du négatif (0 par rapport à -1), que comme un positif proprement dit (1 par rapport à -1). L'augmentation ininterrompue de la grandeur positive est en elle-même dangereuse : on meurt de joie[5]. La santé ne correspond ni à un sentiment positif exclusif, ni non plus à un point d'indifférence entre le positif et le négatif, car si dans le premier cas on risque de mourir d'une augmentation brutale de la force vitale, dans le second cas, on meurt d'ennui – à moins que l'ennui soit assez insupportable pour provoquer un sursaut d'activité[6]. La vie est l'alternance du négatif et du (relativement) positif, de la souffrance et du plaisir, de la tristesse et de la joie, et, dans cette scansion, le temps fort est marqué par le moment négatif. La vitalité demande non pas le contentement, mais la stimulation, et celle-ci provient de la souffrance qui fait attendre la joie, et fait basculer le présent vers l'avenir. Et Kant multiplie les exemples de ce piquant qui donne à la vie sinon son sens, du moins son intensité dans le passage : la crainte de perdre lorsqu'on joue, la

1. *Cf.* A 1798, § 60, Ak. VII, 230.
2. *Ibid.*
3. *Ibid.*, Ak. VII, 231.
4. A 1798, § 61, Ak. VII, 233.
5. *Ibid.* Selon Kant on meurt plus souvent de joie que de tristesse (A 1798, § 76, Ak. VII, 255).
6. A 1798, § 60, Ak. VII, 233, l. 1-5.

jalousie dans l'amour, la peine dans le travail, l'irritation du nez lors de la prise de tabac [1].

L'anthropologie considère l'homme dans sa condition finie, donc dans sa transitivité. L'homme ne peut s'attarder auprès de l'essentiel sans se perdre. Il ne vit pas dans la permanence de l'être. Mais cet état imparfait trouve dans son imperfection même son remède, puisque rien n'est plus utile au passage que le passage, rien ne favorise plus la vie que la stimulation venant du sentiment d'un obstacle à la vie. Kant trouve ainsi une justification téléologique du négatif, entièrement libre de toute considération théologique, puisqu'elle est uniquement fondée sur un concept naturaliste de la vie, comme transition, pulsation, stimulation. Du point de vue pragmatique la souffrance (comprenant tous les sentiments négatifs) n'est justifiée ni comme sacrifice exigé par un commandement inconditionné [2], ni comme châtiment directement impliqué dans la transgression de la loi [3], ni comme moyen pour obtenir un plus grand bien. Elle n'est pas non plus considérée comme le signal d'un dysfonctionnement du corps, appelant une intervention réparatrice. Elle est immédiatement vitale : elle est « l'aiguillon de l'activité, et c'est au premier chef dans l'activité que nous avons le sentiment de notre vie » [4]. C'est pourquoi, lorsque ce sentiment perd d'intensité, l'homme sait lui redonner de la vigueur par l'artifice, notamment par le jeu, « état d'alternance incessante de crainte et d'espoir » [5].

La norme vitale du sentiment permet de mieux comprendre, a contrario, la pathologie affective, qui est caractérisée non pas tant par la violence de l'accès, que par l'exclusivité d'un sentiment unique qui bloque la dynamique du passage, et empêche la circulation de la force vitale. L'affect et la passion ont à cet égard le même effet. Même si l'affect se caractérise, à la différence de la passion, par la soudaineté, et l'étonnement dans lequel il plonge [6], ce n'est pas la force du sentiment qui est le facteur décisif, mais le fait que la réflexion est

1. A 1798, § 60, Ak. VII, 232-233.
2. Cf. *Critique de la raison pratique*, Ak. V, 76-77 ; Ak. V, 83, l. 31-32 et Ak. V, 156.
3. *Ibid.*, Ak. V, 37-38.
4. A 1798, § 60, Ak. VII, 231.
5. A 1798, § 60, Ak. VII, 232.
6. A 1798, § 74, Ak. VII, 252, l. 3-4.

rendue impossible[1]. Cette réflexion qui intervient dans le processus vital n'est pas la faculté intellectuelle de délibération et de décision, elle appartient entièrement au sentiment de plaisir et de peine. C'est la raison pour laquelle Kant, dans la 3e *Critique*, situe le jugement réfléchissant dans le sentiment lui-même.

D'une manière générale, la réflexion est, selon la définition théorique qu'en donne Kant dans la *Critique de la Raison pure*[2], la conscience du rapport des représentations à leur source subjective, et la faculté qui permet leur comparaison à partir de leur situation respective. Dans l'ordre du sentiment vital, la comparaison qui est faite entre les diverses motions ou impulsions psychiques n'est pas une évaluation conceptuelle ; elle est plutôt le moment où tous les sentiments disponibles sont saisis ensemble par une perception interne, qui les oriente les uns par rapport aux autres, de façon à maintenir la mobilité de la force vitale dans son passage de l'un à l'autre. L'émotion inhibe cette orientation, la met hors circuit, ce qui se traduit d'abord par une perte de la conscience de soi, et ensuite par une perturbation de l'activité vitale, qui est dirigée dans un seul sens.

L'affect correspond au premier aspect de cette désorientation, il est comme un coup de sang[3], une ivresse[4], un raptus[5]. La passion en revanche a une forme de régularité, elle est capable de réflexion[6], mais dans le dérèglement : elle calcule les meilleurs moyens d'arriver à ses fins, mais son exclusivité produit des effets contraires à la réflexion qui norme le processus vital. C'est pourquoi elle est plus dangereuse que l'affect. Celui-ci n'est dangereux qu'au moment de l'accès ; si on en réchappe, on est sauvé. L'affect peut même dans certains cas jouer un rôle bénéfique de stimulant. Il suscite l'activité du sujet, le pousse à agir, en devançant la règle rationnelle, notamment pratique[7]. C'est le cas, par exemple, de la juste colère. L'affect peut en ce sens être appelé « substitut de la raison », non pas qu'il juge à sa place, mais il donne au

1. A 1798, § 75, Ak. VII, 254, l. 14-17.
2. Ak. III, 214.
3. A 1798, § 74, Ak. VII, 252, l. 25.
4. *Ibid.*, Ak. VII, 253, l. 4.
5. *Ibid.*, l. 9.
6. *Ibid.*, Ak. VII, 252, l. 20-22.
7. A 1798, § 75, Ak. VII, 253, l. 26-31.

sujet la force d'agir, alors que les mobiles moraux sont encore trop faibles pour commander l'action. Kant précise : « provisoirement »[1]. Ce terme sous-entend une formation, une éducation de l'homme qui a pour fin de donner à la raison les rênes des facultés de l'esprit. Mais cette fin n'est pas toujours atteinte, ou elle ne l'est que fort tard : « on n'arrive souvent que fort tard à l'usage de sa raison »[2]. C'est pourquoi l'affect, même s'il survient pour détourner l'esprit de ses maximes habituelles, peut jouer un rôle bénéfique et favorise les fins de la nature, c'est-à-dire la conservation de soi. L'affect a également des effets bénéfiques sur la santé corporelle[3]. La colère favorise la digestion. Le rire « fortifie le sentiment de la force vitale par le mouvement salutaire du diaphragme »[4]. Les pleurs adoucissent la douleur et favorisent ainsi le retour à la santé[5].

La passion au contraire mine en profondeur et oriente le sujet sur une pente fatale. Ainsi la colère disparaît avec le temps, mais la passion correspondante, la haine, creuse son lit dans l'esprit de celui qui en est la proie, et devient indéracinable[6]. Il en va de même de la différence entre l'affect amoureux (*lieben*), qui peut être considéré comme une ivresse, dissipée par le sommeil, et la passion amoureuse (*verliebt sein*), qui atteint le sujet en profondeur, et le rend inévitablement aveugle[7]. De même on pourrait dire, en prolongeant Kant par Freud[8], que la souffrance qui affecte le sujet à la perte d'un être cher est normale, tandis que la passion par laquelle cette perte devient durablement insupportable et provoque un état mélancolique, est pathologique. La comparaison entre l'affect et la passion pourrait laisser penser que la seconde est la forme pathologique du premier. En réalité les deux émotions sont en tant que telles pathologiques ; on ne parle d'affect que lorsqu'il se produit une perturbation du cours normal de

1. A 1798, § 75, Ak. VII, 253, l. 27. L'expression est utilisée dès 1772-1773, parfois sous la forme latine *provisorie* (cf. *Leçons d'anthropologie*, Parow, Ak. XXV, 1, 416).
2. Parow, *ibid.*
3. C'est l'objet de tout le § 79 d'A 1798, Ak. VII, 261-263.
4. *Ibid.*, Ak. VII, 262, l. 1-5.
5. *Ibid.*, Ak. VII, 262, l. 15-20.
6. A 1798, § 74, Ak. VII, 252, l. 10-13.
7. *Ibid.*, § 74, Ak. VII, 253, l. 6-9. Kant affirme néanmoins que l'homme est dégrisé huit jours après son mariage, ce qui apparenterait l'amour à un affect plus qu'à une passion.
8. *Cf.* l'article « Deuil et mélancolie », *Gesammelte Werke*, Bd. X, 427-447.

l'alternance des sentiments. Mais cette perturbation passagère ne se transforme pas toujours et pas nécessairement en maladie chronique, et peut avoir dans certains cas un effet bénéfique.

Si on se rapporte à l'origine commune de l'affect et de la passion, le « mouvement de l'esprit » que nous avons appelé émotion, il peut sembler que le concept même de mouvement, opposé au repos, ne convienne pas pour définir la pathologie affective. En effet le dérangement provoqué par l'émotion est plutôt un blocage du mouvement vital et la santé consiste au contraire dans une mobilité des sentiments. D'un côté le pathologique est associé au mouvement (par opposition au repos), de l'autre à une absence de mobilité (par opposition à l'alternance vitale des sentiments).

Cette contradiction peut s'expliquer si l'on prend en compte la visée pragmatique de l'analyse des émotions. En effet Kant utilise des concepts traditionnels, principalement stoïciens, de la philosophie *morale*, et les applique à des considérations *pragmatiques*, en leur donnant par cette transposition une portée et un contenu conceptuel tout à fait différents. Pour les Stoïciens le pragmatique et le moral sont certes indissociables, puisque la vertu concourt inévitablement au bonheur – le sage est heureux – mais si le pragmatique est, comme chez Kant, dissocié du moral, la définition de la maladie change. Le philosophe pragmatique est médecin de l'âme dans la mesure où il définit la santé dans l'équilibre affectif – et la santé de l'âme est la première condition du bonheur – mais il ne traite pas pour cela de l'action morale ni de la vertu. On pourrait presque dire que Kant donne des concepts stoïciens une interprétation épicurienne, si Épicure lui-même ne prétendait associer la vertu et le bonheur.

L'opposition entre le repos et le mouvement, entre la tranquillité et l'inquiétude, subit ainsi une altération pragmatique. Les Stoïciens pensaient « que la santé des âmes repose sur une certaine tranquillité et sur la constance »[1]. S'y oppose la perturbation qu'est la maladie, laquelle est aussi bien folie que passion. La définition que donnait Zénon de la passion est celle d'un « mouvement de l'âme déraisonnable et contraire à la nature »[2]. Le mouvement même est l'écart par

---

1. Cicéron, *Tusculanes*, III, IV, 9.
2. Diogène Laërce, *Vie et opinion des philosophes*, VII, 110.

rapport à la rectitude de la raison, qui est stable dans le principe directeur, et qui demeure tel tant que le principe directeur a le contrôle de l'ensemble de l'âme. L'idéal du sage est celui d'un homme inébranlable face aux aléas et aux sollicitations de l'existence. Pour Kant au contraire la rectitude de la raison est l'obéissance de la volonté à la loi qu'elle s'est prescrite, elle n'intervient pas dans la santé de l'âme, et ne la garantit nullement. Ce qui tient lieu, dans la pragmatique kantienne, du concept stoïcien de raison est celui de réflexion, qui doit être pris, comme on l'a vu, en un sens vital et non pas intellectuel. De plus Kant analyse le sentiment de plaisir et de peine à partir du concept de grandeurs négatives[1], ce qui le conduit à envisager une alternance du plaisir et de la peine, et donc à penser la vie comme un passage. Si on définit le repos, ou la tranquillité, comme l'état normal de l'âme sentante, alors il consiste bien dans un certain mouvement, dans une scansion dont la ponctuation vient du négatif[2]. On est alors très loin du concept stoïcien.

Il est dès lors possible d'interpréter le recours aux formules ou aux concepts stoïciens en un sens purement pragmatique. À commencer par l'*animus sui compos*[3], qui désigne aussi bien le fait de « tenir en

---

1. Cf. *Essai pour introduire en philosophie le concept de grandeurs négatives*, Ak. II, 180-182. Une source externe importante dans les réflexions de Kant sur le plaisir est le livre de Pietro Verri, traduit en allemand en 1777 sous le titre *Gedanken über der Natur des Vergnügens*. Kant y trouve l'idée qu'il n'existe aucune forme de plaisir qui ne soit précédée d'une souffrance. *Cf.* à ce sujet R. Brandt et W. Stark, introduction aux *Leçons d'anthropologie*, Ak. XXV, 1, p. XLII-XLVI.

2. Les *Leçons d'anthropologie* présentent un flottement dans l'usage du concept de *Gemüthsbewegung*. Ce dernier est introduit, comme on l'a vu, par l'opposition entre le mouvement et le repos. En ce sens le mouvement est en lui-même un excès par rapport à la stabilité de l'esprit. Mais dans d'autres textes, Kant considère comme nuisible non pas le mouvement, mais l'excès du mouvement, qui débouche sur l'affect. « Dès que la raison commence à avoir la maîtrise, nous devons certes maintenir cette pulsion de conservation de soi, mais éviter que ces mouvements de l'esprit [ou ces émotions, *Bewegungen des Gemüths*] ne fassent éruption en affect » (*Leçons d'anthropologie*, 1781-1782, Menschenkunde, Ak. XXV, 2, 1124). La norme, dans ce cas, n'est pas le repos, mais le mouvement modéré. Il y aurait donc une bonne émotion, favorable à la santé et à la vie, et une mauvaise émotion, qui devient pathologique.

3. L'expression est utilisée depuis les *Leçons* de 1772-1773 : « La possession de soi (*animus sui compos*), le Dieu des Stoïciens, est bien plus sublime que l'esprit toujours joyeux d'Épicure, car si l'on est maître (*Meister*) de soi-même, on est aussi maître (*Herr*)

son pouvoir l'état de ses représentations »[1] que « la maîtrise de soi de l'esprit »[2] dans l'ordre du sentiment. Dans sa *Fassung*, l'esprit ressaisit l'ensemble des représentations et des motions psychiques dans une unité qui les distribue à leur juste place, mais il ne s'agit pas nécessairement d'une maîtrise de soi morale[3]. Une autre notion stoïcienne, associée à la maîtrise de soi, est celle d'apathie, à laquelle Kant fait également subir un traitement pragmatique. De même que la « tranquillité » de l'esprit n'est pas l'absence de mouvement, de même l'apathie[4], ou plus précisément l'absence d'affect (*Affectlosigkeit*)[5] qui définit la forme normale opposée à la pathologie de l'affect, n'est pas l'absence de sentiment. Vivre est se sentir vivre, et l'absence de sentiment est la mort.

Pour souligner la dimension vitale de l'apathie, Kant développe la différence entre *Gleichgültigkeit* (indifférence) et *Gleichmüthigkeit* (égalité d'humeur). « Dédaigner l'excitation de la vie est le moyen de la conserver. Ce n'est pas l'apathie de l'indifférence, mais de l'égalité d'humeur, liée au sérieux dans les devoirs, mais au sang-froid dans la jouissance »[6]. Le *Gleichmütig*, peut bien faire preuve d'*Empfind-samkeit* (sensibilité), même s'il ne tombe pas dans l'*Empfindelei*

de son bonheur et de son malheur» (*Leçons d'anthropologie*, 1772-1773, Collins, Philippi, Ak. XXV, 1, 68-69).

1. A 1798, Ak. VII, § 3, 131, l. 31.

2. *Ibid.*, § 74, 252 ; l. 4. Le terme essentiel de *Fassung*, qui sert à définir aussi bien l'état positif, que l'état négatif (*aus der Fassung*) qu'est l'affect, est difficile à traduire. La traduction par contenance désigne une attitude trop extérieure (faire bonne contenance) et n'indique pas assez nettement la positivité de la *Fassung* (on parle de mauvaise contenance).

3. Pas nécessairement, mais cette acception morale n'est pas pour autant absente des textes de Kant. Dans la *Métaphysique des mœurs*, Kant fait de la maîtrise de soi un devoir, dont l'objet est aussi bien de « *dompter* ses affections » que de « *dominer* ses passions » (*cf.* Ak. VI, 407 *sq.*). Il convient néanmoins de distinguer l'usage moral et l'usage pragmatique de la formule, même si cette distinction n'est pas toujours faite par Kant lui-même dans les textes anthropologiques. Une des difficultés des *Leçons d'anthropologie*, est précisément l'introduction de considérations morales (notamment dans l'exposé sur les passions) qui compliquent la compréhension de la visée d'ensemble.

4. A 1798, § 75, Ak. VII, 253-254.

5. A 1798, § 74, Ak. VII, 252, l. 6.

6. Réflexion 1526, Ak. XV, 2, 952. Dans l'A 1798 (§ 61, Ak. VII, 235), on lit : « D'*humeur égale* est celui qui ne se réjouit ni ne s'attriste ; il est tout à fait distinct de celui qui est *indifférent* aux aléas de la vie, et par suite est d'un sentiment émoussé ».

(sensiblerie). La première, qui est une force, consiste à «admettre aussi bien l'état de plaisir que celui de déplaisir, ou à les tenir également à distance de l'esprit»; elle est une force parce que l'esprit a le choix d'accepter ou de refuser tel ou tel état affectif, il n'est pas dominé par l'un d'eux, comme dans l'*Empfindelei*, où le sujet «se laisse affecter même contre sa volonté»[1]. Dans les *Leçons d'éthique* Kant fait également la distinction entre le sang-froid dans les sentiments (*Kaltblütigkeit*), en particulier en amour, et la froideur de sentiment (*Kaltsinnigkeit*): «La froideur de sentiment est l'absence d'amour, le sang-froid est l'absence de l'affect d'amour»[2].

Le conseil pragmatique que l'on peut tirer des observations sur la vie affective peut se résumer au suivant: Évitez les émotions (et en particulier les affects). Mais cela ne signifie pas: Soyez insensibles. Le terme que Kant préfère à celui d'apathie est phlegme. Il ne signifie pas la victoire remportée par la raison ou la volonté sur les impulsions sensibles, ni l'éradication des passions, mais d'abord un tempérament, donc une disposition naturelle, qui appartient à l'esprit de l'homme dans son rapport au corps. Le terme est pris dans son «sens moral»[3], autrement dit comme disposition de l'esprit, et non pas dans son sens physique, qui désigne une humeur corporelle, il n'est pas pour autant une vertu morale. Il est non pas le résultat d'une ascèse ou d'une discipline, mais un don de la nature, qui permet à celui qui en est pourvu de ne pas se laisser emporter par l'affect, et donc de garder la réflexion orienter ses sentiments dans le meilleur équilibre de leurs rapports mutuels. Il faut donc distinguer l'effet régulateur du phlegme, qui est bénéfique pour l'esprit, et donc favorise le bonheur, et la domination sur les affects qui est une exigence de la liberté[4]. Le phlegme au sens physique est une humeur, au sens moral il est, «d'après l'analogie du jeu des sentiments et des désirs avec les causes motrices corporelles»[5], parmi toutes les dispositions naturelles, *la* bonne humeur;

1. A 1798, § 61, Ak. VII, 236.
2. Moralphilosophie Collins, Ak. XXVII, 1, 420.
3. A 1798, § 75, Ak. VII, 254, l. 10.
4. *Métaphysique des mœurs*, Ak. VI, 407. Kant utilise alors le verbe *zähmen* (dompter) qui marque la domination de l'être raisonnable de l'homme sur la bestialité en lui.
5. A 1798, Ak. VII, 286.

non pas l'état euphorique, mais le sentiment immédiatement réflexif qui permet à tous les sentiments de se succéder au bon rythme, et de favoriser la vitalité – ce qui est l'objet de la prudence. « C'est de notre part une marque de plus grande prudence, lorsque nous cherchons à ressentir davantage notre vie »[1].

Le conseil positif de la prudence serait donc : Soyez de bonne humeur. C'est le seul moyen de maintenir les émotions à distance, et d'éviter qu'elles n'occupent tout l'espace du sentiment de soi. Le conseil, dira-t-on, est plus facile à donner qu'à suivre, puisque le propre de l'homme emporté par un affect, par la colère par exemple, est qu'il est tout entier à lui, puisqu'il n'est plus dans son assiette (*Fassung*). On ne peut remettre dans son équilibre vital celui qui est en proie à la colère : c'est une observation de toujours. Mais il est tout aussi incontestable que celui qui est en colère agit contrairement à toute prudence ; il ne sait plus ce qu'il fait, il agit alors contrairement à son propre intérêt[2]. L'affect plonge l'homme dans un état de faiblesse, dont un autre individu peut profiter. Si l'homme est donc rendu impuissant par l'affect, il reste en son pouvoir de ne pas se trouver dans la situation propice à son déclenchement. L'homme sujet aux émotions est comme un malade qui doit se prémunir contre les accès de son mal.

> Il y a un instant où l'accès de l'affect menace, et alors l'homme doit le chasser de l'esprit avec résolution. En revanche il est très difficile, lorsqu'on se trouve au point précis où l'affect va faire éruption, de lui opposer une résistance[3].

La culture de soi consiste donc, pour chaque individu, à apprendre à mieux se connaître, pour prévoir ses propres réactions, et éviter ainsi de tomber dans l'accès affectif.

Même si l'état affectif en lui-même échappe, par définition, à la réflexion, on peut cependant définir une « discipline pragmatique », ou « discipline de la prudence »[4], qui consiste non pas à opposer la

1. *Leçons d'anthropologie*, 1781/82, Menschenkunde, Ak. XXV, 2, 1090.
2. « L'affect s'oppose à la prudence » (*Leçons d'anthropologie*, 1772-1773, Collins, Hamilton, Ak. XXV, 1, 211).
3. *Leçons d'anthropologie*, 1781-1782, Menschenkunde, Ak. XXV, 2, 1119.
4. *Leçons d'éthique*, Ak. XXVII, 1, 360.

raison à l'affect, mais à régler l'affect par une mesure qui appartient elle-même à l'ordre du sentiment. De même que la santé est mieux préservée par l'hygiène que par la médication, et que la discipline du corps protège le corps, de même, la discipline pragmatique consiste à garantir la santé de l'âme, en réglant le sentiment par le sentiment : « l'entendement ne fait qu'opposer un élément sensible à un autre »[1], puisque la juste mesure est ici dans le rapport entre les divers éléments sensibles – et non dans le rapport du sensible à la raison. C'est précisément parce que la discipline pragmatique reste attachée à l'ordre du sensible qu'elle ne convient pas à la discipline morale : « La maîtrise sur soi selon les règles de la prudence n'est qu'un analogon de la domination de soi (*Selbstbeherrschung*) »[2].

Le phlegme que Kant qualifie d'heureux[3] est la bonne humeur, laquelle n'est pas exclusive des autres humeurs ; celles-ci n'existent que dans le mélange, mais la bonne humeur fait en sorte que le mélange soit favorable à la vie. D'une part il est impossible de définir la recette du mélange, et de ramener le phlegme à des maximes de l'action. D'autre part cette disposition n'est pas le résultat d'un apprentissage ni d'une ascèse. Le phlegme est uniquement un don naturel ; c'est pourquoi celui qui en est pourvu peut remercier son naturel, il n'est pas pour autant un sage, puisqu'il ne doit pas son propre bonheur à sa vertu. Mais l'anthropologie pragmatique n'a pas pour objet de définir l'idéal du sage. En quoi consiste alors la discipline, et quelle peut être l'utilité de la philosophie dans son usage pragmatique, si elle ne peut pas indiquer les règles qui ouvrent la voie du bonheur ? Si la seule manière d'être heureux est d'être flegmatique, et si le phlegme appartient au naturel, le bonheur dépend de la nature, et la connaissance anthropologique manque son but. Comment pourrait-elle rendre heureux celui qui ne bénéficie pas de cette « faveur »[4] de la nature ?

1. *Leçons d'éthique*, Ak. XXVII, 1, 361.
2. *Ibid.*, Ak. XXVII, 1, 362.
3. Le mauvais phlegme est « le penchant à l'inactivité » (A 1798, Ak. VII, 289), la « flemme ». Il est bon d'être flegmatique pour éviter le feu de la colère, mais « la nature cherche de temps en temps des excitations plus fortes de la force vitale pour rafraîchir l'activité de l'homme, afin qu'il ne perde pas du tout dans la simple *jouissance* le sentiment de la vie » (A 1798, § 86, Ak. VII, 274).
4. A 1798, § 75, Ak. VII, 254, l. 12.

Kant ne prétend pas connaître la recette infaillible du bonheur, puisqu'il s'agit d'un idéal de l'imagination, dépendant de l'économie sensible de chaque sujet. Ce dans quoi chacun se représente le bonheur appartient à la manière dont le sentiment de plaisir et de déplaisir est sollicité par des objets qu'il perçoit ou qu'il imagine. Aucune règle ne permet de définir le bonheur pour tous[1]. La règle serait inutile à l'homme heureux, mais aussi à l'homme malheureux, qui comme tel ne peut la suivre. Cependant le résultat de l'enquête anthropologique n'est pas entièrement négatif. Elle ne dit pas seulement ce qu'il faut éviter, elle fait comprendre en quoi pourrait consister un état proche du bonheur ; sinon le bonheur, du moins la condition du bonheur. Etre heureux, c'est, simplement, se sentir bien, ou encore avoir le senti-ment de la vie. La prudence ne vise pas à autre chose. On peut appeler cela la vitalité, ou la vivacité. Tout le problème est d'éveiller ce senti-ment sans se laisser déborder par le sentiment, sans tomber dans l'affect. Sentir, se sentir (vivre), sans que le sentiment envahisse tout : un sentiment de la vie qui soit à la fois plein, et distant de lui-même.

Cela semble contradictoire, et pourtant il y a un domaine où le sentiment trouve à s'épanouir sans que le sujet s'y abandonne entière-ment, prenne le sentiment au sérieux : c'est le jeu. D'une part le jeu offre cette alternance de crainte et d'espoir, de négatif et de positif, de pertes et de gains, de stimulation et de calme, qui est le propre de la vie. Tout jeu, qu'il s'agisse de jeu de société, de jeu dans les beaux-arts (jeu de hasard, jeu des sons, jeu d'idées), a un effet vivifiant, qui favorise la santé.

> Tout libre jeu de l'alternance des sensations (qui ne sont fondées sur aucune intention) fait plaisir, parce qu'il favorise le sentiment de la santé [...] ; et ce plaisir peut s'élever jusqu'au degré de l'affect, bien que nous n'ayons aucun intérêt pour son objet, du moins aucun intérêt qui serait proportionné au degré de l'affect[2].

Le jeu permet à l'alternance vitale des sensations de s'épanouir sans réserve parce qu'il neutralise l'intérêt que le sujet pose dans le but du jeu : quel que soit son résultat, perte ou gain, cela n'apporte rien de réel. Le sentiment peut donc être vif, sans occuper tout l'esprit,

---

1. *Critique de la raison pratique*, Ak. V, 25-26.
2. *Critique de la faculté de juger*, § 54, Ak. V, 331.

puisqu'il suffit de s'arrêter de jouer pour que l'enjeu disparaisse. Même l'excès affectif se trouve neutralisé, puisqu'il n'est pas appliqué à la réalité. En dehors du jeu, l'affect peut être considéré comme la marque du sérieux de l'existence ; c'est le signe de l'investissement du sujet dans son entreprise, son projet ou son engagement. Mais dans le jeu, l'affect est lui-même un jeu, il est à la fois effectif dans le sentiment vital, et fictif dans le rapport à l'objet. Le jeu auquel joue le sujet réfléchit le jeu des sensations entre elles, et par là, leur permet ainsi de se succéder selon un rythme vital.

Une des formes de cette vivacité (*Lebhaftigkeit*) est celle que l'on attend de l'acteur de théâtre. Il joue avec les sentiments, qui sont la matière même de son art. Il les suscite, il les fait éprouver, mais uniquement par identification à un personnage fictif. Par conséquent ce ne sont pas de véritables affects : aucun n'est assez fort pour occuper tout l'esprit ; ils se succèdent les uns les autres. La crainte n'a d'intérêt dramatique que parce qu'elle suit l'espoir, qui n'est suscité que par le contraste avec l'affliction, etc. En revanche la vivacité n'est pas feinte, et le jeu a un effet réel sur la santé. Comme le prouve le paradoxe du comédien, le bon acteur donne à son jeu un caractère vivant à condition qu'il ne soit pas sous l'emprise d'un affect[1]. Le jeu fournit ainsi le modèle de l'état de bonheur. Le sentiment s'épanouit quand on parvient à ne pas le prendre au sérieux, lorsqu'on n'en est pas affecté, qu'on ne prend pas les choses à cœur, qu'on peut en rire. Si le bonheur est, comme idéal, hors de notre portée, le ciel nous a du moins donné une « compensation face aux nombreuses difficultés de l'existence » : le rire[2]. L'homme affecté, le mélancolique, ne rit pas. Pouvoir rire de notre mélancolie est le commencement du bonheur. Le philosophe, Kant, parle de l'homme qu'il est.

Yves-Jean HARDER
Université Marc-Bloch de Strasbourg

1. *Leçons d'anthropologie*, 1781-1782, Menschenkunde, Ak. XXV, 2, 1116-1117.
2. *Ibid.*, Ak. V, 334.

PHILOSOPHIE ET PATHOLOGIE

NIETZSCHE ET L'AMBIVALENCE DES ÉMOTIONS DEPUIS KANT ET SCHOPENHAUER

La tradition philosophique qui relie Nietzsche à Kant en passant par Schopenhauer réserve à l'émotion un statut contradictoire, qui reflète fidèlement l'ambiguïté du terme. Héritant du double sens du latin *motio*, le terme d'«émotion», littéralement repris par l'allemand *Emotion*, signifie à la fois le mouvement et le trouble. Associée au mouvement, l'émotion signale les formes supérieures de vie, l'animal se distinguant du végétal et de l'inorganique par sa capacité à être non seulement *mu*, mais *ému*, c'est-à-dire mis en mouvement, de l'intérieur, par ce qui – de l'extérieur – l'affecte. C'est ce qui explique la parenté des termes allemands *Rührung*, *Erregung* et *Regung*, signifiant à la fois l'émotion, le mouvement et le mouvement de vie. Indiquant cette capacité à être mu de l'intérieur et par soi-même, l'émotion est donc d'abord ce qui signe la supériorité de l'animal par rapport au végétal et à l'inanimé. Mais dans la mesure où elle est associée au trouble et à la fièvre, l'émotion suggère, aussi originairement que le mouvement vital, la dimension pathologique de la vie animale. Comme le terme *Emotion* d'origine latine, *Erschütterung* a lui aussi le sens médical d'un choc ou d'une commotion, tandis que *Aufregung* et *Erregung* insistent sur l'émotion comme irritation (*Reizung*). Si l'animal se signale par sa capacité à être ému, c'est donc aussi que sa vie est constamment troublée, qu'elle subit en permanence des ruptures que les êtres inorganiques, invariablement mus par les mêmes mécanismes, ignorent absolument. Signalant une discontinuité toujours possible entre les anticipations des vivants et ce qui leur advient effectivement, l'émotion est l'indice d'un *excès des événements* sur les prévisions du vivant : «plus ce différentiel est important, plus l'émotion est intense »[1]. L'émotion se signale donc par une ambi-valence essentielle : étant ce qui meut les vivants les plus mobiles (les animaux), elle est aussi ce qui les trouble et ce qui les perturbe (dimension pathologique des émotions).

Cette ambivalence des émotions développe un aspect de ce que Canguilhem appelle la « polarité dynamique de la vie »[2]. S'il ne peut y avoir de pathologie en physique, c'est que les êtres inorganiques, qui ne connaissent que les mouvements homogènes, ignorent les mouve-ments polarisés propres au vivant. Or, cette polarité vitale est la racine de toute normativité. Distinguer entre le bien et le mal, c'est donner une nouvelle forme (humaine) à la polarité vitale qui déjà choisit, élit et fait la différence entre ce qui la meut et ce qui la trouble. Ce qui revient à dire que c'est justement parce que le vivant est normatif qu'il est exposé au pathologique. On comprend alors que la philosophie contemporaine, qui depuis Schopenhauer et Nietzsche s'efforce de partir du corps vivant plutôt que d'un sujet désincarné, ait été amené à s'interroger sur le statut philosophique de l'émotion du point de vue de la raison pratique. Si l'émotion désigne à la fois ce qui meut le sujet vivant et ce qui le trouble, n'est-elle pas la véritable source de toute normativité ? Doit-elle au contraire, de par sa dimension pathologique, être exclue par avance de toute prise de décision rationnelle ? Les interrogations contemporaines dans le domaine de l'éthique médicale ravivent et précisent la question. Si l'on tend de plus en plus volontiers à faire du patient un agent responsable, n'est-ce pas pour donner du même coup un pouvoir d'initiative plus grand à ce qui se tranche *sous le coup de l'émotion* : sous le coup de la commotion, du choc ou de la peur, qui dominent la part pathologique du sujet ? Est-ce souhaitable et est-ce même possible ? Tel est le contexte problématique dans lequel il convient de situer la réponse de Nietzsche et de la tradi-tion philosophique dont il dépend, depuis Schopenhauer et Kant principalement.

La position de Nietzsche paraît, au premier abord, complètement contradictoire. Ainsi, dans ce fragment de 1882-1883 : « Nous sommes

---

1. Voir P. Livet, *Émotions et rationalité morale*, Paris, PUF, 2002, p. 23.
2. G. Canguilhem, *Essai sur quelques problèmes concernant le normal et le pathologique*, Paris, PUF, 1950, p. 73.

devant *la plus grande émotion* (*Erregung*) – et derrière elle, *le contre-coup*, le désir du néant!»[1]. Nietzsche y décrit la situation léguée par Schopenhauer. Depuis que nous éprouvons, par-delà la pensée analytique de l'entendement (le monde comme représentation), le *continuum* charnel qui relie tous les vivants (le monde comme Volonté), «nous sommes devant *la plus grande émotion*», accablés par la compassion pour tous les vivants. Cette vaste incorporation des autres vivants dans notre propre chair déclenche une énorme commotion, jamais encore expérimentée sur la terre. Or, la suite du fragment s'empresse de souligner les conséquences dangereuses d'une telle commotion. Derrière elle se cache «*le contre-coup*»: le «désir du néant». Celui qui éprouve dans sa propre chair les souffrances de tous les vivants finit inévitablement, comme l'explique déjà Schopenhauer, par se détacher de la vie: «Désormais nulle souffrance ne lui est étrangère. […] La Volonté alors se détache de la vie […]. L'homme arrive à l'état d'abnégation volontaire»[2]. Tel est «*le contre-coup*» de la plus grande émotion: l'aspiration au «néant» (*Nichts, nihil*), que Nietzsche repère comme le symptôme le plus clair de l'époque du nihilisme.

Cette double analyse rappelle les ambiguïtés essentielles de l'émotion. Alors qu'elle est associée à une forme de vie supérieure – le vivant le plus haut est celui qui est capable d'être mu par «*la plus grande émotion*» –, elle est aussi présentée comme un phénomène pathologique dont il faut se protéger: «nous ne voulons périr ni dans cette émotion, ni dans ce désir [du néant] – nous, les amis de la vie». Et c'est ici que les chemins de Schopenhauer et Nietzsche se séparent. Tandis que le premier veut pousser jusqu'à son terme les conséquences (pathologiques) de la plus grande émotion, le second dit la nécessité (thérapeutique) de s'en protéger par amour pour la vie («nous, les amis de la vie»). Le problème de l'émotion en sort renforcé: désignée comme le propre du vivant supérieur, elle est aussi présentée comme le plus grand des dangers, dont il faut impérativement se protéger.

1. *Fragment posthume* 1882-83 4[1], *Kritische Studienausgabe*, München-Berlin-New York, Walter de Gruyter, 1988, t. 10, p. 109, trad. fr. modifiée dans *Œuvres philosophiques complètes*, Paris, Gallimard, 1997, t. IX, p. 119 [dorénavant cité selon ce modèle: FP 1882-83 4[1] p. 109, trad. mod. p. 119].

2. Schopenhauer, *Le Monde comme Volonté et comme représentation*, trad. fr. Burdeau-Roos, Paris, PUF, 1998, § 68, trad. mod. p. 476-477.

On va voir que cette position apparemment incohérente prend sens sur le fond de la situation léguée par Schopenhauer et, avant lui, de celle initiée par la réflexion critique de Kant, qui ménage déjà à l'émotion un statut philosophique éminemment ambigu.

KANT ET LA CRITIQUE DES ÉMOTIONS
ÉMOTION PATHOLOGIQUE ET ÉMOTION ESTHÉTIQUE

Kant pose en principe que le mobile de l'action morale doit être purgé de tout élément pathologique[1]. Commettre une grande action sous le coup de l'émotion, ce serait être agi par des mobiles pathologiques, et priver son action, pour cette raison même, de toute valeur morale. Mettant le sujet en relation à une loi morale «inconditionnée», la moralité permet de l'affranchir de la dimension passive, sensible et pathologique de ce qui le meut, et du même coup, de la nécessité d'être *mu* par des mobiles *émouvants*. Or, comme le souligne Heidegger dans son dialogue avec Cassirer, le chapitre consacré aux «mobiles de la raison pure pratique» complique cette première position[2]. Alors qu'il avait exclu en un premier temps toute dimension sensible dans le mobile moral, Kant ajoute que «l'effet négatif produit [par le mobile moral] sur le sentiment [...] est lui-même un sentiment»[3]. C'est un sentiment de «respect» du sujet pour la loi morale, respect qui sourd de la part du sujet sensible, justement parce que la loi morale «l'humilie» dans sa sensibilité[4]. La première description de ce sentiment paraît certes le vider de toute dimension pathologique : «c'est un sentiment qui ne peut être rapporté ni au plaisir, ni à la douleur»[5]. Mais la suite du texte vient apporter un démenti formel à ce qui précède : «en tant que tel, il contient plutôt du déplaisir», – sentiment de peine qui se mêle d'ailleurs avec celui, à première vue

1. Kant, *Critique de la raison pratique*, trad. fr. Picavet, Paris, PUF, 1943, 1989, p. 32-33.
2. E. Cassirer-M. Heidegger, *Débat sur le kantisme et la Philosophie (Davos, mars 1929), et autres textes de 1929-1931*, trad. fr. Aubenque-Fataud-Quillet, Paris, Beauchesne, 1972, p. 32.
3. *Critique de la raison pratique*, trad. fr. p. 76.
4. *Ibid.*, p. 77-78.
5. *Ibid.*, p. 84.

contradictoire, d'une élévation de soi : « il contient aussi de l'*élévation* (*Erhebung*) » [1]. Parce que le respect consiste dans l'étrange alliance entre le sentiment d'être « terrassé » par plus grand que soi et celui d'être « élevé » au-dessus de soi-même, « l'analytique du sublime » découvrira finalement que « l'émotion » (*Rührung*) est la voie la plus sûre pour expérimenter le sentiment de notre destination morale. Mais n'est-ce pas lui donner finalement, contre sa disqualification au nom du pathologique, le rôle de *primum mobile* des élévations de l'homme ?

La *Critique de la faculté de juger* commence elle aussi par purger la sphère esthétique de l'impact pathologique des émotions : « le pur jugement de goût est indépendant […] de l'émotion » [2]. Mettant de côté la matière des sensations, Kant explique dans l'*Anthropologie* que le goût est ce qui se préoccupe, déjà dans le domaine de la gastronomie, de l'accord entre le divers (reçu par la sensibilité) et l'unité (voulue par l'entendement) [3]. De façon fort inattendue, il prête à l'art de la table l'expérience de l'accord entre les facultés mises en jeu à l'occasion de la contemplation du beau. Or, cette approche du jugement esthétique laisse de côté le sentiment du sublime : « le sublime n'est […] certes pas un objet pour le goût, mais c'en est un pour le sentiment de l'émotion » [4]. C'est que, si le jugement sur le beau est l'expérience d'un accord ou d'une harmonie entre nos facultés, le jugement sur le sublime est au contraire *l'expérience d'un désaccord ou d'une disproportion*, dont l'émotion – et non plus le plaisir – donne la meilleure résonance affective.

L'irruption de l'émotion dans le jugement esthétique ne peut se comprendre que si l'on saisit la raison profonde pour laquelle Kant passe de l'analyse du beau à celle du sublime. Lorsqu'à l'occasion de la contemplation esthétique, l'imagination et l'entendement jouent ensemble, dans un jeu sans fin, à unifier ce qui se présente, le sujet se sent en accord avec lui-même : il ressent une « harmonie » entre sa faculté sensible de présentation (l'imagination) et sa faculté cognitive

---

1. *Critique de la raison pratique*, trad. mod. p. 85.
2. *Critique de la faculté de juger*, trad. fr. Renaut, Paris, GF-Flammarion, 1995, trad. mod. p. 201.
3. *Anthropologie du point de vue pragmatique*, trad. fr. Renaut, Paris, GF-Flammarion, 1993, p. 203-204.
4. *Ibid.*, trad. mod. p. 205.

d'unification (l'entendement) [1]. Le jugement sur le beau révèle, de ce point de vue, la condition la plus profonde de la connaissance. Au fond de tout jugement de connaissance, il faut que l'imagination, d'accord avec l'entendement, forge déjà secrètement des figures selon un « art caché » décidant à l'avance des contours de l'objectivité. Aussi « l'analytique du beau » n'est-elle pas si distante de l'art du *schématisme*, par lequel l'imagination forge les figures (ou les schèmes) qui rendent possible la synthèse. Dans les deux cas, c'est bien la « limitation », ou la délimitation du divers dans les contours de l'objectivité, qui prévaut : « le beau […] concerne la forme de l'objet, laquelle consiste dans la limitation » [2].

Mais cette activité de limitation est-elle pour autant, comme le prétend Kant, un « libre jeu » ? L'esthétique doit rendre compte du surgissement du singulier, c'est-à-dire de ce qui ne s'est pas conformé à l'avance au schème, à la catégorie ou à la loi. Or progressivement, Kant lui-même le reconnaît, le beau se révèle être la part « prédéterminée à l'avance » de ce qui se présente [3]. La différence entre l'indétermination de la présentation esthétique et la détermination théorique s'efface devant la commune prédétermination de ce qui se présente. Voilà pourquoi il faut passer au sublime, qui seul laisse pressentir ce qui excède ces cadres prédéterminés. Ici, seulement, l'irruption de ce qui surgit est véritablement libre, surgissant avec la violence de l'émotion (*Erregung*), en dépit de toutes les prévisions du sujet :

> la beauté […] véhicule avec elle, dans sa forme, une finalité par laquelle l'objet semble être comme prédéterminé (*vorherbestimmt*) pour notre faculté de juger […] ; en revanche, ce qui excite (*erregen*) en nous le sentiment du sublime, sans que nous nous lancions dans des raisonnements, dans la simple appréhension, peut certes paraître […] inapproprié à notre faculté de présentation et faisant, pour ainsi dire, violence à l'imagination : il n'en est pas moins, pour cette raison, jugé d'autant plus sublime.

En rester à l'« analytique du beau », ce serait laisser penser que la sensibilité se réduit aux accords du goût et aux impératifs de la délimi-

---

1. *Critique de la faculté de juger*, p. 196.
2. *Ibid.*, p. 225.
3. *Ibid.*, trad. mod. p. 226.

tation. Le passage du beau au sublime dévoile au contraire que celui qui sent en délimitant des figures est aussi appelé à pressentir, aux confins de ses figures, l'excès qui les déborde. Or, cet excès ne peut se pressentir que dans « l'émotion » (*Rührung*), qui justement consiste dans l'expérience d'une disproportion entre ce qu'il projette et ce qui lui advient. Voilà pourquoi l'évaluation esthétique de la grandeur, en mettant le sujet en relation à la grandeur comme telle, provoque l'émotion. C'est cette relation à la grandeur qui seule peut émouvoir l'esprit, et du même coup le pousser à *se mouvoir par-delà lui-même*. Arc-bouté sur le premier moteur de l'émotion, le sublime (*Erhaben*) déclenche le mouvement par lequel l'esprit se sent, non plus dans un calme accord avec soi-même, mais *soulevé* (*erheben*) par-delà lui-même.

La condition de cette élévation est que l'émotion soit *esthétique* et non plus *pathologique*. Le critère de l'émotion esthétique est qu'elle soit déclenchée, non par les impératifs de la survie – en quoi elle ne serait que l'indicateur instinctif d'un danger vital –, mais par un *attrait pénible* pour la grandeur comme telle. Voilà pourquoi l'émotion du sublime ne peut résulter d'un danger réel menaçant le corps propre, qui replierait le sujet sur sa survie au lieu de le rendre sensible à ce qui l'excède. C'est cette distinction entre deux types d'émotion, l'une orientée vers l'intérêt vital du corps vivant (l'émotion pathologique, que nous partageons avec les animaux), l'autre dégagée de tout intérêt physiologique (l'émotion esthétique, que seuls les hommes cultivés ont en partage) qui permet à Kant de ne plus la renvoyer, comme dans la *Critique de la raison pratique*, à la sphère du pathologique, et d'affirmer sa proximité fondamentale avec le sentiment de respect. Tandis que, dans le cas de l'émotion pathologique, ce qui excède le sujet est soit redouté (peur du danger vital), soit supplanté (joie de l'assimilation ou de la domination), dans le cas de l'émotion esthé- tique au contraire, l'excès de ce qui survient est admiré et respecté pour lui-même. C'est lui, et non plus les impératifs physiologiques de la conservation, qui déclenche « l'arrêt » puis « *l'effusion* des forces vitales », poussant le sujet vivant non plus vers sa conservation mais vers son élévation[1].

1. *Critique de la faculté de juger*, trad. mod. p. 226.

Le statut ambigu de l'émotion exige donc, pour être tranché, une critique du jugement. Bien loin d'être inconditionnellement affirmée ou, au contraire, dévalorisée, l'émotion ne retrouve sa fonction de premier moteur *qu'à condition* : à condition d'être orientée vers le respect pour la grandeur comme telle, c'est-à-dire vers ce qui excède les capacités théoriques et esthétiques du sujet et, partant, *le pousse à s'élever vers ce qui est plus grand que lui.*

SCHOPENHAUER : DÉBRIDER LES ÉMOTIONS
JUSQU'À LEUR EXTINCTION

Schopenhauer va contester tous ces résultats. Bien loin de pousser le sujet vers sa propre élévation, le sentiment du sublime le conduit à se nier lui-même, grâce à la prise de conscience « du néant de [sa] propre chair (*eigenes Leib*) »[1]. Détachant le sujet de sa chair, l'expérience esthétique du sublime permet de le désincarner, en le rendant « impassible (*unerschüttert*) » à tout ce qui devrait l'ébranler, et en faisant de lui un « pur sujet connaissant », dépourvu de tout *mobile* et de tout *motif d'émotion* : « le sublime résulte de ce que la Volonté n'est point émue (*erregt*) par des objets qui semblaient destinés à l'émouvoir »[2]. Le supplément sur la tragédie est encore plus clair : « au spectacle de la catastrophe tragique, nous nous détournons du Vouloir-vivre lui-même »[3]. Mais comment soutenir que le spectacle tragique requiert un sujet esthétique impassible quand on reconnaît, avec Aristote, qu'il excite les émotions les plus pathologiques : la « peur » (*phobos, Furcht*) et la « compassion » (*éléos, Mitleid*)[4] ? Schopenhauer explique que ce n'est pas là que réside sa « fin » et son caractère sublime. Si les émotions sont en un premier temps débridées, c'est justement pour conduire le sujet esthétique, non seulement à leur purge, mais à leur extinction et du même coup *à la suppression de tout mobile*.

1. *Le Monde comme Volonté et comme représentation*, § 39, trad. mod. p. 265.
2. *Ibid.*, trad. mod. p. 263, 266.
3. *Ibid.*, supplément XXXVII, p. 1171.
4. *Ibid.*, p. 1173.

On vient de voir comment Schopenhauer s'y prenait dans le domaine de l'esthétique (celui du *Monde comme représentation*) pour décrire le déchaînement pathologique des émotions jusqu'à leur suppression. On va voir que la démarche est exactement la même du côté du *Monde comme Volonté*.

Contestant l'interprétation purement intellectuelle du *cogito* cartésien et dévoilant son sous-sol charnel, la première découverte philosophique fondamentale de Schopenhauer réside dans « l'identité de la chair et de la Volonté » [1]. Or, les émotions sont justement ce qui manifeste le plus clairement cette identité. Faisant voler en éclats l'illusion dualiste, elles révèlent la dimension *immédiatement charnelle* de la Volonté :

> l'identité de la chair et de la Volonté se manifeste en ce que tout mouvement violent et exagéré de la Volonté, c'est-à-dire tout affect (*Affekt*), ébranle (*erschüttern*) immédiatement la chair et son mouvement interne, en troublant le cours de ses fonctions vitales.

Ici se trouvent réunis les deux aspects de l'émotion. Remettant la chair en mouvement, elle est aussi ce qui la trouble dans ses fonctions vitales. Avec cette assimilation de l'émotion à une passion (*Leidenschaft*) qui fait souffrir (*leiden*), il n'y a d'abord rien d'autre que le rappel d'une étymologie. Etre affecté suppose en effet un souffrir (*leiden* au sens de *pathein*), plus originaire que toute jouissance active. D'où la possibilité de conclure, au livre IV cette fois, qu'une souffrance continue est le fond permanent de toutes les émotions :

> les variations brusques sont toujours à la surface et ne changent rien au fond, […] la souffrance (*das Leiden*) est l'essence même de la vie ; […] elle ne s'infiltre pas en nous du dehors, […] chacun porte du fond de sa propre intériorité l'intarissable source d'où elle sort [2].

Aussi faut-il distinguer, dans les émotions, ce qui relève de l'illusion (leurs variations de degré, de valeur et de causalité) et ce qui constitue leur fond le plus intime : la souffrance continue de l'être en vie.

---

1. *Le Monde comme Volonté et comme représentation*, § 18, trad. mod. p. 142. Sur ce point, voir notre étude « Refaire le *cogito* : Schopenhauer et le commencement cartésien », dans *La Raison dévoilée – Études schopenhauériennes*, Paris, Vrin, 2005.

2. *Ibid.*, § 57, trad. mod. p. 401-402.

Puisque le fond du rapport immédiat à soi-même est un tel souffrir, Schopenhauer découvre alors l'évidence, plus immédiate encore que celle de l'*ego* du *cogito*, d'une souffrance commune jaillissant de tous les vivants. Telle est la seconde grande découverte de Schopenhauer. Toute souffrance est en son fond pré-individuelle, précédant les séparations du *Monde comme représentation*. Ce sous-sol préindividuel du *cogito* s'atteste dans une expérience fondamentale, que toutes les chairs sont susceptibles d'éprouver en dépit de leur égoïsme : l'expérience de la compassion, ou d'un souffrir-ensemble (*Mit-leid*) originaire et immédiat. Ce phénomène universel de la compassion atteste que toute chair, même la plus enferrée dans les illusions de son égoïté, pressent ce que saint Jean a appelé « l'amour » (*agapè, caritas*) : que la Volonté est faite d'une seule « chair » ou que les vivants vivent tous de la même « Vie »[1].

Or, ici comme au spectacle de la tragédie, l'approfondissement de l'affectivité jusqu'à son sous-sol le plus pathologique n'est qu'un moyen. Le but visé est encore l'extinction de tout affect dans l'insensibilité. D'où une proximité fondamentale entre l'expérience esthétique la plus élevée, tentée du côté du *Monde comme représentation* (la tragédie), et l'expérience charnelle la plus pure, éprouvée du côté du *Monde comme Volonté* (la sainteté). De même que la tragédie commence par débrider les émotions pour mieux provoquer le dégoût qui permettra de les nier, le saint est celui qui commence par éprouver les souffrances de tous les vivants dans sa propre chair pour finalement ne plus rien éprouver du tout : « la farce du monde, qui jadis a pu émouvoir (*bewegen*) ou affliger son âme [...] le laisse maintenant indifférent »[2]. Ici, comme dans la tragédie, le déchaînement sans frein des émotions conduit à leur extinction, et avec elles, à la suppression de tout mobile pour la Volonté.

Le parcours de Schopenhauer est donc rigoureusement inverse de celui de Kant. Tandis que Kant commence par disqualifier l'émotion, au nom de sa dimension pathologique, pour finalement lui assurer la première place, celle de *primum mobile* de la subjectivité,

---

1. Sur la « chair » préindividuelle de la Volonté, voir *Le Monde* § 63, trad. mod. p. 446 : la « Volonté enfonce ses dents dans sa propre chair (*Fleisch*) ».

2. *Ibid.*, § 68, trad. mod. p. 490.

Schopenhauer au contraire commence par accorder aux émotions la première place pour finalement annoncer leur extinction. Cette divergence provient d'un désaccord fondamental sur la nature de l'émotion. Tandis que Kant distingue deux formes possibles de l'émotion – l'une, strictement auto-affective, qui enferme le vivant dans le sentiment de soi et de sa survie, l'autre, hétéro-affective, qui expose le vivant à une grandeur qui l'excède et qui le pousse à s'élever –, Schopenhauer n'en reconnaît qu'une : la forme patho-logique de l'émotion, qui enferme la chair dans une « auto-affection » sans dehors, jusqu'à provoquer le dégoût de soi et la destruction de tout mobile[1]. Bien loin d'exposer le sujet à une grandeur qui l'excède et de motiver son élévation (Kant), la fonction morale des émotions selon Schopenhauer est donc de replier la subjectivité sur elle-même et sur ses propres souffrances (dégoût et auto-affection), jusqu'à la conduire à son propre anéantissement.

Tel est le statut ambivalent des émotions qui constitue l'arrière-fond des ambiguïtés nietzschéennes sur la question, et qui permet de leur donner sens et cohérence. Bien loin de soutenir une chose et son contraire, Nietzsche, luttant contre le geste destructeur de Schopenhauer, tentera de retrouver le programme critique de Kant, cette fois non plus au nom d'une critique de la raison, mais au nom d'une *critique de la chair*[2]. On comprend alors pourquoi, choisissant le corps vivant et ses mobiles comme « fil conducteur »[3], il désignera la *critique des émotions* comme l'un de ses premiers fronts.

LA NAISSANCE DE LA TRAGÉDIE
LE TRIBUNAL CRITIQUE DES ÉMOTIONS

Nietzsche repère dans la nature deux « pulsions » fondamentales[4]. La première, qu'il baptise « pulsion dionysiaque », consiste à exciter

1. Sur la pensée de Schopenhauer comme philosophie de l'auto-affection, voir M. Henry, *Généalogie de la psychanalyse*, Paris, PUF, 1985, p. 8 *sq.* et 159 *sq.*
2. Sur ce point, voir notre ouvrage, *Nietzsche et la critique de la chair – Dionysos, Ariane, le Christ*, Paris, PUF, 2005.
3. Voir FP 1884 27[70], FP 1884-85 36[35], 37[4], 40[15].
4. *Naissance de la tragédie*, § 1, p. 25, trad. mod. p. 41.

les émotions fondamentales qui traversent les chairs. La seconde, qu'il appelle « pulsion apollinienne », s'efforce au contraire de les maîtriser. Tandis qu'Apollon est « la liberté vis-à-vis des émotions (*Regung*) les plus sauvages » et « la mesure dans la délimitation », Dionysos inflige aux vivants « la violence des émotions » jusqu'à provoquer leur emportement dans « l'ivresse ». Mais l'ivresse dionysiaque n'est pas associée à n'importe quelle émotion. Elle renvoie aux « émotions (*Regung*) les plus hautes », c'est-à-dire à « l'excitation (*Erregung*) du fond du sentir (*Gefühlgrund*) »[1]. Il faut entendre par là ce qu'avait déjà découvert Schopenhauer : le fait que l'émotion dévoile le *continuum* charnel qui relie tous les vivants entre eux. Parce que le sentiment fondamental de la vie consiste dans l'expérience de son « archi-unité » (*Ur-Eine*), le fond du sentir excité par la pulsion dionysiaque ne peut être que ce sentiment « ekstatique » par lequel nous nous confondons avec tous les autres vivants (compassion, sympathie, orgiasme)[2]. Loin d'appartenir à la sphère des émotions fondamentales, celles qui sont orientées au contraire vers la survie individuelle sont rigoureusement exclues du dionysiaque. De Schopenhauer, Nietzsche retient donc le rôle d'exposition de l'émotion à l'archi-unité charnelle. De Kant, il retient sa force motrice et ascensionnelle, clairement distinguée de l'émotion pathologique repliée sur la survie du sujet. Les émotions « ekstatiques » du dionysiaque, parce qu'elles nous remettent au contact de la chair et de la vie, sont en effet le premier moteur « qui nous excite à continuer à vivre »[3].

De Schopenhauer, Nietzsche retient en outre l'ambivalence fondamentale des émotions. Premier moteur qui nous incite à continuer à vivre, « l'excitation du fond du sentir » fait en même temps peser sur le vivant la menace de l'aspiration au néant. Les analyses de l'orgiasme antique confirment les conclusions de Schopenhauer sur la sainteté. Exposé sans protection à « l'archi-unité » charnelle, c'est-à-dire à l'excès de souffrance (et, ajoute Nietzsche, à l'excès de joie) qui accable tous les vivants, le Grec dionysiaque ne parvient plus à

---

1. *Naissance de la tragédie*, § 8, p. 58, trad. p. 71 et FP 1870-71 8[7], p. 222, trad. mod. p. 325.
2. Voir le FP 1869 1[1], p. 10, trad. p. 160.
3. FP 1870-71 7[27], p. 145, trad. mod. p. 267.

affirmer la vie. Il est nécessairement conduit à la négation ascétique du Vouloir-vivre[1]. La « fin » de la tragédie est donc tout autre qu'une simple exacerbation du dionysiaque. Ne visant ni la purge des émotions (Aristote) ni leur extinction (Schopenhauer), elle doit, tout au contraire, *articuler* la charge pathologique des émotions dionysiaques et la vertu thérapeutique de leur maîtrise par Apollon[2]. Par rapport au « danger des émotions dionysiaques », la tragédie vise justement la « guérison », qu'elle réalise grâce à l'alliance entre le dieu de la commotion (Dionysos) et le « dieu thérapeute » (Apollon), qui réintroduit de la distance dans le flot commotionnant des émotions dionysiaques[3]. C'est la raison pour laquelle, sur la scène tragique, l'excès dionysiaque n'apparaît jamais sans médiations, mais seulement *à la limite* des belles figures apolliniennes que sont les héros tragiques. Seule cette apparition de l'excès à la limite de l'individuation peut être, non seulement supportée, mais *aimée* par les spectateurs de la tragédie. Et c'est à cette condition seulement, à la condition d'une alliance avec la pulsion apollinienne donc, que la pulsion dionysiaque et la force motrice de ses émotions peuvent continuer d'être « ce qui nous excite à continuer à vivre ».

On comprend alors mieux les raisons pour lesquelles Nietzsche se livre, parallèlement à cette réinterprétation du tragique, à une critique sévère de l'exacerbation romantique des émotions[4]. Marquée par le divorce entre Dionysos et Apollon, notre époque dépérit sous le double assaut d'une rationalité hypertrophiée, déconnectée de la force motrice des émotions (c'est la tendance socratique, qui joue la maîtrise apollinienne contre les émotions dionysiaques), et d'une esthétique romantique qui ne veut plus rien savoir de la nécessité tragique de la délimitation (c'est la tendance d'Euripide, qui parodie l'émotion dionysiaque par la surexcitation)[5]. Voilà pourquoi il ne faut surtout pas confondre le besoin d'émotion du public contemporain et

1. Voir *Naissance de la tragédie*, § 7.
2. Voir FP 1869-70 3[33].
3. Voir *La Vision dionysiaque du monde*, § 3.
4. Voir *Naissance de la tragédie*, § 17 et FP 1870-71 7[127] et 9[41].
5. Voir *Naissance de la tragédie*, § 22 et FP 1871-72 14[9].

les émotions fondamentales du dionysiaque [1]. Tandis que le premier se repère à la surenchère et à l'outrance, typiques de l'art romantique, le second s'articule originairement avec le contre-poids du rythme et de la forme.

Ce critère permet de retrouver le partage, déjà recherché par Kant, entre émotion esthétique et émotion pathologique, tout en le déplaçant. « Continuer à vivre » ne peut consister ici dans le simple fait de survivre, mais bien plutôt dans un mouvement d'ascension : « l'élan titanesque, ce besoin de [...] porter [tous les individus] toujours plus haut et plus loin sur ses vastes épaules, c'est là le trait commun entre prométhéisme et dionysiaque » [2]. La différence avec Kant, c'est que la grandeur qui émeut dorénavant le sujet vivant n'est plus celle de la loi morale et, avec elle, de la destination suprasensible de sa raison. Au tribunal critique des émotions, ce n'est plus la raison en effet qui légifère, mais le dieu Dionysos en personne, c'est-à-dire l'excès chaotique des possibilités charnelles. On comprend alors que l'émotion qui soulève le spectateur de la tragédie déborde autant les impératifs physiologiques de sa propre conservation que l'impératif catégorique de sa propre destination. Ne se résorbant ni dans le détachement de la vie (Schopenhauer), ni dans la survie, ni même dans l'élévation morale du sujet (Kant), *la vie qui continue* dans et par la tragédie est celle d'un corps qui est encore capable d'être ému, ou de se soulever, au contact des possibilités charnelles qui l'excèdent. Tel est le seul sens, moteur et ascensionnel, de l'émotion. Mais parce qu'une telle exposition comporte toujours les pires dangers pathologiques (Schopenhauer), l'émotion dionysiaque devra toujours être bridée par des médiations : par les artifices d'Apollon, qui permettent d'introduire du *discontinu* dans le flot commotionnant du *continuum* charnel. Tout le programme de Nietzsche sera dès lors de repenser entièrement la com-passion, – littéralement : le souffrir-ensemble (*mit-leiden*) – qui gît au fond des émotions fondamentales, et de tenter de lui donner une force motrice et ascensionnelle, en dépit de ses effets pathologiques et destructeurs.

---

1. Voir *Le Drame musical grec*, p. 522, trad. p. 23.
2. *Naissance de la tragédie*, § 9 p. 71, trad. p. 82.

L'ÉTERNEL RETOUR : ORGANISER LA PLUS GRANDE ÉMOTION

On a vu que, pour Schopenhauer, les émotions renvoyaient à la sphère originaire de la Volonté. Pour le Nietzsche de *Humain trop humain* au contraire, il n'y a pas d'émotion qui ne soit intellectualisée et, partant, déformée par la représentation[1]. Toutes sont informées et déformées, au cours d'une histoire longue et complexe, par les impératifs de la socialisation[2]. Aussi constituent-elles plutôt *la peau* de l'individu (ce qui régule ses rapports avec l'extériorité) que le *cœur* intime de la Volonté[3]. Parce qu'elles ne sont finalement que *les archives d'un processus d'individuation*, les émotions ne peuvent donc plus avoir le statut métaphysique que Schopenhauer prétendait leur donner.

Le geste schopenhauérien s'explique par la conviction profonde du métaphysicien et du religieux, qui croient que les émotions qui « exaltent » ou qui « élèvent » (*erheben*) renvoient nécessairement à un « monde vrai », « au-delà » du monde apparent[4]. Ainsi de la compassion (qui témoignerait d'une Vie continue, au-delà du mensonge de l'individuation) ou de l'enthousiasme (qui attesterait une source commune de grâce, au-delà des corps séparés). Toute l'histoire du christianisme reconduira ce privilège de la « commotion » (*Erschütterung*), censée attester la puissance de la grâce[5]. Loin d'être les symptômes d'une mémoire charnelle individuée, les émotions sont tenues pour les indicateurs vécus d'un « au-delà » du monde, ou d'une vérité *qui n'est pas de ce monde* (*Jean* VIII, 23).

À l'époque de la mort de Dieu, c'est l'art qui deviendra le reliquaire de ces émotions supra-mondaines. Nietzsche rappelle ici la filiation bien connue entre la conception du génie, censément inspiré par une réalité supérieure, et le concept théologique de la grâce. Ce transfert des émotions religieuses vers la sphère de l'esthétique, typique de l'époque contemporaine où retentit la nouvelle de la mort

1. Voir FP 1876-77 23[80].
2. Voir aussi FP 1884 25[390], [391].
3. Voir *Humain, trop humain*, § 82 et *Le Voyageur et son ombre*, § 60.
4. Voir *Humain, trop humain*, § 127 et les FP 1876-77 23[49], 23[179], FP 1880 3[79], 4[300].
5. FP 1885-86 2[144], p. 138, trad. mod. p. 140.

de Dieu, conduit l'art contemporain à produire une inflation de chocs, de commotions et d'excitations de toutes sortes[1]. Cette inflation est à la fois l'indice d'un débordement factice et le contraire de l'essence de l'art[2]. Car le débordement du dionysiaque, loin d'être une grâce à laquelle on doit s'abandonner, est un excès dont il faut se protéger. Le meilleur indice d'un débordement non simulé est donc l'alliance entre l'excès et la limite. Comme dans *La Naissance de la tragédie*, le «grand art» n'est pas celui qui joue le dionysiaque débridé contre l'apollinien (ou l'excitation-émotion contre la forme, la ligne et la mesure), mais tout au contraire celui qui, conscient de la dimension pathologique de la commotion dionysiaque, essaie de réaliser leur alliance. Tandis qu'il cultive une émotion sursaturée contenue dans les sévères limites de la forme, c'est-à-dire une *tension maximale* entre chaos émotionnel et mise en forme, l'art décadent de l'époque romantique se vautre dans une émotivité débridée, c'est-à-dire *dans la détente*, et donc au fond dans le divertissement, tant valorisé à l'époque de l'exploitation de tous par le travail. S'intéressant aux formes pathologiques de l'émotion, Nietzsche découvre en effet une solidarité de fond entre la valorisation bourgeoise du travail et du divertissement, l'exaltation romantique des émotions et la transformation de l'art en moyen de détente. Loin d'être un organe d'élévation et de formation de soi par la tension (*Bildung*), l'art devient un moyen de divertissement par la détente et le relâchement. C'est là d'ailleurs le véritable indice qui permet de départager l'émotion dionysiaque de sa simulation romantique : tandis que l'une passe par la tension et la mise en forme, l'autre conduit à la détente et au relâchement dans l'informe.

On comprend alors que, dans le conflit entre Schopenhauer et Kant, Nietzsche ait systématiquement pris parti pour le dernier. Au lieu de souhaiter une exacerbation des émotions, et parmi elles, de la plus dangereuse de toutes (la compassion), Nietzsche préconise avec

---

1. Voir *Le Voyageur et son ombre*, § 170 et (contre Wagner) les FP 1878 27 [29], [30], [32].
2. Voir *Gai Savoir*, § 370 et FP 1880 1[44], p. 15, trad. mod. p. 300, qui insiste sur l'impossibilité de fabriquer un débordement : « Là où il faut des *excitations* (*Erregung*), c'est que le *débordement* sans finalité *de la force* n'est plus là; on veut donc le fabriquer – mais un débordement ? ».

Kant la dureté de l'impératif catégorique[1]. Mais cette méfiance vis-à-vis des aspects pathologiques de l'émotion s'accompagne, comme pour Kant, de la valorisation de son aspect ascensionnel, étant entendu que cette dimension motrice de l'émotion ne nous fait accéder à aucun « monde vrai » qui serait au-delà du monde apparent, mais seulement à notre capacité à être ému et soulevé par ce qui nous excède.

Comme Kant, Nietzsche déconnecte donc le *primum mobile* de l'émotion de toute valeur de vérité. Le jugement sur ce qui élève (le sublime) n'est pas *déterminant* (il n'a pas de valeur de vérité), mais *réfléchissant* (il renvoie uniquement à l'état de celui qui le formule). Une fois dénoncée la confusion métaphysique entre l'*excès* (ou la relation du corps vivant à ce qui l'excède) et l'*au-delà* (ou l'affirmation théorique selon laquelle il existerait un monde vrai, au-delà de notre monde), il devient alors possible de réaffirmer la dimension motrice de l'émotion, non seulement dans l'art (donc dans le produire, ou la *poiesis*)[2], mais dans toute forme d'agir (ou de *praxis*). Cette motricité se vérifie, non seulement pour les grandes actions morales, qui ont toujours pour mobiles de grandes émotions, mais pour tout agir, qui résulte toujours d'un combat entre motions, c'est-à-dire entre des émotions plus ou moins conscientes[3]. Contrairement à ce que soutient la métaphysique de la conscience en effet, le vrai combat des mobiles n'est pas celui (conscient) du calcul, mais celui des affects et des émotions.

L'analyse, par Nietzsche, de l'agir et de la perception le conduit même à affirmer *le fond émotionnel de tout étant* : une chose n'est jamais que la somme de nos émotions[4]. Déplaçant la question kantienne de la synthèse de l'intuition vers l'émotion, Nietzsche est le premier à affirmer que tout étant est le produit d'une synthèse, déjà opérée par les animaux, entre un divers émotionnel qui ne cesse d'affluer (l'excitation) et l'affirmation d'une identité posée par le vivant (l'assimilation)[5]. Puisque tout étant est constitué par la percep-

---

1. Voir FP 1880 7[216].

2. Voir les FP 1876-77 23[81], [142], [172].

3. Voir *Humain, trop humain*, § 138 et *Aurore*, § 129.

4. Voir FP 1880-81 10[F 100].

5. Sur ce couple de notions, voir nos analyses dans *Nietzsche et la biologie*, Paris, PUF, 2001, chap. 1 et 2.

tion, et puisque toute perception est une action mue par des émotions, tout étant est, en son fond, constitué par les émotions du corps qui le perçoit, – étant entendu que les émotions ici ne sont pas débridées, mais articulées, par les synthèses perceptives, au jugement et à l'intellection[1].

Ce rôle constitutif de l'émotion dans les synthèses perceptives et motrices conduit Nietzsche à s'opposer aux tendances stoïciennes de la métaphysique. «La domination de soi» et de ses «émotions» (*Regung*) conduit le corps vivant à se couper de la source vive de toute perception et de toute motivation[2]. Elle le conduit à s'appauvrir (à perdre toute relation à la richesse excessive du flux de ce qui arrive) et à s'immobiliser (à retomber dans l'existence immobile, c'est-à-dire *sans mobile*, du végétal et de l'inanimé). La sagesse pratique qui vise «l'anesthésie» ou «l'insensibilité» de la chair sous-estime donc «la valeur de la *douleur* […], de l'*émotion* (*Erregung*), de la *passion*»[3]. Si Nietzsche associe l'émotion à la «valeur» et à la source vive de toute *richesse*, c'est qu'elle met le vivant en relation à *l'excès de ce qui lui arrive*, soit : à *l'excès sursaturé du flux ou du devenir*. Lorsqu'un vivant est ému en effet, c'est qu'il ressent dans sa chair l'excès du flux des événements, à la fois non prévisible (dans l'avenir) et non synthétisable (par la mémoire). Les émotions sont à la fois les indicateurs d'un échec de la prévision (d'un excès du flux à venir sur les anticipations perceptives, cognitives et pratiques) et d'une immense mémoire corporelle, non synthétisable par la conscience et ses concepts (d'un excès du flux passé sur les synthèses de la conscience). S'attardant sur ce second aspect, Nietzsche note à juste titre que les émotions sont les indicateurs d'une mémoire charnelle, incorporée dans les nerfs du corps vivant, et qui soudain devient consciente tout en excédant les capacités de synthèse de la pensée, provoquant du même coup d'«énormes vagues d'émotions»[4].

L'émotion retrouve ainsi, contre Schopenhauer et avec Kant, sa force motrice et énergétique. L'énergie libidinale ou érotique de

---

1. Voir FP 1884 25[168], [336].
2. *Gai Savoir*, § 305, p. 543, trad. mod. p. 208.
3. FP 1881 15[55], p. 653, trad. mod. p. 529.
4. FP 1880 2[68], p. 44, trad. mod. p. 328.

l'émotion (*éros*, *agapè*) ne doit pas être « dominée » (au sens où elle serait neutralisée ou suspendue par une « insensibilité »), mais « maintenue dans des limites » (contrainte, bridée, articulée à des processus de contrôle)[1]. Voilà qui permet de faire la part entre la « domination » (*Beherrschung*) stoïcienne des émotions et leur « domptage » (*Bändigung*), déjà en jeu dans l'art tragique des Grecs, puis dans la pensée (tragique) de l'éternel retour. Tandis que la première veut neutraliser l'excès des événements sur la chair, l'autre veut articuler l'excès du « flux absolu » (le nouveau contenu de Dionysos) et les artifices charnels de protection contre lui (le premier sens d'Apollon)[2].

Les lectures biologiques de Nietzsche confirment ses premières orientations philosophiques. Bien loin de jouer le dionysiaque contre l'apollinien (le christianisme), ou l'apollinien contre le dionysiaque (la métaphysique), Nietzsche découvre dans les écrits de l'embryologiste Wilhelm Roux un « effet *trophique* » de l'excitation sur l'assimilation[3]. Plus un vivant est excitable et émotif (plus il est dionysiaque), plus il est capable d'assimiler et de se réorganiser (plus il est apollinien). Voilà pourquoi il ne peut s'agir de viser la domination des émotions, au sens de leur suspension, mais plutôt leur domptage, c'est-à-dire leur articulation avec les forces organisatrices de la chair (la chair, comme organisme, est en effet d'abord ce qui s'auto-organise). La créature qui survit le mieux, c'est celle qui développe à la fois « la plus grande émotivité » (celle qui est la plus ouverte à l'excès du flux passé, présent et à venir) et la plus grande « domination » (*Beherrschung*) de cette émotivité (celle qui est la plus capable de « discipliner », de « réguler » et d'organiser dans sa chair les commotions déclenchées par l'excès du flux)[4]. Or tel est justement le sens de la pensée de l'éternel retour. Nous plongeant dans « la plus grande émotion » (nous poussant à compatir avec la totalité du flux), elle nous oblige, *pour cette raison même*, à la plus rigoureuse organisation :

1. *Aurore*, § 76, p. 73, trad. mod. p. 64-65.
2. Sur le nouveau contenu de Dionysos et d'Apollon dans les textes des années 1880, voir *Nietzsche et la critique de la chair*, *op. cit.*, 2ᵉ partie.
3. FP 1883 7[95], p. 274, trad. p. 142 et notre commentaire dans *Nietzsche et la biologie*, *op. cit.*, chap. 3.
4. FP 1884 25[427], p. 125, trad. mod. 142.

ma théorie du retour est le plus effroyable alourdissement des choses. Si nous ne prenons pas nous-mêmes soin de nous conserver, tout périra. *Nous-mêmes par le biais d'une organisation* [1].

Cette double condition donne la clé de la position nietzschéenne, apparemment incohérente, sur le statut des émotions. Loin de valoir inconditionnellement (Schopenhauer et le romantisme), les émotions n'ont en effet de valeur vitale, pratique et esthétique *qu'à condition* (Kant) : à condition de se plier au contre-poids de leur *organisation* dans les chairs. Seule cette alliance entre commotion et organisation, en permettant une plus grande incorporation du flux dans les chairs, permet d'émanciper l'émotion, soit de la seule conservation de soi (la peur animale), soit au contraire de la destruction de soi par le chaos des émotions (le romantisme), pour en faire le moteur des élévations du vivant.

LE *PATHOS* TRAGIQUE ET LE SUBLIME KANTIEN
LIBÉRER LES ÉMOTIONS DE LA MORALE

Si le début des années 1880 est marqué par la rupture avec Schopenhauer, les dernières années sont dominées par le conflit avec Wagner, accusé de surenchérir sur les émotions, en répondant au besoin de « narcotiques » d'un public usé par le travail [2]. Dans l'art de Wagner, Nietzsche repère l'une des premières formes d'art s'adressant aux « masses » qui domineront le siècle suivant. Le public que Wagner invente et contribue à former, *la masse* à laquelle s'adresseront plus tard les grands médias audiovisuels (journaux, cinéma, télévision), est un ensemble indifférencié de corps excitables, tous occupés à se *détendre ensemble* et à se *confondre* dans les mêmes courants émotionnels, et non plus à se tendre et à s'individuer les uns par rapport aux autres en s'efforçant à une mise en forme (*Bildung*). Cette constitution d'une masse homogène par le pouvoir *confondant* des émotions conduit Nietzsche à condamner « l'absurde émotivité »

---

1. FP 1882 2[4], p. 43, trad. mod. p. 55.
2. Voir par exemple *Généalogie de la morale*, III § 26, FP 1885 41[2], § 6, FP 1885-86 2[113].

de l'artiste et du public contemporain, qui vise « une *excitation* globale de toute la machinerie nerveuse »[1].

On aurait pu s'attendre à ce que cela le conduise aussi à condamner le dionysiaque, associé dès *La Naissance de la tragédie* à l'expérience de la masse (se sentir « confondu avec son prochain » jusqu'à former une seule « masse »[2]) par l'intensification des émotions. L'ivresse dionysiaque, rappelle-t-il en 1888, a bien pour fonction, elle aussi, « d'intensifier l'émotivité de toute la machine »[3]. Renouant avec les premières positions de *La Naissance de la tragédie*, il y voit pourtant encore la condition de toute création artistique. L'excitabilité sexuelle qu'elle met en jeu renvoie à un « excès de force (*vigor*) charnelle » qui serait encore, en 1888, le « *primum mobile* » de toute création[4]. Mais comment Nietzsche peut-il au même moment interpréter l'intensification de « l'émotivité de toute la machine » comme un symptôme de décadence et comme la condition de toute création ?

Le critère permettant de départager l'ivresse dionysiaque simulée (le romantisme) et l'ivresse dionysiaque créatrice (le tragique) est encore son alliance avec Apollon. Fuyant spontanément l'indistinction chaotique, le dionysiaque réclame de lui-même *l'idéalisation* apollinienne, c'est-à-dire la sélection de traits, de lignes et de formes qui individuent les forces[5]. C'est que l'excitabilité sexuelle appelle d'elle-même (comme Dionysos appelle de lui-même Apollon) des processus de mise en forme qui sont à la racine de l'idéalisation par la beauté[6]. Comme dans *La Naissance de la tragédie*, Nietzsche condamne donc à nouveau la fabrication artificielle du débordement dionysiaque. Celui-ci ne peut pas être fabriqué, pour la double raison qu'il nous vient de l'animalité (du « *vigor* animal ») et qu'il réclame justement d'être bridé – Freud dira : *sublimé* – par les ressources artificielles de l'art que sont la mesure, la ligne et la forme, bref : grâce à l'idéalisation par la beauté.

1. Respectivement FP 1888 16[89], p. 517, trad. mod. p. 263 et FP 1885-86 2[113], p. 118, trad. p. 123.

2. *Naissance de la tragédie*, § 1 et 8 p. 29, 60-62, trad. mod. p. 45, 72-73.

3. *Crépuscule des idoles*, « Divagations d'un inactuel », § 8, p. 116, trad. mod. p. 112.

4. FP 1887 9[102], p. 393, trad. mod. p. 61.

5. Voir *Crépuscule des idoles*, « Divagations d'un inactuel », § 8.

6. Voir FP 1887 9[6], 9[102] et FP 1888 23[2].

Ecartant toute fabrication du dionysiaque, il n'en reste pas moins que Nietzsche repère, non seulement un « effet *trophique* » de l'excitation sur l'idéalisation (plus la chair est excitée, plus elle idéalise et organise dans la beauté), mais aussi une rétroaction des artifices de l'idéalisation sur l'excitation (plus la chair organise le chaos dans la beauté, plus elle est excitée)[1]. Cette rétroaction ouvre, chez l'animal humain artiste et créateur, des possibilités inouïes : celles d'augmenter encore, par rapport aux parades animales, « l'excitabilité de toute la machine ». Le propos de Nietzsche sur l'art et l'émotion ne peut donc finalement se comprendre que si l'on distingue clairement *l'artificiel* (nécessaire) et le *factice* (décadent). S'il y a des conditions *artificielles* (ou artistiques) à l'émotivité dionysiaque – ici : l'idéalisation –, elles ne résident justement pas dans la simulation *factice* du chaos, mais dans les moyens apolliniens de son organisation.

Si Nietzsche s'accorde avec Kant pour voir dans l'émotion ce qui nous relie au *primum mobile* de toute élévation, il conteste en revanche que ce premier mobile soit la moralité : « nous sommes hostiles aux *émotions* (*Rührung*) [...] également dans les arts. Nous préférons ce qui ne nous rappelle ni le «bien» ni le «mal» »[2]. Alors que la morale concerne les relations entre les hommes, le *primum mobile* que la tragédie rend visible n'est pas le « bien », mais l'excès du flux absolu, au regard duquel les possibilités humaines et morales ne sont qu'un cas particulier. Présentant la souffrance et la mort qui emportent tous les individus, qu'ils soient coupables ou innocents, la tragédie ne fait voir en effet *ni la bonté du flux* (pourquoi, si le devenir était bon, les innocents seraient-ils emportés par la mort ?) *ni sa méchanceté* (la mort qui emporte tous les individus est un fait innocent). Elle fait voir, bien plutôt, *l'excès des événements sur les catégories humaines* du bien et du mal, et à travers lui, la « *perfection* » (*Vollkommenheit*) d'un dieu nouveau, qui n'est plus ni le Père, ni le bon Dieu, mais une divinité « par-delà bien et mal ». Tel est justement le sens ascensionnel de l'émotion : loin de nous enfermer dans notre « destination morale » (Kant), elle est ce qui nous met en relation avec l'excès du flux et nous encourage à l'aimer, alors même qu'il défait continûment nos attentes,

---

1. Voir FP 1887 9[6] et 9[102].
2. FP 1887 10[52], p. 481, trad. mod. p. 130-131.

nos concepts et nos catégories. C'est que la nouvelle instance du tribunal critique n'est plus la raison (et ses idées), mais le « flux absolu » ou Dionysos en personne. On comprend dès lors pourquoi les émotions dorénavant valorisées ne sont plus celles qui confirment notre destination morale, mais celles qui nous mettent en relation avec l'excès du flux, nous invitant continûment à réviser nos normes et à réinventer nos catégories.

Inséparable d'un trouble ou d'une perturbation, l'émotion qui nous conduit à réviser nos évaluations est donc *à la fois ascensionnelle et pathologique*. Telle est l'autre découverte que Nietzsche oppose à Kant. Tandis que ce dernier oppose émotion esthétique (ascensionnelle) et émotion pathologique, Nietzsche pose que toute ascension suppose le dérangement pathologique d'un ordre ancien, qui seul peut pousser le corps vivant à se réorganiser. Toute création engage une telle réorganisation. Aussi le trouble, la perturbation et la maladie sont-ils inséparables de tout processus de création. La distinction entre une pathologie *décadente* et une pathologie *ascendante* quant à elle, vient de la réponse de l'organisme au dérangement pathologique. Si ce dernier hâte la désorganisation de l'organisme, c'est-à-dire sa dissolution dans le chaos, on est devant un phénomène décadent de simulation du chaos ; s'il excite au contraire sa réorganisation, on est devant le phénomène ascensionnel d'une incorporation du flux dans la chair, la contraignant à se transformer en s'élargissant.

LA PLACE DES ÉMOTIONS DANS LES PROCESSUS DE DÉCISION

Ces éléments de réponse pourraient éclairer les interrogations contemporaines sur la place des émotions dans les processus de décision. Faut-il, par exemple, redonner un pouvoir d'initiative aux émotions dans le domaine médical ? L'intérêt d'un tel contexte est qu'il rend visibles les conditions, toujours pathologiques mais souvent sur un mode invisible, de toute décision. Dans un contexte manifestement pathologique en effet, il n'est plus possible de soutenir que le patient décide à partir de sa libre conscience, les émotions les plus pathologiques (choc, angoisse, peur, colère, etc.) pesant clairement sur ses décisions. Cette situation apparemment exceptionnelle exhibe les conditions réelles de toute décision. Tout vivant poussé à réviser ses conduites et à prendre une *décision* [1] interrompant le cours de ses projets, est toujours poussé à le faire, en effet, par une perturbation : par un événement pathologique qui, pour cette raison même, est chargé d'émotion. Cela signifie-t-il que toute décision est prise en régime d'hétéronomie ? Pour Nietzsche, il est clair en tout cas que le vivant prend toutes ses décisions sous la pression d'un flux toujours nouveau et non, comme le soutient Kant, depuis une auto-détermination (de la raison) qui serait indemne de ce qui advient. Derrière les mobiles rationnels, apparemment libres de toute emprise pathologique, il y a en réalité d'invisibles motions, toujours doublées de résonances affectives, c'est-à-dire d'émotions, plus ou moins claires et conscientes. Il n'est donc plus possible de s'appuyer sur leur aspect pathologique pour tenter de les exclure de la rationalité pratique, *décision* et *pathologie* se révélant en réalité intimement liées.

La question est dès lors de savoir *quel type d'émotions* doit prendre le dessus dans les processus de décision. Reprenant partiellement la réponse kantienne et rejetant clairement celle de Schopenhauer, Nietzsche tente de disqualifier deux types d'émotions : les émotions ataviques héritées des conduites sécuritaires de l'animalité (la peur principalement), repliant le vivant sur sa propre survie, et les émotions auto-destructrices propres à l'animal humain (compassion, surexcitation), qui vont dans le sens d'un dégoût inédit du vivant pour la vie. Les émotions qui sortent revalorisées de cette double disqualification sont celles qui favorisent au contraire *l'incorporation des événements dans les corps vivants*, en excitant un amour des chairs pour l'excès du flux, avec ses monstruosités, ses anomalies, sa négativité (la souffrance et la mort de tous les vivants). Telle est, précisément, la fonction de l'émotion tragique : nous faire aimer l'archi-unité charnelle et, au-delà, l'excès du flux absolu, alors même qu'il porte avec lui la mort et la destruction de tout ce qui advient [2]. Tel est aussi le sens du soulèvement *artificiel* que l'*art* seul peut produire, non pas en simulant un excès factice, mais en *articulant* l'excès du flux (dionysiaque) et son idéalisation (apollinienne).

---

1. Le français *décider* vient du latin *decidere*, qui lui-même vient de *caedere* : « couper, trancher ».

2. Voir FP 1888 14 [89].

Interprétant la pensée de l'éternel retour comme la plus vaste entreprise d'incorporation du flux dans les chairs, Nietzsche montre en outre qu'un tel impact de l'émotion est toujours solidaire d'un travail de la mémoire, c'est-à-dire de ce qui, dans le vivant, ne cesse de faire de la place au nouveau en le reliant à l'ancien et en le réorganisant : « assumer ce qu'il y a de plus ancien, de plus nouveau […] : avoir enfin tout cela en une seule âme, le condenser en un seul sentiment : – voilà qui devrait […] constituer une félicité […] pleine de larmes et de rires »[1]. La reconnaissance du rôle des émotions dans les processus de décision conduit en effet à donner à la mémoire le premier rôle. C'est elle qui, dans l'expérience musicale ou poétique par exemple, s'occupe d'« *apprendre à aimer* » l'étranger, le nouveau ou l'inouï en l'incorporant *par cœur* dans les plis et les replis du corps vivant[2]. Car le processus d'idéalisation propre à l'art et à l'esthétique ne fait qu'intensifier les capacités sélectives et organisatrices de la mémoire. S'occupant de faire la synthèse entre le déjà là et le surgissement continu du nouveau, c'est la mémoire (et non la conscience ou la raison, prétendument indemnes de l'excès du flux) qui devient l'instance qui véritablement décide, ménageant la possibilité de nouvelles conduites à la hauteur de l'excès des événements. On comprend dès lors que les émotions aient, depuis, reçu le statut de *motions*, et que, débordant le seul champ de la conscience et s'enracinant dans l'unité psycho-physique des corps vivants, elles aient engagé une exploration nouvelle des profondeurs de la mémoire, qui aboutira notamment à l'invention de la psychanalyse et à l'essor de la psychologie du développement. Parce qu'il révèle les aspects mnésiques de l'individuation, il faudrait souhaiter que ce nouveau terrain d'exploration soit de mieux en mieux pris en compte pour régler les rapports, déjà soulignés par Canguilhem et ravivés quotidiennement dans la pratique médicale, entre pathologie et normativité.

Barbara STIEGLER
Université Michel de Montaigne – Bordeaux 3

1. *Gai Savoir*, § 337, p. 565, trad. p. 228.
2. Voir *Gai Savoir*, § 334.

L'ÉMOTION DANS LA PHILOSOPHIE DE BERGSON
« LA FORCE QUI TRANSPORTE ET QUI SOULÈVE »

« Qu'une émotion neuve soit à l'origine des grandes créations de l'art, de la science et de la civilisation en général, cela ne nous paraît pas douteux »[1]. Cette déclaration de Bergson, au cœur du premier chapitre de son dernier livre, *Les Deux sources de la morale et de la religion*, paru en 1932, pourrait passer pour celle d'un romantique s'abandonnant à la puissance aveugle et vague du sentiment immédiat. Une telle interprétation n'aurait cependant pas seulement l'inconvénient d'être fausse, elle masquerait surtout l'ampleur des enjeux philosophiques ici concentrés dans cette seule référence à l'*émotion*. C'est ce à quoi une lecture plus attentive de ce passage, si bref soit-il, pourrait d'emblée nous introduire, à travers une triple surprise.

Il est tout d'abord frappant que l'émotion, phénomène affectif local et marginal de la vie psychique, classiquement abordé aux chapitres de la morale et de la psychologie, soit ici mobilisée dans une théorie de la culture pour laquelle l'émotion ne se limiterait pas à un ébranlement ponctuel de la sensibilité, mais se prolongerait et s'incarnerait *durablement* dans des œuvres, non seulement, comme on pouvait s'y attendre, dans celles de l'art, mais, de manière plus surprenante, dans celles de la science, dont les productions universelles et idéales devraient donc être rattachées à la sensibilité comme à une origine empirique, à la fois contingente et particulière.

---

1. *Les Deux sources de la morale et de la religion* (dorénavant cité DS ou *Les Deux sources*), p. 40/1011, nous citons les œuvres de Bergson en précisant, à chaque fois, la double pagination de l'édition séparée (« Quadrige », Paris, PUF, 1932), puis de l'édition dite du Centenaire (Paris, PUF, 1959).

Que l'émotion ne s'épuise pas dans la passivité d'une impression ou d'un sentiment, mais se présente bien plutôt comme une *origine*, voire comme une cause, et non comme un effet, c'est là comme une deuxième surprise. Toutefois cette causalité propre de l'émotion ne se limite pas à celle d'une stimulation, ou d'une simple circonstance déclenchante. Selon Bergson, et comme il le dira peu après notre passage, «il faut aller beaucoup plus loin» dans cette puissance causale de l'émotion : «il y a des émotions génératrices de pensée»[1]. Le terme de «pensée», mis au singulier par Bergson, atteste l'ampleur des enjeux : il y va bien ici de «la» pensée, comprise dans toute son extension, et non simplement de «pensées» ou d'idées empiriques, qui seraient seulement inspirées ou suggérées par des sentiments. Dans le même temps, c'est l'émotion qui prend un statut inédit au regard de la tradition philosophique : elle ne peut plus être rapportée à une partie de l'âme, ni à une modification physiologique conjoncturelle, mais, à travers ce pouvoir d'engendrement ou de création qui est le sien, elle gagne la consistance d'un être et même d'un individu puisque derrière chaque création géniale il y a «une» émotion originale.

Mais aborder l'émotion à travers la *création* constitue enfin une troisième surprise : les effets de l'émotion ne sont-ils pas classiquement interprétés sinon comme destructeurs, du moins comme désorganisateurs ? Surtout, un tel rapprochement entre émotion et création ne peut être anodin de la part de l'auteur de *L'Évolution créatrice*. La création n'est-elle pas en effet dans ce livre, cet acte métaphysique primitif mis par Bergson au principe même de la réalité ? Plus encore, c'est non seulement chaque émotion qui, dans sa nouveauté, devrait être rattachée à un tel acte de création comme à son origine, mais c'est peut-être, plus fondamentalement encore, la création qui supposerait elle-même l'émotion, ce que Bergson affirme explicitement dans *Les Deux sources*, sous la forme d'une définition qui ne peut manquer de frapper : «Création signifie, avant tout, émotion»[2]. Cette définition doit cependant paraître bien surprenante au lecteur du grand livre de 1907 : à aucun moment cet élément émotionnel n'y était évoqué tandis qu'il paraît désormais constituer le sens fondamental de la création !

---

1. DS, p. 40/1011
2. DS, p. 42/1013.

C'est qu'entre-temps Bergson a investi et approfondi un nouveau domaine de faits, celui de l'expérience religieuse, plus particulièrement celle des mystiques, dans laquelle l'émotion tient une place prépondérante. Dès 1911, Bergson se fixait pour tâche « d'éprouver sympathiquement » ce que ressentent ces grands hommes de bien qui jalonnent l'histoire en manifestant, dans la vie morale, une qualité de création exceptionnelle, prolongeant et intensifiant sur le plan de l'action et de la volonté le mouvement de l'élan vital, en entraînant les autres hommes à leur suite[1]. Or, c'est véritablement une émotion intense que Bergson découvre au cœur de cette expérience, un ensemble de sentiments puissants, identifiables à des forces « aussi réelles que celles dont s'occupe le physicien »[2], et que le philosophe scrute, parce qu'il les soupçonne d'être révélatrices de « vérité métaphysique ».

L'émotion tient ainsi une place centrale dans la dernière philosophie de Bergson qu'elle irradie d'une impressionnante puissance de renouvellement, tout en renouant pourtant avec les premières pages de son œuvre, celles du premier chapitre de l'*Essai sur les données immédiates de la conscience* en effet déjà consacrées à l'émotion. D'une certaine manière, c'est bien sur l'émotion que tout repose de manière ultime : non seulement les grands thèmes de la philosophie bergsonienne, ceux de la création, de la vie et de l'intuition, non seulement les problèmes majeurs de la philosophie, ceux de l'action, de la justice et de l'histoire, mais encore ceux contemporains des *Deux Sources*, que Bergson retrouve et rejoue à travers elle, non sans s'exposer à certains malentendus : ceux de l'éducation et de la démocratie, de la guerre et de la paix. Mais ce retentissement sur les problèmes est inséparable d'une élaboration directe du concept d'émotion, que l'on peut restituer à travers trois niveaux successifs, marquant chacun un approfondissement supplémentaire de sa signification : l'émotion se caractérise tout d'abord par ses *effets* sur notre volonté dans une théorie du sensible comme « entraînement » ; puis, par son *origine empirique*, l'élan qu'elle suscite renvoyant, dans

---

1. On se reportera au paragraphe décisif du premier chapitre de *L'énergie spirituelle*, « La conscience et la vie », p. 25/833-834.

2. « Sur le pragmatisme de William James. Vérité et réalité », *La pensée et le mouvant*, p. 243/1443.

l'histoire, à des individus privilégiés, les «mystiques», à travers lesquels elle se révèle bientôt comme «amour de Dieu» pour l'humanité, sorte d'émotion sublime, qui apparaît ultimement comme une *origine métaphysique et cosmologique*, en un véritable point culminant de la pensée bergsonienne de la création.

« UNE INCLINATION À LAQUELLE JE NE VOUDRAIS PAS RÉSISTER » L'ÉMOTION COMME « PRINCIPE D'ACTION »

C'est dans *Les Deux sources de la morale et de la religion* qu'apparaît sous sa forme la plus complète la conception bergso-nienne de l'émotion. L'originalité de cette conception réside tout d'abord dans la conciliation d'une passivité fondamentale, qui semble impliquée de manière constitutive dans le phénomène de l'émotion, avec le mouvement même de notre volonté. En d'autres termes, nous faisons, dans l'émotion, l'expérience paradoxale d'une «force» qui nous entraîne avec notre consentement : extérieure et pourtant nôtre, subie et pourtant voulue. Mais toutes ces oppositions à travers lesquelles on appréhende classiquement l'émotion, celle de l'activité et de la passivité, de la liberté et de la nécessité, de l'intelligence et de la sensibilité, etc., tombent dès lors qu'on rejoint le sens vrai de l'émotion, qui ne peut surgir, selon Bergson, qu'à la faveur de sa distinction avec l'émotion du sens commun et des psychologues.

Ce sens fondamental de l'émotion est dégagé à l'intérieur d'une « genèse de la morale »[1]. Le point de départ d'une telle genèse nous est fourni, selon Bergson, par le fait de l'obligation : d'où vient ce senti-ment de nécessité qui nous pousse à accomplir nos devoirs ? L'essen-tiel réside ici dans le constat d'une «nécessité subie et sentie»[2] qui entraîne notre volonté, et dont il convient d'élucider l'origine. Bergson est alors conduit, comme dans la philosophie morale de Kant, devant une puissance affectante qui suscite l'activité. Mais contraire-ment à Kant, cette puissance renvoie selon Bergson à une influence, à une «force» qui n'est pas de nous, et non à un sentiment que l'on

1. DS, p. 44/1015.
2. DS, p. 95/1054.

produit soi-même à travers un concept de la raison. Quelle est donc cette force ? À la suite de Durkheim cette fois, Bergson commence par mettre en évidence, sous l'obligation morale, une exigence sociale qui exerce sur l'individu une puissance de contrainte désignée par le terme de « pression ». La société n'est pourtant pas le terme ultime de cette genèse : il faut remonter plus haut. La société, comme l'obligation qui en est l'émanation, n'est qu'une manifestation de la *vie*. L'obligation est la forme que prend la nécessité chez cet être vivant, à la fois intelligent et libre, qu'est l'homme. Elle est analogue à une sorte d'instinct virtuel qui nous porte à l'obéissance, dans l'intérêt du groupe dont il sert l'ordre et la conservation.

C'est alors que surgit une catégorie de devoirs, mise délibérément de côté par Bergson dans cette restitution d'une obligation pure, que la seule tendance fondamentale de la vie à la conservation ne peut suffire à expliquer : « devoirs de l'homme envers l'homme » ou « devoirs envers l'humanité »[1], qui fournissent comme le contenu d'une deuxième morale, dont la signification n'est plus étroitement sociale, et qui est incarnée dans l'histoire par les grands hommes de bien, saints, sages, prophètes, etc., dont l'attitude et les paroles semblent susciter immédiatement l'adhésion et l'imitation des autres hommes. Une deuxième genèse s'ouvre, dont on comprend qu'elle doit conduire à une deuxième « source », à travers l'influence d'une deuxième « force » : « Quelle est la force qui fait pendant ici à la pression sociale ? »[2], et « quel est le *principe d'action* qui succède ici à l'obligation naturelle […] ? »[3].

C'est bien comme un tel « principe d'action » que l'émotion va surgir. Mais avant d'être rencontrée dans l'expérience, l'émotion est d'abord déduite par l'analyse : « Nous n'avons pas le choix. En dehors de l'instinct et de l'habitude, il n'y a d'action directe sur le vouloir, que celle de la sensibilité »[4]. C'est suivant un geste semblable, explicitement présenté comme anti-kantien, que Ravaisson était déjà conduit dans le *Testament philosophique*, à réhabiliter la sensibilité

1. DS, p. 25-26/1000-1001.
2. DS, p. 35/1007.
3. DS, p. 31/1004, nous soulignons.
4. DS, p. 35/1008.

comme source d'action[1]. Mais contrairement à Ravaisson, Bergson introduit entre l'habitude et la sensibilité une différence de nature, et non de degrés, qui le conduit à placer l'habitude du côté de la tendance conservatrice de la nature, et la sensibilité du côté de la vie dans ce qu'elle a de créateur. Il reste que, pour l'un comme pour l'autre, un renversement se produit : la volonté, faculté traditionnelle de l'agir est ici réduite à la passivité, et affectée par une sensibilité active ! Loin de consister en un simple effet, ou en une pure réceptivité, le sentiment, auquel Bergson donne aussitôt le nom d'émotion, exerce une véritable « propulsion ». Cette réévaluation conceptuelle qui place d'emblée l'émotion du côté d'un acte ou d'une activité, transparaît dès le titre courant donné aux pages qui lui sont consacrées : « Émotion et propulsion »[2], titre repris dans la table des matières du livre, sous une forme encore plus radicale, puisqu'il prend la valeur d'une thèse métaphysique sur la nature de l'émotion, en posant la « force propulsive de l'émotion »[3]. À l'opposé de toute conduite passive à laquelle on serait spontanément tenté de la rattacher, Bergson paraît donc attribuer à l'émotion un dynamisme propre, en lui conférant d'emblée le sens d'une « force », de nature certes encore indéterminée, mais qui suffit à la démarquer de ce saisissement par lequel sous son effet nous sommes comme frappés d'arrêt, conformément à la description que donnent à l'époque les psychologues de l'occurrence des états émotionnels dans notre vie psychique, lorsqu'ils parlent de « sidération », de « choc » ou d'« immobilisation ». Si l'émotion implique de passer par la causalité, ce n'est donc pas selon le point de vue extérieur d'une démarche génétique chargée d'en expliciter les circonstances déclenchantes[4], mais d'après la considération de sa structure *interne* qui en fait une cause, ou encore un « principe d'action »[5].

1. *Testament philosophique*, Paris, Boivin et Cie, 1932, p. 99-100. Bergson connaît bien ce texte qu'il cite abondamment dans la « notice » qu'il consacre à l'œuvre de Ravaisson (voir « La vie et l'œuvre de Ravaisson », *La pensée et le mouvant*, p. 253/1450 *sq.*), et qui a été placée en introduction au *Testament*.

2. DS, p. 35/1007.

3. DS, p. 339/1246.

4. Cette démarche génétique est celle préconisée par W. James dans les *Principles of psychology* contre toute approche simplement typologique de l'émotion. Voir *Précis de psychologie*, chap. 18, « L'émotion », trad. fr. N. Ferron, Paris, Seuil, 2003, p. 340.

5. DS, p. 31/1004.

L'émotion tient cette nature fondamentalement dynamique de son appartenance au domaine des sentiments, dont Bergson fait le point de départ de toute son œuvre, dans le premier chapitre de l'*Essai sur les données immédiates de la conscience*[1]. Les sentiments y ont en effet une toute autre fonction que celle d'un appel à l'expérience intime, privée et ineffable. Ils renvoient à la durée comme à une force primitive de nature métaphysique, qu'il s'agirait à présent de retrouver dans l'expérience de l'émotion - sans toutefois que cela soit explicitement dit par Bergson dans les *Deux Sources*. Cette assimilation de l'émotion au domaine de la sensibilité et du sentiment est cependant une originalité des *Deux Sources*. Dans l'*Essai*, Bergson situait en effet l'émotion à l'intérieur d'un découpage des faits psychiques où elle prenait place, aux côtés de l'effort et comme un fait mixte, entre les « sentiments profonds » et les « sensations ». Or, la frontière semble ici s'estomper entre émotions et sentiments – dans le même temps où elle se durcira entre émotions et sensations. Ou plutôt, un type d'émotions spécifiques, celles suscitées précisément par la morale ouverte des grands hommes, bascule du côté des sentiments, en raison de ce que Bergson appelle leur « profondeur », selon un terme décisif qui revient dans tout l'*Essai* pour établir un partage entre un moi « superficiel », situé à l'intersection de notre corps et des objets extérieurs, et un moi « fondamental », renvoyant à une subjectivité temporelle qui reprend sur elle toutes les caractéristiques métaphysiques de la durée comme puissance causale interne, susceptible cependant de s'exprimer dans le monde dans certains de nos actes qu'il faut appeler « libres ».

Mais plutôt que de renvoyer le phénomène de l'émotion dans son intégralité, à l'une ou à l'autre de ces dimensions de notre existence, Bergson propose de distinguer entre deux « espèces » d'émotions : « Une émotion est un ébranlement affectif de l'âme, mais autre chose est une agitation de la surface, autre chose un soulèvement des profondeurs »[2]. Ce qui distingue ces deux espèces d'émotion, c'est donc le type d'effet distinct qu'elles produisent, en fonction de leur degré d'intensité respectif qui sera à l'origine de leur différence de nature : tandis que l'émotion superficielle consiste en une « agitation »,

1. Dorénavant cité *Essai*.
2. *Ibid.*

partielle et ponctuelle, qui ne concerne que nos « nerfs »[1], l'émotion profonde consiste en un « soulèvement » et une « poussée en avant » de *tout* notre être, selon un effet intégral qui témoigne de sa réalité ontologique : si elle nous affecte « totalement », c'est parce que l'émotion profonde est irréductible à un motif ou à une cause isolables, mais consiste elle-même en une totalité dynamique qui nous envahit, au point de se confondre avec notre volonté. Au lieu de se disperser et de s'affaiblir, son effet, en se communiquant de manière indivisible, nous « transporte », à tous les sens du terme, tandis qu'au contraire, l'émotion superficielle ne nous pousse pas en avant, parce que son effet, en restant simplement local, ne s'intègre pas à notre vie psychologique, mais s'y produit comme un élément étranger.

Toutefois, si certaines émotions doivent être désormais rabattues sur la catégorie psychologique des « sentiments profonds » analysés et décrits dans l'*Essai*, ce n'est pas seulement en raison de leur caractère fondamentalement dynamique. C'est aussi et surtout parce qu'elles partagent avec eux cette caractéristique décisive de *se suffire à elles-mêmes*, en ce sens qu'elles paraissent se soustraire à toute extériorité comme à toute objectivité. Ainsi Bergson montre-t-il, contre une psychologie intellectualiste tentée de systématiquement définir les états psychiques par rapport aux objets auxquels ils sont attachés, que l'« amour de l'humanité » ou l'« amour du prochain » n'ont, à proprement parler, pas d'objet[2]. S'il s'agit là d'émotions *profondes*, c'est parce que de tels états renvoient à l'âme, et à une certaine attitude pratique qui n'est fixée sur aucun objet particulier et n'est aucunement définissable en fonction de la somme empirique des êtres humains qu'elle vise. Bergson introduit autrement encore cette caractéristique, à travers une expérience de pensée : la « charité », comme émotion religieuse, « subsisterait chez celui qui la possède, lors même qu'il n'y aurait plus d'autre vivant sur la terre »[3]. Si la charité résiste à l'hypothèse de l'extinction de toute forme de vie, c'est bien parce qu'elle tire son sens *d'elle-même*, et non de son objet. Ce critère de l'autosuffi-

---

1. DS, p. 44/1014.
2. Voir sur ce point DS, p. 34-35/1006-1007.
3. DS, p. 34/1007.

sance est vérifié par Bergson à partir de l'analyse d'un exemple, celui de l'émotion musicale.

À propos de la musique, Bergson écrit ainsi :

> chacun sait qu'elle provoque en nous des émotions déterminées, joie, tristesse, pitié, sympathie, et que ces émotions peuvent être intenses, et qu'elles sont complètes pour nous, encore qu'elles ne s'attachent à rien [1].

La fonction de cet exemple est très précisément de désolidariser l'émotion de tout objet, de neutraliser en quelque sorte sa visée objective, pour en faire apparaître l'autonomie psychologique, signe de sa signification métaphysique. Le propre de la musique est en effet de produire une émotion, en elle-même « complète », bien qu'elle ne se rapporte à aucun objet déterminé, émotion toute pure, dont l'être tient uniquement à son « intensité », c'est-à-dire à l'épreuve affective qu'en fait le sujet à travers le changement qualitatif dont il fait l'expérience.

Cette analyse décisive dans l'élaboration du concept d'émotion renverrait à bien des sources philosophiques susceptibles de l'éclairer. Dans le *Testament philosophique* Ravaisson évoque la musique à travers une comparaison avec le dessin, pour lui reconnaître comme matériau non pas des objets, mais des sentiments : « La musique n'imite point, comme les arts du dessin, des formes corporelles, mais les accents que donnent à la voix les sentiments de l'âme » [2]. Mais cette idée semble devoir aussi beaucoup à la réflexion esthétique de Rousseau (elle-même entièrement fondée sur la musique), telle qu'elle est exposée dans l'*Essai sur l'origine des langues* [3]. Rousseau y analyse en effet ce qu'il appelle le « pouvoir de la musique sur les cœurs ». Si nous sommes touchés par la musique, ce n'est pas, selon lui, en vertu d'un effet simplement mécanique et d'une excitation purement physique, mais en raison d'un effet moral qui renvoie à une « communication émotive », à une activation de l'émotion que Rousseau appelle « évocation », suivant un schème de la vocalité qui

1. DS, p. 37/1009.

2. *Testament philosophique*, *op. cit.*, p. 95-96.

3. Voir *Essai sur l'origine des langues*, introduction et notes C. Kintzler, Paris, GF-Flammarion, 1993. La confrontation entre les esthétiques de Bergson et de Rousseau mériterait d'être conduite et approfondie pour elle-même, et se révèlerait selon nous du plus grand intérêt.

n'est pas sans affinité avec cet « appel » lancé, selon Bergson, par les hommes de bien et à travers lequel nous nous sentons entraînés à leur suite. En s'appuyant sur la musique comme modèle susceptible de mettre au jour l'effet esthétique dans toute sa pureté, Rousseau montre que l'art musical entretient un rapport direct avec l'état émotionnel. Libérée de tout référent matériel extérieur, la musique suscite immédiatement l'émotion à la faveur d'un court-circuit de l'objet :

> Que toute la nature soit endormie, celui qui la contemple ne dort pas, et l'art du musicien consiste à substituer à l'image sensible de l'objet celle des mouvements que sa présence excite dans le cœur du contemplateur [...] : il ne représentera pas directement ces choses, mais il excitera dans l'âme les mêmes mouvements qu'on éprouve en les voyant [1].

Bergson déplace l'analyse en direction de celui qui écoute : qu'arrive-t-il lorsque nous sommes émus par une musique qui nous touche ?

> Il nous semble [...] que nous ne pourrions pas vouloir autre chose que ce que la musique suggère, et que c'est bien ainsi que nous agirions naturellement, nécessairement, si nous ne nous reposions d'agir en écoutant [2].

C'est dire que le modèle de la causalité extérieure n'est plus valable, dès lors qu'il s'agit d'analyser l'influence de l'émotion sur notre sensibilité. L'émotion n'agit pas « sur » notre volonté comme une puissance étrangère qui la commanderait de l'extérieur. Elle envahit plutôt tout notre être et se confond bientôt avec notre volonté [3] : « Que

---

1. *Dictionnaire de musique*, « Imitation », Paris, Duchesne, 1768 (réimp. New York, Olms, 1969).

2. DS, p. 36/1008.

3. Sur ce point, Bergson rejoindrait aussi Schopenhauer. Dans toute sa philosophie, Schopenhauer s'efforce en effet de rejoindre le mouvement de la volonté en la dégageant de la représentation. Or, la musique présente selon lui cet avantage sur les autres arts, qu'elle exprime le pur sentiment. Elle ne copie pas le monde, mais la volonté elle-même. Nous devons à Arnaud François, auteur d'une thèse sur l'ontologie de la volonté chez Bergson, préparée à l'Université Lille 3, d'avoir attiré notre attention sur l'importance d'une confrontation de la pensée de Bergson avec celle de Schopenhauer. La connaissance par Bergson de la pensée schopenhauerienne de la musique, est en outre attestée par un rapport de Bergson sur l'ouvrage d'un certain Albert Bazaillas, intitulé *Musique et inconscience*, dont la première partie est un « commentaire des idées de Schopenhauer

la musique exprime la joie, la tristesse, la sympathie, nous *sommes* à chaque instant ce qu'elle exprime »[1]. Bergson notait déjà dans l'*Essai*, à l'encontre d'une «psychologie grossière» qui considèrerait que nous sommes «déterminés» par nos sentiments comme par autant de forces pesant sur notre volonté, que ces sentiments, pour peu qu'ils soient «profonds», représentent chacun l'âme entière, si bien qu'ils ne peuvent plus être distingués de nous-mêmes, tout le contenu de notre être s'y exprimant : «Dire que l'âme se détermine sous l'influence de l'un quelconque de ces sentiments, c'est donc reconnaître qu'elle se détermine elle-même »[2]. De même, lorsque j'agis «selon» l'émotion, j'agis «soulevé par elle», «non pas contraint ou nécessité, mais en vertu d'une nécessité à laquelle je ne voudrais pas résister»[3]. C'est dire que nous ne sommes passifs qu'en apparence. Si nous acquiesçons à cette nécessité, c'est parce qu'elle exerce sur nous une contrainte du même type que celle du sens d'un texte, de la logique d'une démonstration, ou du mouvement d'une partition : dès que nous les considérons, nous n'avons plus le choix, et ne pouvons faire autrement que les *suivre*. Tel est le sens de la belle expression de Bergson, agir non pas «sous l'emprise», ni «sous le coup», mais «selon» l'émotion, c'est-à-dire en coïncidant avec son mouvement.

Toutefois, le pouvoir de suggestion de la musique ne s'épuise pas dans un processus purement contemplatif ou involontaire, sur le modèle de l'hypnose, qui nous ferait basculer dans une pure passivité. Il se prolonge dans une reprise intérieure qui nous fait passer d'un «état» d'âme à une «attitude» pratique :

> Comprendrait-on le pouvoir expressif ou plutôt suggestif de la musique, si l'on n'admettait pas que nous répétons intérieurement les sons entendus, de manière à nous replacer dans l'état psychologique d'où ils sont sortis, état original, qu'on ne saurait exprimer, mais que les mouvements adoptés par l'ensemble de notre corps nous suggèrent[4].

sur la signification philosophique de la musique » (Bergson, *Mélanges*, Paris, PUF, 1972, p. 759-760).

1. DS, p. 36/1008 ; nous soulignons.
2. *Essai*, p. 124/109.
3. DS, p. 45/1015.
4. *Essai*, p. 33/32.

Tel est le sens de la comparaison entre l'effet produit par la musique et celui produit par les grandes personnalités morales :

> elle [la musique] n'introduit pas ces sentiments en nous ; elle nous introduit plutôt en eux, comme des passants qu'on pousserait dans une danse. Ainsi procèdent les initiateurs en morale […] ; ils nous font entrer avec eux dans cette musique pour que nous la traduisions en mouvement [1].

À travers l'émotion comme source subjective de mouvement, Bergson intervient ainsi dans un problème classique, celui des « mobiles » de l'action : qu'est-ce qui détermine notre volonté à agir ? Pourquoi adoptons-nous telle ou telle conception ou règle de vie ? Il ne s'agit pas seulement d'un problème métaphysique, mais aussi bien d'un problème pratique, comme celui de l'éducation, ou politique, comme celui de la transformation de la société [2]. Mais quel que soit le domaine envisagé, c'est toujours l'émotion qui est la véritable « force d'agir » [3]. Comment expliquer par exemple qu'une société puisse être gagnée par l'idée de justice absolue, celle des droits de l'homme, ou être attachée aux notions de respect de la personne, d'égalité et de dignité ? Il est impossible de déduire une telle justice de la nature, celle-ci exigerait bien plutôt la réparation, ou recommanderait la loi du talion. Il ne peut y avoir ici qu'une conversion des âmes et de la société, à travers l'œuvre historique d'un individu qui brise un cercle : pour qu'une idée nouvelle soit acceptée et adoptée par une société, il faut supposer que cette société soit déjà gagnée par cette idée. Bergson explique ainsi que les grandes réformes

> ne pouvaient être réalisées que dans une société dont l'état d'âme fut déjà celui qu'elles devaient induire par leur réalisation ; et il y avait là un cercle dont on ne serait pas sorti si une ou plusieurs âmes privilégiées, ayant dilaté en elles l'âme sociale, n'avaient brisé le cercle en entraînant la société derrière elles [4].

---

1. DS, p. 36/1008.
2. C'est toute la question de l'idéal qui est posée à travers le thème de l'émotion. Sur ce point une confrontation avec la sociologie de Durkheim s'imposerait.
3. DS, p. 47/1017.
4. DS, p. 74/1038.

Il faut donc dire, non seulement qu'à l'origine de toute transformation sociale il y a un sujet, mais que la société, pour être capable de se transformer, doit être elle-même quelque chose comme un sujet ou une totalité subjective, en ce sens qu'il doit y avoir une « âme sociale » susceptible d'un « état d'âme »[1], d'une émotion collective.

Il reste qu'à chaque fois qu'une transformation est obtenue, qu'il s'agisse de celle d'un individu, d'une société ou de l'humanité dans son ensemble, c'est toujours en vertu d'un élément dynamique, auquel Bergson finit par donner le nom d'« élément spécifiquement religieux »[2], et qui, à côté des idées, des théories et des représentations qui s'adressent à l'intelligence, désigne la force efficace, la puissance d'émotion, seule susceptible d'entraîner la volonté. Mais, en qualifiant un tel élément de « religieux », Bergson suggère que le point de vue d'une genèse de la morale n'est pas ultime dans l'explicitation de la nature de l'émotion, mais qu'il fait signe vers une expérience d'un autre ordre, qui en serait le complément, et peut-être le fondement.

« L'ÉMOTION QUE LE CHRISTIANISME A APPORTÉE… »

À travers ce renvoi à un « élément religieux », tout se passe comme si nous étions conduits à saisir l'émotion non plus indirectement dans ses effets sur notre volonté, mais directement, dans sa nature, à la faveur d'une remontée ou d'un reflux vers l'origine de ce mouvement. Or, à l'origine de cette nécessité qui nous emporte avec notre consentement, se trouve, selon Bergson, un « appel », dont l'efficacité tient précisément à la « puissance de l'émotion qui fut jadis provoquée, qui l'est encore ou qui pourrait l'être »[3]. Par qui fut-elle provoquée ? Nous l'avons vu : par des « âmes privilégiées », des individus exceptionnels apparus dans l'histoire, ce qui fait d'elle tout autre chose qu'une simple réaction organique, ou qu'un événement naturel

1. Il faudrait ici comparer ces analyses à celles de Durkheim à la fin de *Sociologie et philosophie* par exemple, où celui-ci montre que loin que ce soit l'individu qui modifie la société, c'est la société qui « l'oblige à se hausser au-dessus de lui-même », qui « enlève l'individu à lui-même et […] l'entraîne dans un cercle de vie supérieur » (Paris, PUF, 1996, p. 135).
2. DS, p. 101/1059.
3. DS, p. 85/1046.

qui aurait sa cause dans le corps et la sensation. Mais quelles sont ces « âmes » susceptibles de nous renseigner sur la nature de l'émotion ? Ce sont celles des mystiques.

L'expérience mystique est le foyer central du dernier livre de Bergson, et son usage philosophique le résultat d'un impressionnant travail de documentation qui s'étale sur plus de vingt ans [1]. Son apport est décisif pour la conception bergsonienne de l'émotion. Certes, le philosophe ne connaît pas cette expérience de l'intérieur, et ne recommande pas de passer par elle. Mais elle paraît à Bergson le signe d'un contact avec une « force » qui pourrait bien être au principe même de la réalité. La valeur métaphysique de cette expérience n'apparaît cependant que si l'on accepte de voir dans le mysticisme autre chose que la manifestation de troubles nerveux et que la participation à des états morbides (extases, apparitions, auditions, etc.). Il n'est pas question de nier que de tels états pathologiques accompagnent cette expérience. Mais il convient de ne voir en eux que des « accidents », ou des effets secondaires d'un bouleversement plus profond qui soulève les âmes mystiques en les faisant passer de la vie habituelle à une « vie nouvelle ».

Parmi l'ensemble des formes historiques du mysticisme, il en est une cependant qui est privilégiée par Bergson, en raison de son caractère fondamentalement pratique, c'est le mysticisme chrétien, qu'il appelle encore mysticisme « complet », ainsi qualifié au regard des autres mysticismes qui n'en restent qu'au stade purement contemplatif de l'extase, sans atteindre à cette union de la volonté humaine et de la volonté divine qui définit au contraire le mystique chrétien. Cette union n'est cependant pas une absorption définitive du mystique en Dieu, mais la source à laquelle il puise l'énergie pour agir, et pour transformer l'humanité par ses actions. Car ce que le mystique cherche à communiquer, ce n'est pas une vérité ou un enseignement, mais un mouvement. Or, la source de cette transformation est à rechercher dans ce qu'on pourrait appeler une *émotion pratique*, dont la nature nous est révélée par les mystiques. Cette « émotion

---

1. Voir sur ce point H. Gouhier, *Bergson dans l'histoire de la pensée occidentale*, Paris, Vrin, 1989, en particulier le chap. X, « Je travaille les mystiques », p. 101 *sq.*

neuve », « capable de transposer la vie humaine dans un autre ton » [1], est ressentie par les mystiques comme un « élan d'amour » :

> Ils s'ouvrent simplement au flot qui les envahit [...]. Ce qu'ils ont laissé couler à l'intérieur d'eux-mêmes, c'est un flux descendant qui voudrait, à travers eux, gagner les autres hommes : le besoin de répandre autour d'eux ce qu'ils ont reçu, ils le ressentent comme un élan d'amour.

Avec cet « élan d'amour », nous touchons au cœur de l'expérience mystique et des *Deux sources*, et sommes conduits à la pointe d'une échelle intensive des états émotionnels. Du point de vue de son essence, cet amour est orienté vers l'humanité : il est une émotion, dont la structure est fondamentalement relationnelle ou, pour reprendre le critère de Bergson, « ouverte ». Pourtant cet amour ne prend un caractère véritablement « agissant », que s'il est incarné par quelqu'un, par un *individu* qui en montre l'exemple, en prenant du même coup une valeur héroïque :

> La vérité est qu'il faut passer ici par l'héroïsme pour arriver à l'amour. L'héroïsme, d'ailleurs, ne se prêche pas ; il n'a qu'à se montrer, et sa seule présence pourra mettre d'autres hommes en mouvement. C'est qu'il est, lui-même, retour au mouvement, et qu'il émane d'une émotion – communicative comme toute émotion - apparentée à l'acte créateur [2].

L'influence exercée sur les volontés prend ici une dimension historique à travers cette référence à l'héroïsme [3] comme force d'entraînement qui trouve son origine dans une émotion de nature métaphysique, puisqu'elle se présente comme l'effet d'une création de la vie. Elle se communique de volonté individuelle à volonté individuelle, selon une conception de l'amour comme puissance de communication et de contagion efficace. L'amour est, en nous, comme la racine de la volonté, selon une conception que l'on trouve dans le *Testament philosophique* de Ravaisson. Mais, à la différence de Ravaisson, Bergson conçoit l'amour mystique comme une émotion

---

1. DS, p. 102/1059.
2. DS, p. 51/1019.
3. Cette référence aux héros renverrait ici encore directement au *Testament philosophique* de Ravaisson. Sur ce point, on peut se reporter aux analyses de D. Janicaud, *Ravaisson et la métaphysique*, Paris, Vrin, 1997, p. 162 *sq.*

si intense, qu'elle est finalement d'un autre ordre encore que la sensibilité :

> Ce n'est ni du sensible, ni du rationnel. C'est l'un et l'autre implicitement, et c'est beaucoup plus effectivement. Car un tel amour est à la racine même de la sensibilité et de la raison, comme du reste des choses[1].

C'est que l'amour renvoie en effet, du côté de son origine cette fois, à Dieu. Bergson retrouve ici l'idée de Dieu, qu'il avait déjà rencontrée plus tôt dans son œuvre, au détour d'une page de *L'Évolution créatrice*, non sans la renouveler ici à travers l'émotion. Dieu lui apparaissait alors comme un acte qui ne cesserait de produire du nouveau dans le monde, non pas en y ajoutant des « choses », suivant un modèle spatial, mais suivant un changement continuel sur le modèle temporel et qualitatif de la succession de nos états de conscience : « Dieu, ainsi défini n'a rien de tout fait ; il est vie incessante, action, liberté. La création, ainsi conçue, n'est pas un mystère, nous l'expérimentons en nous dès que nous agissons librement »[2]. Dans *Les Deux sources*, la nature de Dieu n'est plus éclairée par l'expérience pratique, mais par celle des mystiques, qui la révèle comme « amour » : « Dieu est amour, et il est objet d'amour : tout l'apport du mysticisme est là »[3]. Bergson propose donc une nouvelle définition de Dieu qu'il présente comme un témoignage auquel il n'a pas accès directement. Pour autant, le philosophe n'est pas sans repère pour expliquer de quelle manière il faut comprendre ce témoignage, et en quel sens il faut dire que Dieu « est » amour. L'expérience de l'émotion est en effet ici convoquée à titre de modèle. Ainsi, le philosophe « pensera par exemple à l'enthousiasme qui peut embraser une âme, consumer ce qui s'y trouve et occuper désormais toute la place »[4]. Ce sont les critères de l'expérience émotionnelle, évoqués plus haut, qui jouent ici : de même que, soulevés par une émotion profonde, c'est tout notre être qui est affecté, au point que nous ne pouvons plus nous distinguer d'elle, de même, l'amour n'est pas discernable de Dieu, et ne peut être détaché de lui

---

1. DS, p. 248/1174.
2. Voir *L'évolution créatrice*, chap. III, p. 249/706.
3. DS, p. 267/1189.
4. DS, p. 268/1189.

comme un prédicat : « l'amour divin n'est pas quelque chose de Dieu : c'est Dieu lui-même »[1].

Mais si nous n'avons pas accès directement à ces états émotionnels intenses des mystiques, qui supposent eux-mêmes cet amour divin auquel ils s'alimentent, nous en percevons néanmoins les effets, à travers quelque chose comme leur « cendre » prête à se raviver, à certains moments de notre existence, par exemple lorsque nous sommes indignés ou révoltés devant une injustice. Notre révolte repose sur l'exigence d'une « autre justice », d'une justice radicalement différente de celle, naturelle et spontanée, purement quantitative qui ne s'offusquerait pas de ce que le malheur d'un seul puisse assurer le bonheur de l'humanité. Or, cette « autre justice » qui nous rend une telle idée insupportable en nous faisant sentir le caractère inviolable et absolu de la personne, repose sur une émotion. C'est ce que William James formule dans un passage de *La volonté de croire*, à travers une hypothèse que Bergson semble ici reprendre :

> Supposez que [l']on nous présente un monde qui assure à des milliers d'êtres un bonheur permanent à la seule condition qu'une âme isolée, à la frontière lointaine des choses, soit condamnée à mener une existence de torture et de solitude : n'est-ce pas *une émotion d'une nature spécifique* et absolument indépendante, que celle qui nous fait comprendre, en dépit de la tentation offerte, le caractère hideux d'un bonheur accepté à ce prix ?[2].

Bergson reprend l'expérience de pensée en la radicalisant : comment se fait-il que nous n'accepterions pas d'apprendre (« plutôt laisser sauter la planète ! ») que le bonheur de l'humanité est au prix des souffrances éternelles d'un seul individu[3] ? À travers notre révolte, c'est bien la force et la puissance d'une émotion que nous retrouvons. Mais si cette émotion est d'une nature « spécifique » pour Bergson, c'est parce qu'elle n'est pas naturelle, et ne peut relever d'aucune sorte de « sympathie innée de l'homme pour l'homme », ou de pitié comme répugnance spontanée à voir souffrir autrui. L'émotion morale n'a sa

---

1. DS, p. 268/1189.
2. W. James, *La volonté de croire*, trad. fr. L. Moulin, Paris, Seuil, 2005, nous soulignons.
3. DS, p. 76/1039.

source que dans l'effort d'une volonté individuelle qui ouvre, dans l'ordre clos de la nature, une échappée vers l'universel. Cette création a donc, à chaque fois, une valeur historique, tandis qu'elle se dépose à l'état virtuel, sous la forme d'un souvenir commun, dans la mémoire de l'humanité, dans l'attente, le moment venu, de se réanimer pour ébranler notre âme et entraîner notre volonté : « Rappelons-nous le ton et l'accent des prophètes d'Israël. C'est leur voix même que nous entendons quand une grande injustice a été commise et admise »[1]. Cette communication de l'émotion passe, on le comprend dans ce passage aussi bref que décisif, par l'élément vif de la parole et de la voix, ou plus précisément à travers le « ton » et l'« accent » comme puissances affectantes et mobilisatrices, selon une analyse qui pourrait être éclairée ici encore par une comparaison avec l'esthétique de Rousseau. Selon Rousseau, l'inflexion vocalique est en effet le canal privilégié de l'émotion, les « accents » et les « inflexions » faisant « la plus grande énergie du langage »[2]. Aussi, ce sont, plus que leur contenu, les intonations des mystiques qui nous touchent et nous mettent en mouvement. Bergson revient sur ce point à travers une comparaison entre le message chrétien et la doctrine des stoïciens, dont le contenu et le sens sont si proches et les effets pourtant si différents :

> Ils se proclamaient citoyens du monde, et ils ajoutaient que tous les hommes sont frères, étant issus du même Dieu. C'étaient presque les mêmes paroles ; mais elles ne trouvèrent pas le même écho, *parce qu'elles n'avaient pas été dites avec le même accent*[3].

Cette différence d'« accent » entre les maximes chrétiennes et celles des stoïciens témoigne d'une manière de sentir les choses et d'une puissance d'émotion et de communication toutes différentes de celles des autres hommes. William James, à qui, ici encore, cet exemple semble repris par Bergson, précise en ces termes :

> Quand Marc-Aurèle médite sur la Raison éternelle, ordonnatrice de l'univers, il y a dans ses paroles un son glacial qui nous fait frissonner et qu'on ne rencontre presque jamais dans les écrits religieux juifs, jamais

---

1. DS, p. 76/1039.
2. Rousseau, *Essai sur l'origine des langues*, *op. cit.*, p. 73.
3. DS, p. 59/1025-1026, nous soulignons.

dans ceux des chrétiens. Comme eux, il accepte l'univers ; mais qu'il y a peu de passion dans l'esprit de l'empereur romain [1].

Ce qu'exprime cette différence de *ton*, c'est, à travers l'intonation passionnée, une différence d'intensité, de tonalité vitale. Le passionnel et l'émotionnel, omniprésents dans les analyses des *Deux Sources*, renvoient moins à des critères psychologiques, ou à des éléments de lyrisme, qu'à un degré d'intensité qui est à chaque fois le signe d'un contact métaphysique avec la durée comme principe de création et source d'activité. Le coup de force de Bergson est de faire de la passion, non pas une détermination vague, contingente et individuelle, ancrée dans l'idiosyncrasie de chacun, mais le lieu et l'élément d'une communication universelle, doublement fondée dans les choses [2], et dans les âmes, à travers l'écho que trouve en nous la parole du mystique, selon une hypothèse que Bergson emprunte explicitement à William James :

> Si la parole d'un grand mystique, ou de quelqu'un de ses imitateurs trouve un écho chez tel ou tel d'entre nous, n'est-ce pas qu'il peut y avoir en nous un mystique qui sommeille et qui attend seulement une occasion de se réveiller ? [3]

Mais ce que les mystiques expriment en termes d'amour de Dieu, le philosophe le comprend et le traduit en termes métaphysiques, comme une prise de contact avec la vie comme principe de création. Du même coup, c'est la pensée bergsonienne de la création qui se trouve approfondie et renouvelée à travers cette émotion sublime en laquelle la relation à Dieu se signale, puisque cet amour ne parle pas seulement un autre langage, mais « livrerait à qui saurait l'interroger le secret de la création » [4]. De son effet moral à son origine religieuse, l'émotion nous renverrait donc enfin, à l'acte métaphysique de création que Bergson met depuis *L'Évolution créatrice* au principe même de la réalité.

---

1. *Les formes multiples de l'expérience religieuse*, *op. cit.*, p. 79.
2. Bergson parle de l'émotion comme d'un élan « venu du fond même des choses », signe qu'elle rejoint à travers une impression subjective, la réalité et la structure des choses.
3. DS, p. 102/1060.
4. DS, p. 248/1174.

UNE « FORME QUI VOUDRAIT CRÉER SA MATIÈRE »
L'ÉMOTION COMME « EXIGENCE DE CRÉATION »

Avant même qu'elle soit rattachée à Dieu lui-même, toute la portée métaphysique de l'émotion apparaît dans l'expérience humaine, et réside dans la simple thèse, évoquée en commençant, qu'il y a des émotions « neuves ». Cette « nouveauté » est en effet l'expression d'un acte de création individuel qui est toujours pour Bergson l'expression d'une origine métaphysique. Car ce qui apparaît, au terme de l'analyse évoquée plus haut, qui visait à défaire la dépendance de l'émotion à l'égard de tout objet extérieur, c'est aussi bien le rapport à un « autre » qui en est la source créatrice : si l'émotion ne s'attache à rien, elle émane toujours de quelqu'un. Ce rapport originaire à un autre apparaît donc paradoxalement à la pointe d'une analyse qui vise à montrer l'autonomie, cette fois ontologique, et non plus psychologique, de l'émotion : l'émotion se pluralise dans « des » émotions qui sont chacune une création singulière qui se suffit à elle-même. Tout se passe alors comme si, une fois « lancée dans la circulation »[1] ou « jetée dans le monde »[2], chaque émotion avait en quelque sorte sa vie propre, une individualité, et comme sa « personnalité ». Cette singularité de chaque émotion nous est toutefois le plus souvent masquée par les généralisations du langage, en vertu desquelles nous parlons de « la » joie, de « la » tristesse, etc., sans voir que chaque musicien, chaque poète, crée *une* émotion absolument originale, d'une intensité déterminée qui définit sa nuance et sa couleur propres, et fait d'elle un « absolu » :

> Une émotion d'ordre supérieur se suffit à elle-même. Telle musique sublime exprime l'amour. Ce n'est pourtant l'amour de personne. Une autre musique sera un autre amour. Il y aura là deux atmosphères de sentiment distinctes, deux parfums différents, et dans les deux cas l'amour sera qualifié par son essence, non par son objet[3].

Ce à quoi nous renvoie une musique « sublime », ce n'est donc pas à un type d'affect préexistant qu'elle se contenterait simplement

---

1. DS, p. 38/1009.
2. DS, p. 39/1010.
3. DS, p. 270/1191.

d'exprimer dans son langage. Elle crée bien plutôt, à travers une ligne mélodique unique, une nuance de sentiment incomparable qui, dans son originalité même, nous met en rapport avec une autre sensibilité. Ce qui distingue radicalement l'émotion de la sensation, c'est que la sensation prend la forme d'une perception primitive au contraire pré-découpée dans les choses et qui nous dispose à la satisfaction de besoins. Pour expliciter la différence de nature qu'il y a selon lui entre ces deux manières de nous rapporter aux choses à travers la sensibilité, Bergson s'appuie sur l'exemple du sentiment de la montagne inventé par Rousseau. Certes, « la montagne a pu, de tout temps, communiquer à ceux qui la contemplaient certains sentiments comparables à des sensations » ; mais « Rousseau a créé à propos d'elle, une émotion neuve et originale [...]. Et aujourd'hui encore, c'est Rousseau qui nous la fait éprouver, autant et plus que la montagne »[1]. Ainsi, lorsque je suis ému, ce n'est pas en vertu d'une excitation physique de ma sensibilité produite directement par l'impression de l'objet, mais selon une communication avec une autre sensibilité, avec laquelle j'entre en contact par « sympathie ».

Mais l'émotion n'est pas seulement l'effet d'une création. Elle est surtout elle-même créatrice. Cet aspect créateur de l'émotion apparaît à la faveur d'une distinction essentielle entre deux types d'émotion, l'une que Bergson appelle « infra-intellectuelle », l'autre qu'il qualifie de « supra-intellectuelle »[2]. La première est l'émotion du sens commun et des psychologues, et n'est que l'effet sensible d'une représentation, simple agitation ou excitation de la sensibilité ; la seconde « précède la représentation », la produit ou l'engendre. De cette émotion, Bergson donne une analyse en s'appuyant, à chaque fois[3], sur l'expérience de la composition littéraire, qui doit permettre de rejoindre, par analogie, l'émotion sublime des mystiques qui leur fait éprouver Dieu comme une puissance de création. Le point de départ est à chaque fois le même : la perception d'une différence d'intensité entre deux sentiments qui accompagnent deux manières de composer :

1. DS, p. 37-38/1009-1010.
2. DS, p. 41/1012.
3. Voir par exemple DS, p. 43-45/1013-1015 et p. 268-270/1190-1191.

Quiconque s'exerce à la composition littéraire a pu constater la différence entre l'intelligence laissée à elle-même et celle que consume de son feu l'émotion originale et unique, née d'une coïncidence entre l'auteur et son sujet, c'est-à-dire d'une intuition [1].

La première méthode, celle de « l'intelligence laissée à elle-même », consiste à composer en se tenant dans la région des idées, des mots et des concepts déjà disponibles, pour les redistribuer dans une œuvre, qui certes pourra être forte et originale, mais qui ne sera jamais qu'une œuvre *de plus* : un nouveau livre, faute d'être un livre nouveau. L'autre méthode est plus tâtonnante, plus expérimentale, mais elle repose sur un contact direct avec une réalité. Toute la portée métaphysique de l'émotion repose sur un tel contact, c'est-à-dire, sur sa valeur *intuitive*. Sans cette teneur de réalité, l'émotion ne serait qu'une expérience privée, subjective, un simple ébranlement passager de la sensibilité. Cette « autre méthode » consiste à se tourner vers ce que Bergson désigne ailleurs [2] comme un « point unique », et qu'il appelle ici une « émotion simple » ou une « indivisible émotion », véritable « source » ou « exigence de création » :

Cette exigence, l'esprit où elle siège a pu ne la sentir pleinement qu'une fois dans sa vie, mais elle est toujours là, émotion unique, ébranlement ou élan reçu du fond même des choses [3].

Le rapport de l'émotion à l'œuvre qu'elle engendre serait ainsi du même ordre que celui de l'élan vital aux espèces vivantes ou du moi à ses actes : celui d'effets multiples à leur source. Bergson reprend ici la distinction, mise au jour dans son analyse de la succession temporelle et qui parcourt toute son œuvre, entre la simplicité de l'acte créateur et la multiplicité, ou la complexité des effets qui s'y rapportent, le processus de création apparaissant comme un effort de l'émotion pour se matérialiser en se « fragmentant » dans des mots et des signes, de la même manière que, dans *L'Évolution créatrice*, la vie pouvait apparaître dans son ensemble comme un processus de différenciation s'actualisant dans des espèces multiples pour s'incarner dans la matière. Cet effort n'est rien d'autre, dans sa nature profonde, que

1. DS, p. 43/1014.
2. Voir « L'intuition philosophique », *La pensée et le mouvant*, p. 119/1347.
3. DS, p. 269/1191.

celui d'une tentative de «création de la matière par la forme»[1]. À travers cette expression, il faut voir une allusion, et comme un renvoi au troisième chapitre de *L'Évolution créatrice*[2], qui se trouve ici repris et approfondi. Au cœur de ce chapitre, dans un passage évoqué plus haut, Bergson s'efforçait en effet de penser l'univers comme une création de matière sur le modèle de l'accroissement temporel de notre conscience. Or, c'est bien ce que tente d'accomplir pour son compte l'écrivain guidé par une émotion singulière : confronté à des idées toutes faites et à des mots déjà formés, il tente de «forcer» le langage, pour exprimer ce qui, dans son originalité absolue, paraît d'abord inexprimable, quand on le considère par rapport aux moyens d'expression existants. L'amour divin dont parlent les mystiques, serait alors comme le passage à la limite de cette émotion : une émotion d'une intensité inouïe qui serait à l'univers, et à la complexité de ses parties, ce que l'émotion indivisible du musicien est à la multiplicité des notes d'une symphonie. Mais, tandis que l'émotion de l'écrivain se tiendrait à jamais dans les limites d'une «exigence», «forme qui *voudrait* créer sa matière»[3], l'amour divin serait l'énergie qui, quant à elle, obtiendrait cette création de matière, la parenté de la création et de l'émotion quittant alors le plan de l'humain. On comprend qu'il ne peut y avoir ici, et au-delà de la parenté constatée, qu'une analogie lointaine entre les deux types d'émotion, entre celle que le philosophe peut effectivement expérimenter dans l'acte même d'engendrement de son œuvre, et celle qu'il ne peut étudier que de l'extérieur, en suivant les indications du mystique : l'émotion de celui qui compose ne peut ressembler que «de très loin» au «sublime amour qui est pour le mystique l'essence même de Dieu»[4], et pour le philosophe de la création, la pointe de son œuvre.

D'une certaine manière, Bergson n'aura cessé, dans toute son œuvre, de retrouver l'émotion, depuis la «surprise» initiale devant le temps qui passe[5], qui est comme l'émotion fondamentale d'où découle toute sa philosophie, jusqu'à l'«amour de Dieu» comme

1. DS, p. 270/1191.
2. *L'Évolution créatrice*, p. 240-241/698-699.
3. DS, p. 269/1191.
4. DS, p. 268/1190.
5. *La pensée et le mouvant*, «Introduction», première partie, p. 2/1254.

énergie créatrice, en passant par la « joie »[1] promise à celui qui s'efforcera de penser *sub specie durationis*, et sur laquelle se termine d'ailleurs *Les Deux sources de la morale et de la religion*. À chaque fois, l'émotion est liée à un acte de création : philosophique, pratique ou cosmologique. Mais, ce lien avec la création ne peut être véritablement compris que dans le cadre d'une philosophie qui donne à l'émotion une portée et un sens aussi nouveaux, que ceux donnés par un Nietzsche à la volonté, ou par un Spinoza au désir. Car à travers l'émotion, il ne s'agit pas pour Bergson de simplement désigner une manifestation affective, ni même, une fois son influence reconnue, une simple stimulation, extérieure et contingente, de l'action ou de la pensée, mais de cerner la part dynamique, interne et nécessaire, que comporte, comme sa doublure invisible, toute œuvre où entre un effort de création.

Arnaud BOUANICHE
Université de Lille III – Charles-de-Gaulle

1. *La pensée et le mouvant*, « Le possible et le réel », p. 116/1344.

INDEX DES NOTIONS

PRÉSENTATION DES AUTEURS

Cyrille BÉGORRE-BRET : ancien élève de l'École Normale Supérieure, agrégé de philosophie et docteur en philosophie, a consacré sa thèse de doctorat à la question de la définition de l'homme chez Aristote. Il a notamment publié une traduction et un commentaire des livres VIII et IX de l'*Éthique à Nicomaque* (Paris, Ellipses, 2001) et prépare la traduction de l'*Éthique à Eudème* pour les éditions GF-Flammarion. Ses recherches portent principalement sur les conceptions de l'homme et sur la notion d'humanité dans les philosophies anciennes et contemporaines.

Arnaud BOUANICHE : chargé de cours à l'Université de Lille III – Charles-de-Gaulle, a publié *Gilles Deleuze. Une introduction* (Paris, Pocket, 2007). Il a aussi consacré de nombreux articles à la pensée d'Henri Bergson, notamment dans les *Annales bergsoniennes* aux Presses universitaires de France. Enfin, il a fait paraître l'édition critique de l'*Essai sur les données immédiates de la conscience* (Paris, PUF, 2007) sous la direction de F. Worms.

Laurent BOVE : professeur de philosophie à l'Université d'Amiens. Auteur notamment de *Stratégie du conatus. Affirmation et résistance chez Spinoza* (Paris, Vrin, 2007) et de *Vauvenargues. Philosophie de la force active* (Paris, Honoré Champion, 2000).

Yves-Jean HARDER : maître de conférences à l'Université Marc Bloch de Strasbourg. Auteur de *Histoire et métaphysique* (Paris, Éditions de la Transparence, 2006) et de nombreux articles de revues sur la philosophie allemande.

Laurent JAFFRO : professeur de philosophie à l'Université de Paris-I Sorbonne, s'intéresse particulièrement à l'histoire de la philosophie britannique du XVIIᵉ au XIXᵉ siècle et à la philosophie morale. Auteur de *Éthique de la communication et art d'écrire. Shaftesbury et les Lumières anglaises* (Paris, PUF, 1998), a aussi dirigé *Le sens moral. Une histoire de la philosophie morale de Locke à Kant* (Paris, PUF, 2000).

Denis KAMBOUCHNER : professeur d'Histoire de la philosophie moderne à l'Université de Paris I-Panthéon Sorbonne, est notamment l'auteur de *L'homme des passions. Commentaires sur Descartes*, (2 vol., Paris, Albin Michel, 1995) et des *Méditations métaphysiques de Descartes* (vol. 1, Paris, PUF, 2005).

Létitia MOUZE : maître de conférences en philosophie ancienne à l'Université de Toulouse-Le Mirail, a publié *Le législateur et le poète. Une interprétation des* Lois *de Platon* (Lille, Le Septentrion, 2006) ainsi qu'une traduction commentée du *Phèdre* de Platon (Paris, Le Livre de poche, 2007).

Sylvain ROUX : maître de conférences en philosophie ancienne à l'Université de Poitiers, auteur de *La recherche du Principe chez Platon, Aristote et Plotin* (Paris, Vrin, 2005), ses travaux portent sur Plotin mais aussi sur les prolongements de sa pensée et sur la présence du néoplatonisme dans la philosophie contemporaine.

Barbara STIEGLER : maître de conférences à l'Université Michel de Montaigne-Bordeaux III, auteur de *Nietzsche et la biologie* (Paris, PUF, 2001) et de *Nietzsche et la critique de la chair – Dionysos, Ariane, Le Christ* (Paris, PUF, 2005).

TABLE DES MATIÈRES

Achevé d'imprimer par Corlet, Imprimeur, S.A. - 14110 Condé-sur-Noireau
N° d'Imprimeur : 125259 - Dépôt légal : novembre 2009 - *Imprimé en France*